Verlag Wissenschaft und Politik

Karl Wilhelm Fricke

MfS intern

Macht, Strukturen, Auflösung der DDR-Staatssicherheit
Analyse und Dokumentation

© 1991 bei Verlag Wissenschaft und Politik
Claus-Peter von Nottbeck, Köln
Umschlaggestaltung Rolf Bünermann
Gesamtherstellung Werbedruck Zünkler, Bielefeld 11
Printed in Germany · ISBN 3-8046-8777-6

Inhaltsverzeichnis

Verzeichnis der Dokumente

Einleitung

Die Geschichte des Ministeriums für Staatssicherheit der ehemaligen DDR ist noch nicht geschrieben worden. Die vorliegende Arbeit, Analyse und Dokumentation zugleich, versteht sich als ein Beitrag dazu. Sie will zur Diskussion über die Rolle der Staatssicherheit im DDR-Sozialismus beisteuern, einer Diskussion, die noch lange nicht zu Ende geführt ist. Die Fülle des Materials über Zielsetzung, Strukturen und Arbeitsweise des MfS, die seit dem Verfall der kommunistischen Herrschaft im Osten Deutschlands zutage gefördert wurde, ist zu groß, als daß sie publizistisch oder gar wissenschaftlich schon zu verarbeiten gewesen wäre, aber ein erster Schritt sei getan. Denn die Aufgabe, die Geschichte des MfS aufzuarbeiten, um sie zu bewältigen, ist durchaus dringend geboten. Sie stellt keineswegs nur ein historisches, sondern auch ein aktuelles Problem dar. Allzu häufig ist die Gegenwart im vereinten Deutschland schon von der Vergangenheit der DDR eingeholt worden. Immer wieder brechen neue Konflikte auf, weil Wahn und Wirklichkeit des alten Überwachungs- und Unterdrückungsapparates MfS die Menschen zwischen Ostsee und Fichtelgebirge – freilich nicht nur sie – unvermindert ängstigen, bedrücken, mit sich hadern lassen: Verfolgung und Verstrickung – zwei Pole ein- und desselben Gegensatzes. Wollen sie der Vergangenheit entrinnen, müssen sich Opfer und Täter der Auseinandersetzung stellen.

Vor diesem Hintergrund sah sich der Autor zu der vorliegenden Arbeit veranlaßt. Gleichzeitig wollte er gleichsam Rechenschaft darüber ablegen, ob und inwieweit er in seinem 1982 erschienenen Buch »Die DDR-Staatssicherheit«[1] ein zutreffendes Bild von der Entwicklung, den Strukturen und den Aktionsfeldern des MfS entworfen hat. Die Antwort auf diese Frage ist mit Ja oder Nein nicht einfach zu beantworten.

Realistisch war seine Charakterisierung des Ministeriums für Staatssicherheit als konstitutives Herrschaftsinstrument der SED, als »Schild und Schwert der Partei«, die der Autor erneuert und bekräftigt, um damit allen Versuchen zu widersprechen, das MfS als »Staat im Staate«[2] zu begreifen. Von ihrer historischen Verantwortung für das MfS darf die SED nicht entlastet werden.

Zu korrigieren braucht der Autor ebensowenig seine frühere Darstellung der dem MfS im Staat der SED zugewiesenen Machtbefugnisse. Seine Gefährlichkeit lag in der Bündelung umfassender Kompetenzen als politische Geheimpolizei, als Untersuchungsbehörde bei sogenannten Staatsverbrechen und anderen politischen Delikten sowie als geheimer Nachrichtendienst, ohne daß sein Wirken gesetzlich definiert oder parlamentarisch kontrolliert worden wäre. Selbst die

Aufgaben des Wachregiments »Feliks Dzierzynski«, einer Art Verfügungstruppe zur inneren Sicherung des Regimes, blieben merkwürdig diffus. Gerade die Verbindung von Abwehr- und Sicherheitsdienst im Innern der DDR mit der offensiven Aufklärung nach außen war es, die der Führung der SED die Instrumentalisierung des MfS zu ihrem Herrschaftszweck so ungemein genützt hat – zu Zeiten Walter Ulbrichts übrigens nicht grundsätzlich anders als zu Zeiten Erich Honeckers.

Demgegenüber haben sich die Schätzungen und Mutmaßungen, die der Autor über die personelle Stärke des MfS und über seine inneren Strukturen veröffentlicht hat, als korrektur- oder ergänzungsbedürftig erwiesen. Die Zahlen zum Personalbestand der Staatssicherheit waren erheblich zu niedrig gegriffen. Wer wußte schon, bei der konspirativen Abschirmung des MfS, daß in ihm rund 85 500 hauptamtliche Mitarbeiter tätig waren, daß das Wachregiment »Feliks Dzierzynski« auf Divisionsstärke angeschwollen war?

Auch die Zahl der Spitzel und Spione, der offiziell so genannten Inoffiziellen Mitarbeiter, die für Erich Mielke und Markus Wolf im Einsatz waren, ist vom Autor unterschätzt worden.

Mit seiner Arbeit »MfS intern« will der Verfasser daher die Defizite tilgen, die sein Buch »Die DDR-Staatssicherheit« notgedrungen aufwies. Der Titel umreißt genau die »weißen Flecken«, deren Aufarbeitung inzwischen möglich geworden ist: Die inneren Strukturen des Apparates horizontal und vertikal werden sichtbar gemacht, ihre personelle Besetzung und Stärke, ihre finanziellen und materiellen Fonds. Ihrer Bedeutung für die Herrschaftssicherung der SED entsprechend werden das Zentrum und die operative Basis der »flächendeckenden Überwachung« besonders herausgearbeitet, ebenso die Verwendung von Offizieren im besonderen Einsatz. Ausgeleuchtet werden schließlich die Beziehungen der DDR-Staatssicherheit zur Terrororganisation »Rote-Armee-Fraktion«, das Zusammenwirken von Staatssicherheit und Strafjustiz in der DDR sowie die Auswertung der im MfS erfaßten Informationen und ihr Einfluß auf die politische Entscheidungsfindung der SED.

Keiner näheren Erörterung bedarf das Verhältnis zwischen dem MfS zum KGB – zum Komitee für Staatssicherheit der UdSSR. Dieses Verhältnis war durch eine so enge Zusammenarbeit bestimmt, wie sie in keinem anderen Sicherheits- und Spionagedienst der früheren Warschauer-Pakt-Staaten gegeben war. Das hatte erstens historische Gründe. Struktur und Tätigkeit des MfS waren seit seiner Gründung am Vorbild der sowjetischen »Tschekisten« orientiert. Instrukteure, später Berater geheißen, waren bis in die sechziger Jahre hinein im Apparat des MfS unmittelbar tätig. Zweitens hatte das Verhältnis im Laufe der Zeit einen Wandel von der Subordination zur Partnerschaft durchlaufen. Die Zusammenarbeit, die vom Austausch von Spionagematerial bis zur Überstellung von MfS-Agenten an den sowjetischen Geheimdienst reichte, dauerte bis zur Auflösung der DDR-Staatssicherheit an. Nach der Auflösung dürften sowohl personenbezogene Daten und Dossiers dem KGB ausgeliefert als auch MfS-Agenten zu weiterer Verwendung überstellt worden sein.

Der Überblick über die Metamorphose des MfS zum Amt für Nationale Sicherheit, seine Auflösung und seine Hinterlassenschaft ist bewußt knapp gehalten.

Einerseits liegen dazu bereits aufschlußreiche Darstellungen vor – speziell die Arbeit von Anne Worst[3]. Andererseits ist der Prozeß selbst 1991 noch keineswegs definitiv abgeschlossen.

Um anschaulich zu machen, welche politische Räson die Tätigkeit der Staatssicherheit bestimmt hat, um schwarz auf weiß zu belegen, wie der Apparat nach dem Willen Ulbrichts und Honeckers systematisch auf- und ausgebaut, wie seine interne Funktionsweise bürokratisch-formalistisch geregelt wurde, werden dem Bericht zwölf chronologisch geordnete Dokumente beigegeben. Sie lassen eher Kontinuität als Wandel im »Kampf gegen den Feind« erkennen. Das Kriterium für die Auswahl der Dokumente, deren Zahl bewußt klein gehalten wurde, lag in dem Bemühen, anhand weniger offizieller Texte exemplarisch zu machen, was unter den genannten Gesichtspunkten für die DDR-Staatssicherheit politisch und faktisch typisch gewesen ist.

Ein Wort zur Terminologie: Der Verfasser hält sich wie in seinem Buch an den DDR-offiziellen Sprachgebrauch, das heißt, er verwendet einmal den Begriff »Staatssicherheit« als Synonym für den Apparat des Ministeriums für Staatssicherheit, aber er bedient sich auch der Abkürzung MfS, und er übernimmt gelegentlich den Ausdruck »Staatssicherheitsdienst«, der sich auch in offiziellen Dokumenten der SED findet. Soweit in Zitaten unumgänglich, taucht auch die Abkürzung »Stasi« auf, eine Wortschöpfung aus dem revolutionären Herbst '89, die der Autor selbst allerdings meidet. »Stasi« – gewiß, der Begriff ist eingängig, aber er wirkt verharmlosend, fast sympathisch.

»Schild und Schwert der Partei«

1

Es glich einem bösen Omen, daß die erste Regierungsumbildung in der DDR genau vier Monate nach ihrer Gründung die Bildung eines Ministeriums für Staatssicherheit durch Gesetz vom 8. Februar 1950 vorsah[4]. Das Gesetz, in der Volkskammer einstimmig verabschiedet, enthielt keinerlei Bestimmungen zu Aufgaben und Zuständigkeiten des MfS. Von einigen eher nebensächlichen Regelungen über partielle Befugnisse des MfS sowie über die Rechte und Pflichten seiner Angehörigen abgesehen, die in der Strafprozeßordnung, im Volkspolizeigesetz, im Wehrdienstgesetz sowie in der Geheimhaltungsverordnung enthalten waren, existierten keinerlei gesetzliche Bestimmungen, die speziell das MfS betrafen. Seine Tätigkeit wurde durch interne Richtlinien, Ordnungen, Dienstanweisungen, Befehle, Durchführungsbestimmungen und andere Festlegungen geregelt, die generell der Minister für Staatssicherheit selber erließ oder außer Kraft setzte. Ihre Zahl schätzen Experten zum Zeitpunkt der Auflösung des MfS auf rund 600. Im allgemeinen waren sie als Geheime Verschlußsachen klassifiziert.

Zwar galt das MfS formaliter als »ein Organ des Ministerrates«[5], aber spätestens seit 1953, seit dem Sturz seines ersten Chefs Wilhelm Zaisser, war es realiter zum unverzichtbaren Herrschaftsinstrument der Parteiführung geworden, eine Entwicklung, die im Kontext zur Entwicklung der SED als Staatspartei gesehen werden muß. Auf ihrer 2. Parteikonferenz hatte die SED 1952 mit dem Beschluß, »daß der Aufbau des Sozialismus zur grundlegenden Aufgabe in der Deutschen Demokratischen Republik geworden ist«, auch die »Verschärfung des Klassenkampfes« proklamiert und dekretiert: »Hauptinstrument bei der Schaffung der Grundlagen des Sozialismus ist die Staatsmacht.«[6] Die Instrumentalisierung speziell des MfS als »Schild und Schwert der Partei« erscheint unter dieser Voraussetzung als politische Konsequenz einer prinzipiellen ideologischen Orientierung. Sie entsprach stalinistischer Logik.

Anders als Zaisser, der sich dieser Entwicklung widersetzt zu haben scheint, haben sich Ernst Wollweber – der 1953 die Leitung der DDR-Staatssicherheit übertragen erhielt – und Erich Mielke – er folgte Wollweber 1957 im Amt des Ministers für Staatssicherheit und verblieb darin bis zu seinem Rücktritt 1989 – dem Führungsanspruch der SED jederzeit unterworfen und dies auch öffentlich immer wieder bekundet und bekräftigt. »Ein scharfes Schwert« sollte die DDR-Staatssicherheit sein, »mit dem unsere Partei den Feind unerbittlich schlägt«[7], erklärte Wollweber 1954 auf dem IV. Parteitag der SED. »Unter der Führung unserer Partei«, versicherte Erich Mielke 1958 auf dem V. Parteitag der SED,

»wollen wir den Kampf gegen die Feinde führen.«[8] Und bereits zu Ulbrichts Zeiten konnte Honecker, damals Sekretär des Zentralkomitees für Sicherheitsfragen, die vorbehaltlose Aufforderung an die Mitarbeiter der Staatssicherheit richten, »sich künftig noch gründlicher mit dem Marxismus-Leninismus zu beschäftigen und die Beschlüsse der Partei schöpferisch anzuwenden. Es gilt stets gründlich und sorgfältig von der Einschätzung der Situation im Klassenkampf durch unsere Partei auszugehen und die entsprechenden Schlußfolgerungen zu ziehen«[9] – Schlußfolgerungen, versteht sich, für die »politisch-operative Arbeit« der Staatssicherheit.

Unter dem Regime der SED hatte das Wort der Partei gültige Maxime aller »Tschekisten« der DDR zu sein. Stets war »die gesamte Arbeit« im MfS »unter der bewährten Führung unserer marxistisch-leninistischen Partei und auf der Grundlage ihrer Beschlüsse«[10] zu leisten. Seine Aufgabenstellung bestand darin, »die strategische Linie der Partei offensiv durchzusetzen. Die Beschlüsse der Partei sind der Maßstab unserer tschekistischen Arbeit«[11] – so Mielke in unübertroffener Deutlichkeit. Und immer wieder erneuerte er sein Credo: »Die Staatssicherheit wird sich jederzeit als zuverlässiger Schild und scharfes Schwert der Partei und der Arbeiter-und-Bauern-Macht erweisen.«[12] Es waren wahrhaftig nicht bloß verbale Pflichtübungen.

Nur Egon Krenz wollte sich ausbedingen, den unbedingten Führungsanspruch der SED gegenüber dem MfS zu leugnen. »In Wirklichkeit entwickelte sich das Ministerium für Staatssicherheit zunehmend zu einem nach außen hin abgeschirmten Staat im Staate, der selbst Mitglieder der Partei unter Kontrolle nahm.«[13] Mit dieser Äußerung hat der Generalsekretär der SED für 47 Tage den untauglichen Versuch unternommen, eine Legende zu stiften, um die SED und mit ihr die Verantwortlichen in der Führung der Partei einschließlich seiner selbst von ihrer politischen Verantwortung für das Tun und Lassen der DDR-Staatssicherheit zu entlasten.

Immerhin war Krenz, daran ist in diesem Zusammenhang zu erinnern, von 1983 bis zum Sturz Honeckers der für die Militär- und Sicherheitspolitik der SED unmittelbar verantwortliche Sekretär des Zentralkomitees. In seine Zuständigkeit fiel auch die politische Kontrolle der Staatssicherheit. Daß gerade er den immer wieder erneuerten und bekräftigten Führungsanspruch der SED gegenüber dem MfS zu leugnen trachtete, erlaubt fatale Rückschlüsse auf seine politische Redlichkeit.

Dieser Führungsanspruch manifestierte sich natürlich nicht nur in den Bekenntnissen Wollwebers und Mielkes auf Parteitagen der SED. Vielmehr wurden deren Beschlüsse zur Generallinie und Politik der Partei in den Reihen der Staatssicherheit als verbindliche Richtschnur für die »politisch-operative Arbeit« aller Diensteinheiten propagiert. Nicht nur auf Parteiaktivtagungen, auch auf Dienstkonferenzen des MfS wurden die Ergebnisse von Parteitagen der SED »ausgewertet« und als »Klassenauftrag« verpflichtend weitergegeben. »Für das MfS kommt es in Verwirklichung des Klassenauftrages des X. Parteitages vor allem darauf an, auch weiterhin nicht zuzulassen, daß die Feinde des Sozialismus die gesellschaftliche Ordnung in der DDR unterminieren und die Arbeiter-und-Bauern-Macht untergraben«, folgerte Mielke z. B. auf einer erweiterten Kolle-

giumssitzung des MfS am 19. Februar 1982. »Die Erfüllung des uns vom X.
Parteitag übertragenen Klassenauftrages, vor allem die wesentliche Verschärfung der Klassenauseinandersetzung, fordern nachdrücklich, in allen Diensteinheiten die politisch-ideologische und parteierzieherische Arbeit auf ein höheres
Niveau zu heben.«[14]
Die unabdingbare Treue zur Partei, die bedingungslosen Gehorsam einschloß,
dauerte bis zuletzt an, bis zum demokratischen Umbruch in der DDR. Noch am
15. September 1989 beschwor Generalleutnant Dr. Wolfgang Schwanitz, damals einer der Vizeminister für Staatssicherheit, vor leitenden Mitarbeitern
seines Verantwortungsbereiches »die Einheit, Reinheit und Geschlossenheit der
Partei«, verbunden mit der Aufforderung: »Die weitere Stärkung der Kampfkraft
der Partei erfordert, daß jeder einzelne Tschekist seinen Kampfposten in und
außerhalb des Dienstes bezieht. Die Durchsetzung einer eisernen Parteidisziplin
und tschekistischen Disziplin sowie die Gewährleistung der inneren Sicherheit
sind Aufgaben, die Sie nicht aus dem Blickfeld verlieren dürfen. Entsprechend
dem Statut unserer Partei darf etwaigen Aufweichungserscheinungen keinerlei
Raum gegeben werden. In den Grundfragen kann es keine Abweichungen und
Schwankungen geben.«[15] Acht Wochen nach dieser Rede existierte das Ministerium für Staatssicherheit nicht mehr.

Die »führende Rolle« der SED im MfS

Für die Mitarbeiter der Staatssicherheit, die durchaus von elitärem Korpsgeist
erfüllt waren, stand der Anspruch der SED auf ihre »führende Rolle« nie im
Zweifel, im Gegenteil, sie schöpften aus ihrer Verbundenheit mit der Partei die
Kraft, die sie im tristen Alltag der »politisch-operativen Arbeit« nötig hatten. Die
ständige Konfrontation mit Andersdenkenden setzte einen »unerschütterlichen
Klassenstandpunkt« voraus, sollten Schwankungen und Aufweichungserschei-
nungen in den eigenen Reihen vermieden werden. Diese politisch-ideologische
Festigkeit konnte nur die Partei vermitteln.
Vor diesem Hintergrund war es nur folgerichtig, wenn auf die führende Rolle der
SED auch in Richtlinien, Dienstanweisungen und Befehlen des MfS konkret
verwiesen wurde, und zwar nicht erst unter der Ägide Honeckers. Schon zu
Ulbrichts Zeiten fand die Verpflichtung des MfS auf die Politik der SED in
internen Dienstbestimmungen ihren Niederschlag. In der 1958 erlassenen Richtlinie Nr. 1/58 über die politisch-operative Bedeutung der Arbeit des Ministeriums für Staatssicherheit mit inoffiziellen Mitarbeitern in der Deutschen Demokratischen Republik z. B. wird ausdrücklich hervorgehoben, daß das MfS seine
Arbeit »auf der Grundlage der von Partei und Regierung gefaßten Beschlüsse
und der vom Volke gegebenen Gesetze« leiste. »Das Ministerium für Staatssicherheit ist beauftragt, alle Versuche, den Sieg des Sozialismus aufzuhalten oder
zu verhindern – mit welchen Mitteln und Methoden es auch sei –, vorbeugend
und im Keime zu ersticken.«[16] Diese Tendenz zieht sich einem roten Faden
gleich durch unzählige dienstliche Bestimmungen des MfS. Gefragt war ein
Bekenntnis zur SED: »Die Mitarbeiter des Ministeriums für Staatssicherheit

tragen für die Erfüllung der Sicherungsaufgaben eine hohe Verantwortung gegenüber der Sozialistischen Einheitspartei Deutschlands und der Regierung der Deutschen Demokratischen Republik.«[17] Da die SED als Staatspartei ohnehin sämtliche Schlüsselpositionen der Regierung besetzt hatte, war es allenfalls von formaler Bedeutung, wenn in MfS-internen Dokumenten zwischen Beschlüssen einerseits der Partei, andererseits der Regierung differenziert wurde. Mit innerer Zwangsläufigkeit ergab sich aus der führenden Rolle der SED als Staatspartei der Schluß, daß jede Opposition gegen die Politik der SED zur staatsfeindlichen Aktion geriet. Für die Staatssicherheit waren Parteifeinde zugleich Staatsfeinde, die »mit spezifischen Mitteln« zu bekämpfen waren. Ein Schreiben, das Mielke unter dem 22. Dezember 1976 den Leitern der zuständigen Diensteinheiten zugehen ließ, dokumentiert das geradezu exemplarisch. Ausgehend von der gegen die SED und ihren Kurs gerichteten Opposition von Robert Havemann, Reiner Kunze und anderen, begründete er die im MfS zu ergreifenden »politisch-operativen Maßnahmen« mit dem Argument: »Ziel aller subversiven Aktivitäten des Feindes war und ist es, in der DDR eine ›innere Opposition‹ zu schaffen und Untergrundtätigkeit zu organisieren. Deshalb sollten mit der groß angelegten Hetzkampagne und den anderen subversiven Maßnahmen des Feindes feindlich-negative Kräfte zu antisozialistischen Verhaltensweisen und staatsfeindlichen Handlungen veranlaßt werden. Aber auch politisch noch nicht gefestigte, schwankende, demoralisierte und kriminelle Personenkreise sollten dazu aktiviert werden.«

Dieser für das politische Denken des Staatssicherheitsschefs aufschlußreichen Orientierung folgten konkrete Weisungen an die »operativen Diensteinheiten« zur Unterdrückung der DDR-Opposition. Ausdrücklich wurde ihnen dazu ein enges Zusammenwirken mit den Parteileitungen vorgeschrieben: »Die Maßnahmen der Bezirks- und Kreisleitungen der SED sowie der nachgeordneten Parteiorganisation zur politischen und politisch-ideologisch offensiven Auseinandersetzung mit feindlich-negativen sowie politisch schwankenden und unklaren Kräften sind umfassend zu unterstützen und durch eine qualifizierte Informationstätigkeit zielgerichtet zu fördern.«[18]

Der Instrumentalisierung des MfS zur Durchsetzung und Sicherung der Herrschaft der SED entsprach die Tabuisierung der Partei in der politischen Überwachung. Der Apparat der SED durfte von der Staatssicherheit nicht bespitzelt, nicht »operativ bearbeitet« werden, im Gegensatz zu den Blockparteien, die zielgerichtet bespitzelt wurden. Erst wenn die Führung der SED »Abweichler« oder »Parteifeinde« in ihren Reihen »entlarvt« hatte, konnte sich das MfS mit ihnen befassen. Paul Merker, einst Mitglied des Politbüros, wurde 1952 durch Büttel der Staatssicherheit erst verhaftet, nachdem das ZK der SED ihn verfemt hatte. Max Fechner, Mitglied des ZK und Minister der Justiz, wurde den Vernehmern der Staatssicherheit erst überantwortet, nachdem er 1953 aus der Partei verstoßen war. Die Stunde der Staatssicherheit kam, wo Genossen der SED ins Visier geraten waren, stets im nachhinein. Nie hat das MfS eigenmächtig gehandelt.

Es folgte aus der Natur ihrer Beziehungen, wenn das MfS die SED regelmäßig über seine Einschätzungen zur politischen Situation unterrichtet hat. Das geschah auf allen Ebenen, das heißt, sowohl der Generalsekretär der SED als auch die 1. Sekretäre der Bezirks- und Kreisleitungen der SED wurden regelmäßig durch die Staatssicherheit informiert.

Nach einem Befehl aus dem Jahre 1974 über die Informationstätigkeit des MfS an die leitenden Partei- und Staatsfunktionäre[19] waren für den Inhalt der intern so genannten Parteiinformationen im MfS der Leiter der Zentralen Auswertungs- und Informationsgruppe (ZAIG), in den Bezirksverwaltungen die dortigen Auswertungs- und Kontrollgruppen (AKG) sowie in den Kreis- und Objektdienststellen deren Leiter verantwortlich. Unmittelbare Empfänger der Parteiinformationen waren entsprechend der Berichtsebene der Erste Sekretär des ZK (ab 1976 Generalsekretär) sowie die 1. Sekretäre der Bezirks- und Kreisleitungen der SED. Erforderlichenfalls konnte der Kreis der Empfänger auf die Mitglieder und Kandidaten des Politbüros, die Mitglieder und Sekretäre der Bezirks- und Kreisleitungen sowie auf bestimmte Staats- und Wirtschaftsfunktionäre erweitert werden. Grundsätzlich sollte der Empfängerkreis jedoch so klein wie möglich gehalten werden, um die Parteiinformationen unter dem Gesichtspunkt des Quellenschutzes nicht unnötig breit zu streuen.

Eine andere, letztlich die entscheidende Frage besteht darin, wie die SED ihren Führungsanspruch gegenüber dem MfS überhaupt realisieren konnte. Sie ist einfach zu beantworten: durch die Besetzung aller Leitungsfunktionen in der Staatssicherheit mit zuverlässigen Parteikadern, durch personelle Verflechtung und institutionelle Vernetzung von Partei- und Sicherheitsapparat, durch politisch-administrative Kontrollmechanismen sowie durch die Etablierung ihrer Parteiorganisationen in allen Strukturen und auf allen Ebenen des MfS.

Personell waren Staatspartei und Staatssicherheit durch die Einbindung führender Kader des MfS in die Leitungen der SED miteinander verflochten. Der Minister für Staatssicherheit und sein Stellvertreter waren stets Mitglieder des Zentralkomitees der SED. Seit 1963 war auch der 1. Sekretär der Kreisleitung der SED im MfS Mitglied des ZK. Ebenso waren die Leiter der Bezirksverwaltungen und der Kreisdienststellen des MfS Mitglieder der jeweiligen Bezirks- bzw. Kreisleitungen der SED. Durch diese Personalunion waren entscheidende Führungskader des MfS in die politische Willensbildung und Entscheidungsfindung der SED auf allen Ebenen einbezogen. Sie identifizierten sich mit der Partei.

Von 1950 bis 1953 und von 1971 bis 1989 war der Minister für Staatssicherheit auch im Politbüro der SED präsent. Wilhelm Zaisser gehörte dem Politbüro als Mitglied von 1950 bis zum 15. Plenum des ZK 1953 an. Erich Mielke war 1971 zunächst zum Kandidaten, 1976 zum voll stimmberechtigten Mitglied »gewählt« worden. Erst auf dem 9. Plenum des ZK 1989 mußte er seinen Sessel im Politbüro räumen. Vier Tage später folgte sein Rücktritt als Minister.

Als Resümee ist festzuhalten, daß sowohl in den ersten Jahren der Ära Ulbricht als auch während der Ära Honecker der Minister für Staatssicherheit unmittelbar Zugriff auf Entscheidungen des Politbüros der SED hatte, ein Sachverhalt, der stalinistischen und poststalinistischen Gepflogenheiten in der UdSSR entsprach: Der Minister für Staatssicherheit setzte die Beschlüsse der Parteiführung, an deren Zustandekommen er selbst beteiligt gewesen war, in seinem Verantwortungsbereich unmittelbar um.

Wenn sich Walter Ulbricht dieser Usance seit 1953 enthielt, so hatte das Gründe, die in der Person Zaissers zu suchen waren. Schlimmer als der Vorwurf, »daß die Leitung des Ministeriums für Staatssicherheit versagt hatte«, nämlich im Vorfeld des Aufstands vom 17. Juni, traf ihn das Verdikt, »daß in der Führung der Staatssicherheit die Unterschätzung der Parteiarbeit vorhanden war«. Selbst »Tendenzen der Überheblichkeit der Mitarbeiter der Staatssicherheit gegenüber der Partei«[20] glaubte Ulbricht damals rügen zu sollen. Augenscheinlich hatte sich Zaisser der Führung und Kontrolle durch die Partei entziehen wollen. Ulbricht zog die Konsequenzen auf seine Weise: Solange er an der Spitze der SED stand, duldete er den Staatssicherheitschef niemals mehr im Politbüro. Erst Honecker holte den Minister für Staatssicherheit in die Führung der Partei zurück – vermutlich, um sich bei der Stabilisierung seines Regimes der Loyalität der Staatssicherheit vergewissern zu können.

Seine besondere Note erhielt dieser Sachverhalt durch die in den achtziger Jahren sich immer enger gestaltende persönliche Beziehung zwischen Honecker und Mielke. Nach jeder diensttäglichen Politbüro-Sitzung führten die beiden Vier-Augen-Gespräche, von denen die übrigen Genossen aus dem Politbüro ausgeschlossen blieben. Ähnlich hielten sie es nach den Sitzungen des Nationalen Verteidigungsrates[21].

Parteiarbeit in der Staatssicherheit

Im Sekretariat des ZK der SED, dem laut Statut die Leitung der laufenden Arbeit »hauptsächlich zur Durchführung und Kontrolle der Parteibeschlüsse und zur Auswahl der Kader« oblag, war ein Mitglied für die Militär- und Sicherheitspolitik der Partei verantwortlich. Unter Ulbricht hat diese Funktion lange Zeit Honecker innegehabt. 1971 zum Parteichef aufgestiegen, überantwortete er die Aufgaben des ZK-Sekretärs für Militär- und Sicherheitspolitik Paul Verner, der 1983 durch Egon Krenz in dieser Funktion abgelöst wurde. Nachdem Krenz am 18. Oktober 1989 Honecker als Generalsekretär der SED ersetzt hatte, machte er einen seiner engsten Mitarbeiter zum Sicherheitssekretär des ZK: Dr. Wolfgang Herger. Es blieb eine Episode von wenigen Wochen.

Generell war dem für Sicherheit zuständigen ZK-Sekretär die politische Kontrolle der »bewaffneten Organe« übertragen, auch die der Staatssicherheit, ohne daß sein Einfluß allerdings überschätzt werden durfte. Krenz zumal ist von Mielke nie so recht ernst genommen worden.

Entsprechend begrenzt waren daher auch die Anleitungs- und Kontrollbefugnisse der Abteilung für Sicherheitsfragen im Apparat des Zentralkomitees, auf die sich der ZK-Sekretär für Sicherheitsfragen stützte. In den siebziger Jahren und der ersten Hälfte der achtziger Jahre wurde sie von Generaloberst Herbert Scheibe geleitet. 1985 löste ihn ein Zivilist ab – der schon erwähnte Wolfgang Herger, ehe er nach Honeckers Sturz vorübergehend selber noch zum ZK-Sekretär für Sicherheit avanciert war. Für die Arbeit des MfS unmittelbar zuständig war in der Abteilung für Sicherheitsfragen der Sektor Staatssicherheit, zuletzt geleitet von Generalmajor Fritz Bengelsdorf.

Bei der Umsetzung ihrer Anleitungs- und Kontrolltätigkeit bediente sich die Abteilung für Sicherheitsfragen der Parteiorganisation der SED in der Staatssicherheit. In ihr waren alle Mitarbeiter der Staatssicherheit erfaßt, die der Partei als Mitglieder oder Kandidaten angehörten. Mit Ausnahme des Wachregiments »Feliks Dzierzynski« und einiger wissenschaftlich-technischer Bereiche gab es im MfS keine Diensteinheiten, in denen die hauptamtlichen Mitarbeiter nicht ausnahmslos in der Partei gewesen waren. In keiner anderen Institution ist der Organisationsgrad der SED vermutlich so hoch wie im MfS gewesen.

Die Parteiorganisation der SED im MfS, die nach besonderen Instruktionen des ZK arbeitete, hatte den Status einer Kreisorganisation. Ihre Spitze bildete eine Kreisleitung mit Sekretariat, bestehend aus dem 1. Sekretär der Kreisleitung, dem 2. Sekretär und dem Sekretär für Agitation und Propaganda. Der Apparat der Kreisleitung, in dem zuletzt 158 hauptamtliche Mitarbeiter beschäftigt waren, umfaßte das Büro des Sekretariats, eine spezielle Arbeitsgruppe des Leiters sowie die Abteilungen Parteiorgane und Agitation/Propaganda. Außerdem existierte bei ihm eine MfS-interne Kreisparteikontrollkommission der SED. Der Kreisleitung war ferner die MfS-eigene Parteischule »Robert Mühlpforte« angeschlossen, benannt nach Generalmajor Robert Mühlpforte, einem »Aktivisten der ersten Stunde« im MfS. Die Gliederung der Parteiorganisation war horizontal und vertikal an der inneren Struktur des MfS orientiert. In der Zentrale, den Bezirksverwaltungen sowie den Kreis- und Objektdienststellen existierten Grundorganisationen, Abteilungsparteiorganisationen und Parteigruppen, die innerhalb der Staatssicherheit ein ähnliches »Parteileben« gestalteten, wie es die SED in anderen Ministerien und Verwaltungen exerzieren ließ. Zweimal monatlich wurden Versammlungen der Parteigruppen bzw. Abteilungsparteiorganisationen durchgeführt, dazu kamen Seminare und Zirkel im Rahmen des sogenannten Parteilehrjahres, nach wichtigen Tagungen des Zentralkomitees sowie zur Eröffnung des Parteilehrjahres wurden Parteiaktivtagungen des MfS auf zentraler Ebene einberufen, um die Sekretäre der Grundorganisationen, die Parteigruppenorganisatoren und die Propagandisten der SED in der Staatssicherheit mit den sich aus der jeweiligen Beschlußlage ergebenden Schwerpunktaufgaben vertraut zu machen. Schließlich fanden in der Parteiorganisation auch regelmäßig sogenannte Parteiwahlen statt, in denen die Parteileitungen auf allen Ebenen überprüft und wieder- oder neu gewählt wurden, wobei der Begriff »Wahl« nur die Form der personell vorbestimmten Entscheidungen traf.

Die Steuerung der Parteiorganisation der SED im MfS durch die ZK-Abteilung für Sicherheitsfragen erfolgte über die Kreisleitung der SED im MfS mit dem 1. Sekretär als politischer Schlüsselfigur. In den achtziger Jahren hat diese Funktion ununterbrochen Generalmajor Dr. Horst Felber ausgeübt, der wegen dieser Funktion zugleich Mitglied des ZK der SED gewesen ist. Die Kreisleitung war für die politische Arbeit mit den Genossen in der Staatssicherheit verantwortlich. »Sie hatte die Aufgabe, die Beschlüsse des ZK und seines Politbüros sowie die allgemeinen daraus abgeleiteten Orientierungen für die Arbeit des MfS zu erläutern, die Parteimitglieder zur Lösung ihrer Aufgaben politisch zu motivieren und zu mobilisieren sowie sich dabei zeigende Hemmnisse und Mängel in den eigenen Reihen eben ›mit der Kraft der Partei‹ zu überwinden.«[22] Felber selbst hat diese Funktionsbeschreibung zu Papier gebracht.

Mit Recht bestreitet der Exgeneral eine Einmischung der Parteileitung in die operative Arbeit:»Im MfS in seiner Gesamtheit sowie in allen seinen Diensteinheiten und Bereichen gab es von jeher strenge Abgrenzung der operativen Führung sowie der operativen bzw. fachlichen Arbeit von der Verantwortung und Tätigkeit der Parteiorganisation. Das MfS und seine Diensteinheiten wurden ausschließlich vom Minister, seinem Stellvertreter und den eingesetzten Leitern geführt. Es versteht sich von selbst, daß das auch eine politische Führung war«[23] – allerdings: denn sie alle waren schließlich Genossen, fanatische Kommunisten. In anderem Zusammenhang hat Felber Einfluß und Zugriff der Partei auf die Staatssicherheit noch einmal resümierend präzisiert:»Nach meiner Auffassung war die Anleitung und Kontrolle des MfS durch die Parteiführung nur gegenüber der Parteiorganisation, aber niemals hinsichtlich der Arbeit der einzelnen Linien des MfS selbst gegeben. Ich glaube, daß das in der Praxis auch unmöglich war. Eine Ausnahme bildete da nur die Bestätigung von Führungskadern des MfS, die zur Nomenklatur des ZK und des Verteidigungsrates gehörten. Sie mußten über die Abteilung für Sicherheitsfragen eingereicht werden. Auch zur Klärung von an das ZK gerichteten Eingaben waren die Mitarbeiter dieser Abteilung zu tiefergehenden Recherchen befugt. In dienstlichen Belangen hatten sie jedoch keinerlei Weisungsrecht. Ihre Einblicke in operative Fragen waren gering.«[24] Gefordert waren in der Tat Parteierziehung und Parteikontrolle im MfS:»Der Sektor Staatssicherheit der Abteilung für Sicherheitsfragen nahm auftragsgemäß auf den Inhalt der vom Sekretariat getroffenen Einschätzungen, der Referate von Kreisleitungssitzungen und der regelmäßig an den Apparat des ZK zu gebenden Informationen über die Stimmung und das innerparteiliche Leben in der Parteiorganisation Einfluß.«[25]

Ohne die ideologische Disziplinierung und politische Mobilisierung der hauptamtlichen Mitarbeiter des MfS durch die Parteiorganisation der SED, ohne permanente Parteiarbeit wären Leistung und Zuverlässigkeit des MfS allerdings undenkbar gewesen. Die Erziehung zum »tschekistischen« Feindbilddenken, zu unbedingtem Gehorsam, zu elitärem Korpsgeist war wesentlich ihr Werk. Versuche der »Politruks«, sich aus ihrer Verantwortung herauszustehlen mit dem Argument, sie wären nicht unmittelbar operativ eingesetzt gewesen, sind insofern gänzlich abwegig.

Für die Bedeutung, die die ideologische Disziplinierung und die politische Erziehung durch die SED als Motiv der »politisch-operativen Arbeit« des MfS besessen haben, gibt es im übrigen auch einen negativen Beweis. In dem Augenblick, da der politisch-ideologische Verfall der SED so weit fortgeschritten war, daß sie ihre seit 1968 in der Verfassung der DDR verankerte »führende Rolle« als marxistisch-leninistische Staatspartei nicht nur de facto eingebüßt hatte, sondern auch de jure aufgeben mußte – eine diesbezügliche Verfassungsänderung beschloß die Volkskammer am 4. Dezember 1989 –, da brach sich die stimulierende Kraft, die die Partei der Staatssicherheit eingeflößt hatte. Mit der Krise der SED war auch das MfS in die Krise gedriftet. Und irgendein »tschekistischer« Nimbus war über Nacht verweht.

Die Einsatzleitungen

Strukturell waren Staatspartei und Staatssicherheit der DDR zusätzlich durch die dem Nationalen Verteidigungsrat unterstellten Einsatzleitungen miteinander vernetzt – in der Zentralen Einsatzleitung, in den Bezirkseinsatzleitungen, in den Kreiseinsatzleitungen. Auf jeder Ebene führten die Einsatzleitungen Verwaltung, Staatssicherheit, Volkspolizei und Nationale Volksarmee unter Führung des jeweils zuständigen Parteichefs zusammen. Vorsitzender des Nationalen Verteidigungsrates war mithin der Erste Sekretär/Generalsekretär des ZK der SED, Vorsitzender der Bezirkseinsatzleitung war jeweils der 1. Sekretär der Bezirksleitung der SED, Vorsitzender der Kreiseinsatzleitung war jeweils der 1. Sekretär der Kreisleitung der SED.

Die Tätigkeit der Einsatzleitungen waren keineswegs auf Ausnahmesituationen in Zeiten inneren Notstands oder internationaler Spannungen beschränkt. Vielmehr traten die Einsatzleitungen aller Ebenen auch in normalen Zeiten plan- und regelmäßig zusammen, um Fragen der militärischen, vor allem aber der inneren Sicherheit zu beraten und in ihren Zuständigkeitsbereich fallende Entscheidungen zu treffen.

Für die Beziehungen von SED und MfS waren diese Zusammenhänge deshalb so erheblich, weil die Parteichefs jeweils auf ihrer Ebene als Vorsitzende der Einsatzleitungen durchaus weisungsbefugt auch gegenüber der Staatssicherheit waren, unabhängig davon, daß normalerweise der bürokratische Apparat der SED sich nicht in die »politisch-operative Arbeit« der Staatssicherheit einzumischen pflegte. Der Chef der Staatssicherheit, gleichviel auf welcher Ebene, war daher in wichtigen Entscheidungen – auch operativen Entscheidungen – an unmittelbare Weisungen des Parteichefs gebunden.

Von der Sache her ergab sich in den Einsatzleitungen ein besonders enges Zusammenwirken zwischen den Organen des Ministeriums für Staatssicherheit und denjenigen des Ministeriums des Innern, aber es beschränkte sich nicht auf die Einsatzleitungen. Staatssicherheit und MdI waren im Gegenteil in vielfältiger Weise und auf allen Ebenen strukturell und personell eng aneinander gekoppelt. Ganz abgesehen davon, daß die Diensteinheiten der Linie VII im MfS für die Abschirmung und Überwachung der Volkspolizei und der anderen Dienstzweige des Innenministeriums unmittelbar zuständig waren, reichte ihre konkrete Zusammenarbeit von der Abstimmung von Aufgaben und Maßnahmen bei der Bekämpfung der Kriminalität bis zur Auskunftserteilung der Abteilungen Paß- und Meldewesen bei den Räten auf Kreis- und Bezirksebene zur Eindämmung von Übersiedlungsbegehren. Sie erstreckte sich auf die Sicherung von öffentlichen Veranstaltungen wie auf die Kooperation im Strafvollzug, für den in der DDR der Dienstzweig Strafvollzug im MdI zuständig war.

Spezielle Grundlage der Zusammenarbeit von MfS und MdI waren die Dienstanweisungen Nr. 2/79 des MfS über das politisch-operative Zusammenwirken der Dienststellen des MfS mit der DVP und den anderen Organen des MdI sowie die Dienstanweisung Nr. 2/87 einschließlich dreier Durchführungsbestimmungen über die politisch-operative Sicherung der DVP und der anderen Organe des MdI durch das MfS[26].

Die verdeckte Überwachung der Volkspolizei durch Inoffizielle Mitarbeiter der Staatssicherheit sowie durch Offiziere im besonderen Einsatz in der Kriminalpolizei ist damit noch gar nicht angesprochen.

Ein enges Zusammenwirken von MfS und MdI sah zudem die sogenannte Mobilmachungsplanung vor, in der Aufgaben und Maßnahmen für den Fall des Verteidigungszustands, aber auch des inneren Notstands festgelegt waren. Sie umfaßte im Rahmen der »spezifisch-operativen Vorbeugungsmaßnahmen« u. a. »die Internierung von Personen, die unter dem begründeten Verdacht stehen, staatsfeindliche Handlungen oder andere operative bedeutsame Straftaten zu begehen«, sowie »die Isolierung von Personen mit einer verfestigten feindlich-negativen Einstellung zur sozialistischen Staats- und Gesellschaftsordnung, zu denen der begründete Verdacht besteht, daß sie die staatliche Sicherheit und die Verteidigungsfähigkeit der DDR gefährden«.

Das Makabre dieser Planung: Sie entstammt einer »Studie zur weiteren Vervollkommnung und Effektivierung der spezifisch-operativen Vorbeugungsmaßnahmen in den Diensteinheiten des Ministeriums für Staatssicherheit«[27], die die Arbeitsgruppe des Ministers unter dem 3. Oktober 1989 vorgelegt hat. Verwaltung und äußere Sicherung der Internierungs- und Isolierungsobjekte des MfS sollten der Volkspolizei überantwortet werden.

Der Apparat des MfS

2

Zeit seiner Existenz war das Ministerium für Staatssicherheit konspirativ streng abgeschirmt. Alles war geheim. Seine Aktivitäten blieben gegenüber der Öffentlichkeit verdeckt. Die Macht der DDR-Staatssicherheit wirkte anonym – was übrigens ihrem furchteinflößenden Nimbus zugute kam. Strukturen und Personalbestand waren dementsprechend Staatsgeheimnis. Nicht einmal Beförderungen, obwohl ihr Ausspruch mitgeteilt wurde, durften öffentlich an Namen festgemacht werden. Zu internen Veranstaltungen des MfS, Parteiaktivtagungen z. B., waren lediglich ein paar Vertrauensjournalisten zugelassen.

Erstmals ist offiziell eine realistische Vorstellung vom MfS am Runden Tisch in Berlin am 15. Januar 1990 vermittelt worden, als Manfred Sauer, damals stellvertretender Leiter des Sekretariats des Ministerrates, für die Regierung Hans Modrow einen Überblick gab, der sachlich durchaus fundiert war. Zum ersten Mal wurde klar ausgesprochen, welche Ausmaße der Apparat des MfS im 40. Jahr der DDR erreicht hatte. Sauer nannte die Zahl von 85 000 hauptamtlichen Mitarbeitern[28].Wenige Tage zuvor hatte Peter Koch, zeitweilig Regierungsbeauftragter für die Auflösung des Amtes für Nationale Sicherheit, bereits von über 85 000 gesprochen[29], und später hat das Komitee zur Auflösung des Amtes für Nationale Sicherheit unter der Regierung Lothar de Maizière erneut ca. 85 500 Mitarbeiter festgestellt.[30] In dieser Größenordnung dürfte sich der Personalbestand des MfS in der Tat bewegt haben. Zahlen über mehr als hunderttausend hauptamtliche Mitarbeiter müssen als übertrieben angesehen werden. Zum Teil beruhen sie auf Doppelzählungen.

Es ist richtig, daß das MfS seine Hypertrophierung unter der Ägide Honeckers erfahren hat, aber es ist nicht richtig, daß sie erst mit seiner Zeit an der Spitze der SED anfing. Für das Jahr 1952 ist ein Personalbestand von etwa 4000 verbürgt[31]. Drei Jahre später war die Personalstärke auf über 9000 zu beziffern[32] – zweifellos eine Konsequenz aus dem für die Führung der SED und das MfS traumatischen Erlebnis des Aufstands vom 17. Juni 1953. Im Jahre 1973, also bald nach Ulbrichts Sturz, war der Kaderbestand des MfS bereits auf rund 52 700 angewachsen[33], das heißt, schon in den fünfziger und sechziger Jahren hatte sich der Bestand an hauptamtlichen Mitarbeitern des MfS vervielfacht, eine Tendenz, die sich in den siebziger und achtziger Jahren kontinuierlich fortsetzte, bis sie die im Grunde absurde Zahl von 85 500 erreicht hatte. In Qualität ist die Quantität allerdings nicht umgeschlagen, im Gegenteil, je mehr die Machthaber der DDR die Staatssicherheit stärken wollten, desto stärker müssen sie um die Sicherheit des Staates gefürchtet haben.

Die Führungsspitze

Am Stichtag 1. Oktober 1989 bildeten der Minister für Staatssicherheit und vier Stellvertreter die Führungsspitze des MfS: Armeegeneral Erich Mielke, Generaloberst Rudi Mittig, Generalleutnant Dr. Wolfgang Schwanitz, Generalleutnant Dr. Gerhard Neiber und Generaloberst Werner Großmann. Sie waren im jahrzehntelangen Dienst in der Staatssicherheit ergraut. Unter ihrer Leitung gliederte sich die Zentrale des MfS in 13 Hauptabteilungen und 20 selbständige Abteilungen, ferner in mehrere zentrale Arbeitsgruppen, Stäbe und Verwaltungen sowie nicht zuletzt in die Hauptverwaltung Aufklärung. Ein Kollegium des Ministeriums für Staatssicherheit, in dem Grundsatzentscheidungen beraten wurden, trat mehrmals im Jahr zusammen. Außer dem Minister und seinen Stellvertretern gehörten ihm der 1. Sekretär der Kreisleitung der SED im MfS an, eine Reihe von Hauptabteilungsleitern und die Leiter wichtiger Bezirksverwaltungen. Allerdings haben sich Bedeutung und Einfluß des Kollegiums in den achtziger Jahren deutlich verringert. Mielke neigte mehr und mehr zu einem autoritären Führungsstil.

Räumlich verteilte sich die Zentrale der Staatssicherheit auf mehrere große Gebäudekomplexe im Osten Berlins und eine Reihe von Außenobjekten. Die ursprüngliche, bis zuletzt gebräuchliche Dienstanschrift Normannenstraße 22 in Berlin-Lichtenberg war schon in den frühen sechziger Jahren mit dem Sitz des MfS nicht mehr identisch gewesen. Im 40. Jahr seiner Existenz okkupierte das Ministerium für Staatssicherheit mit seinen Bürohochhäusern und umfunktionierten Wohnblocks ein Areal in Berlin-Lichtenberg, das sich über mehrere Quadratkilometer von der Frankfurter Allee bis zur Gotlindestraße erstreckte, flankiert von der Magdalenenstraße und der Ruschestraße. Etwa zwei Dutzend triste, zum Teil in Großbauplattenweise errichtete Verwaltungsgebäude, die schon durch ihre abstoßende Architektur den menschenfeindlichen Charakter der sie beherbergenden Institution vor Augen führten, optisch überwacht durch schwenkbare Fernsehkameras, bildeten nun den Hauptsitz des MfS. Der Minister und seine Stellvertreter hatten hier ihre Büros. Insgesamt umfaßte allein dieser Komplex rund 3000 Verwaltungsräume und Versorgungseinrichtungen. Weitere Gebäudekomplexe unterhielt das MfS in Berlin-Hohenschönhausen, so in der Freienwalder Straße, in der Roedernstraße und in der Großen Leegestraße, wo sich das Zentrale Untersuchungsgefängnis des MfS befand, ferner in Berlin-Niederschöneweide und in Berlin-Johannistal. Großobjekte existierten ferner in Gosen, in Potsdam-Eiche und der Wuhlheide. Alles in allem verfügte das MfS im Raum Berlin über etwa 650 Dienstobjekte unterschiedlicher Zweckbestimmung, in denen rund 33 000 hauptamtliche Mitarbeiter zentraler Struktureinheiten ihren Dienst taten.

Von der Zuständigkeit her waren im Apparat des MfS dem Minister und seinen vier Stellvertretern jeweils bestimmte Hauptabteilungen, selbständige Abteilungen, Arbeitsgruppen, Stäbe und Verwaltungen verantwortlich zugeordnet, wie das Strukturschema auf Seite 26 anschaulich macht. Die folgende Beschreibung der horizontalen Struktur der Zentrale des MfS wurde nach dem Diensteinheitenschlüssel[34] einem Strukturschema des DDR-Ministeriums des Inneren[35] sowie nach internen Selbstauskünften von Offizieren des ehemaligen MfS/AfNS zusammengestellt. In ihrer Systematik folgt sie dem jeweiligen Verantwortungsbereich. Dem Verantwortungsbereich des Ministers, der mehr Zuständigkeiten als seine vier Stellvertreter zusammen auf sich vereinigte, waren folgende Struktureinheiten unmittelbar zugeordnet:

- *Arbeitsgruppe des Ministers (AGM)*
  Aufgaben: Sonderaufträge des Ministers, Mobilmachungsplanung für den Spannungsfall, operative Einsatzplanung, Schutzbauplanung, Verwendung von Offizieren im besonderen Einsatz
  Leiter: Generalmajor Erich Rümmler
  Personalbestand: ca. 700 hauptamtliche Mitarbeiter
- *Zentrale Auswertungs- und Informationsgruppe (ZAIG)*
  Aufgaben: Auswertung aller für die innere Herrschaftssicherung relevanten Informationen, Erarbeitung von Lageberichten für die Partei- und Staatsführung sowie für die Leitung des MfS, Auswertung westlicher Funk- und Printmedien, Weiterentwicklung des MfS-internen Informationssystems
  Leiter: Generalleutnant Dr. Werner Irmler (zugleich dienstaufsichtsführend gegenüber den Abteilungen XII und XIII)
  Personalbestand: 422 hauptamtliche Mitarbeiter
- *Abteilung XII*
  Aufgaben: Zentrale Auskunft MfS-intern, Registrierung und Archivierung von Akten, Führung der Zentralen Personendatenbank (ZPDB)
  Leiter: Oberst Dr. Heinz Roth
  Personalbestand: 344 hauptamtliche Mitarbeiter
- *Abteilung XIII*
  Aufgaben: Elektronisches Rechenzentrum, Projektierung und Programmierung der EDV für Abwehr und Aufklärung, materiell-technische Sicherstellung MfS-interner EDV-Anlagen
  Leiter: Oberst Gustav Hartling
  Personalbestand: ca. 450 hauptamtliche Mitarbeiter
- *Abteilung RS*
  Aufgaben: Rechtsstelle, Mitwirkung an Gesetzes- und Vertragsvorhaben, Abwicklung des MfS-Rechtsverkehrs
  Leiter: Oberst Dr. Udo Lemme
  Personalbestand: 12 hauptamtliche Mitarbeiter
- *Büro der Leitung (BdL)*
  Aufgaben: Dokumentenherstellung und -verwaltung, VS-Arbeit, Post- und Kurierdienst, Protokoll, Wach- und Sicherungsdienst (WUS) im Gebäudekomplex Normannenstraße
  Leiter: Generalmajor Egon Ludwig
  Personalbestand: ca. 300 hauptamtliche Mitarbeiter
- *Hauptabteilung Kader und Schulung (K/S)*
  Aufgaben: Gewinnung, Einstellung und Schulung hauptamtlicher Mitarbeiter, Anleitung nachgeordneter Kaderabteilungen MfS-intern, Überwachung von hauptamtlichen Mitarbeitern und Disziplinararbeit, Aufsicht über MfS-eigene Schulungseinrichtungen

Leiter: Generalleutnant Dr. Günter Möller
Personalbestand: 1077 hauptamtliche Mitarbeiter
– *Abteilung JH*
Aufgaben: Leitung der Juristischen Hoch- und Fachschule des MfS in Potsdam-Eiche
Leiter: Generalmajor Willi Opitz (= Rektor der JH)
Personalbestand: 170 hauptamtliche Mitarbeiter
– *Zentraler Medizinischer Dienst (ZMD)*
Aufgaben: Gewährleistung der medizinischen Versorgung aller hauptamtlichen Mitarbeiter des MfS, Leitung medizinischer Einrichtungen und Krankenhäuser (einschließlich Haftkrankenhaus Berlin-Hohenschönhausen)
Leiter: Generalmajor Prof. Dr. Klaus-Wolfgang Klein
Personalbestand: 1150 hauptamtliche Mitarbeiter
– *Hauptabteilung II*
Aufgaben: Allgemeine Spionageabwehr, Überwachung ausländischer Missionen und Journalisten in der DDR
Leiter: Generalleutnant Dr. Günther Kratsch
Personalbestand: 1192 hauptamtliche Mitarbeiter
– *Abteilung M*
Aufgaben: Politisch-operative Kontrolle des DDR-Postverkehrs (Brief- und Paketpost) im Auftrag von Abwehr und Aufklärung
Leiter: Generalmajor Rudi Strobel
Personalbestand: 509 hauptamtliche Mitarbeiter
– *Hauptabteilung IX*
Aufgaben: Untersuchungen und Vernehmungen bei Ermittlungsverfahren in der Zuständigkeit des MfS (Nazi- und Kriegsverbrechen, Staatsverbrechen, Verbrechen gegen die staatliche und öffentliche Ordnung), Verbindung zu Staatsanwaltschaft und Gerichten, Mitwirkung bei Häftlingsfreikauf
Leiter: Generalmajor Dr. Rolf Fister
Personalbestand: 518 hauptamtliche Mitarbeiter
– *Hauptabteilung PS*
Aufgaben: Personen- und Objektschutz, Sicherung von Fahrstrecken für Partei- und Staatsführung, Betreuung der Politbüro-Siedlung Wandlitz, fachliche Anleitung des Wachregiments »Feliks Dzierzynski«
Leiter: Generalleutnant Günter Wolf
Personalbestand: ca. 3700 hauptamtliche Mitarbeiter
– *Führung des Wachregiments Berlin »Feliks Dzierzynski«*
Aufgaben des Wachregiments: Personen- und Objektschutz, Sicherung von Demonstrationen, MfS-eigene Verfügungstruppe
Kommandeur: Generalmajor Manfred Döring
Personalbestand des Wachregiments: 10 992 Soldaten, Unteroffiziere, Offiziere und Generale
– *Abteilung X*
Aufgaben: Internationale Verbindungen, Koordinierung der Kontakte und Kooperation mit Sicherheitsdiensten der Warschauer-Pakt-Staaten, Übersetzungsdienst

Leiter: Generalmajor Willi Damm
Personalbestand: 48 hauptamtliche Mitarbeiter
– *Abteilung XIV*
Aufgaben: Vollzug von Untersuchungshaft, Verwaltung MfS-eigener Untersuchungsgefängnisse, Überwachung der Sonderhaftanstalt Bautzen II
Leiter: Oberst Siegfried Rataizick
Personalbestand: 254 hauptamtliche Mitarbeiter
– *Abteilung Finanzen*
Aufgaben: MfS-Haushaltsführung, Gewährleistung von Besoldung, Entlohnung und Rentenzahlung, Sparkasse des MfS, Finanzierung von Investitionen
Leiter: Generalmajor Werner Hennig
Personalbestand: 115 hauptamtliche Mitarbeiter
– *Büro der Zentralen Leitung des SC Dynamo*
Aufgaben: Leitung, Finanzierung und Überwachung des MfS-gestützten Sportclubs Dynamo
Leiter: Generalmajor Heinz Pommer

Der Verantwortungsbereich des Ministers für Staatssicherheit, der die tatsächliche Machtfülle Erich Mielkes widerspiegelt, umfaßte außerdem die Unterstellung der Leiter der 15 Bezirkverwaltungen des MfS.
Die Zuständigkeiten seiner vier Vizeminister waren nicht annähernd so umfangreich – auch nicht der Verantwortungsbereich Rudi Mittigs, der im MfS als die »Nummer zwei« galt, was auch seine Kompetenzen erkennen lassen:
– *Verwaltung Rückwärtige Dienste*
Aufgaben: Rückwärtige Dienste und Logistik, Sicherstellung der Infrastruktur des MfS, Objektverwaltung, Bau- und Wohnungswesen, Materialwirtschaft, Versorgungsdienste, Kfz-Instandhaltung und -Reparatur
Leiter: Oberst Manfred Weihmann
Personalbestand: 3296 hauptamtliche Mitarbeiter
– *Hauptabteilung XVIII*
Aufgaben: Abschirmung und Überwachung der Volkswirtschaft, Aufklärung und Bestätigung von Nomenklatur- und Reisekadern (Sicherheitsüberprüfung) in der Wirtschaft, Kontakte zu wirtschaftsleitenden Funktionären, Durchdringung aller Volkswirtschaftsbereiche mit mehreren tausend Inoffiziellen Mitarbeitern, Verwendung von Offizieren im besonderen Einsatz
Leiter: Generalleutnant Dr. Alfred Kleine
Personalbestand: 509 hauptamtliche Mitarbeiter
– *Hauptabteilung XIX*
Aufgaben: Abschirmung und Überwachung des Verkehrswesens (Eisenbahn, Kraftfahrzeugverkehr, Zivilluftfahrt, See- und Binnenschiffahrt, Hafenwirtschaft) einschließlich Post- und Fernmeldeverkehr, Überwachung von Reisekadern, Durchdringung des Verkehrswesens mit Inoffiziellen Mitarbeitern
Leiter: Generalmajor Edgar Braun
Personalbestand: 213 hauptamtliche Mitarbeiter

Schaubild Strukturschema des MfS (Stand 1. Oktober 1989)

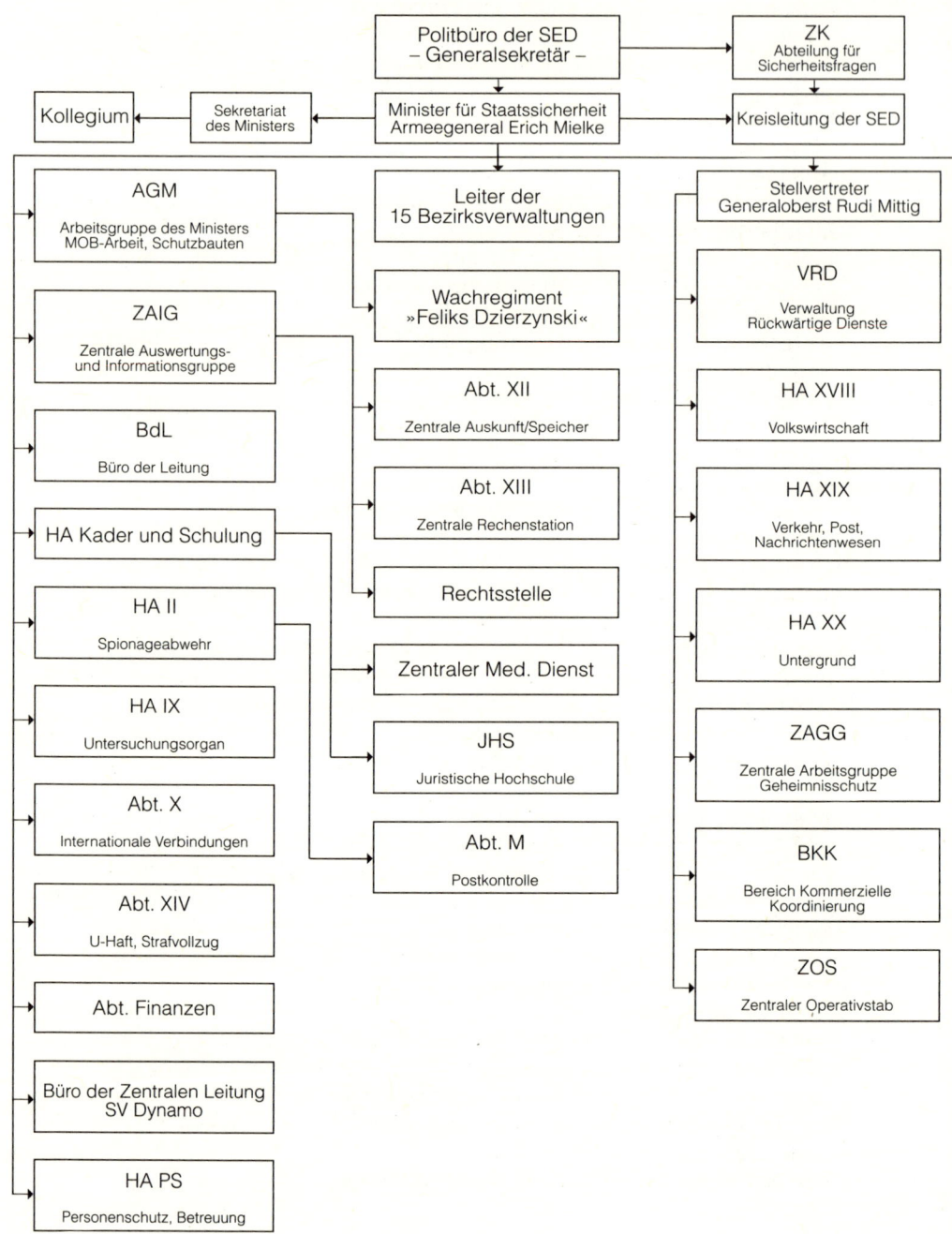

Politbüro der SED
– Generalsekretär –

ZK
Abteilung für
Sicherheitsfragen

Kollegium

Sekretariat
des Ministers

Minister für Staatssicherheit
Armeegeneral Erich Mielke

Kreisleitung der SED

AGM

Arbeitsgruppe des Ministers
MOB-Arbeit, Schutzbauten

Leiter der
15 Bezirksverwaltungen

Stellvertreter
Generaloberst Rudi Mittig

ZAIG

Zentrale Auswertungs-
und Informationsgruppe

Wachregiment
»Feliks Dzierzynski«

VRD

Verwaltung
Rückwärtige Dienste

BdL

Büro der Leitung

Abt. XII

Zentrale Auskunft/Speicher

HA XVIII

Volkswirtschaft

HA Kader und Schulung

Abt. XIII

Zentrale Rechenstation

HA XIX

Verkehr, Post,
Nachrichtenwesen

HA II

Spionageabwehr

Rechtsstelle

HA XX

Untergrund

HA IX

Untersuchungsorgan

Zentraler Med. Dienst

Abt. X

Internationale Verbindungen

JHS

Juristische Hochschule

ZAGG

Zentrale Arbeitsgruppe
Geheimnisschutz

Abt. XIV

U-Haft, Strafvollzug

Abt. M

Postkontrolle

BKK

Bereich Kommerzielle
Koordinierung

Abt. Finanzen

ZOS

Zentraler Operativstab

Büro der Zentralen Leitung
SV Dynamo

HA PS

Personenschutz, Betreuung

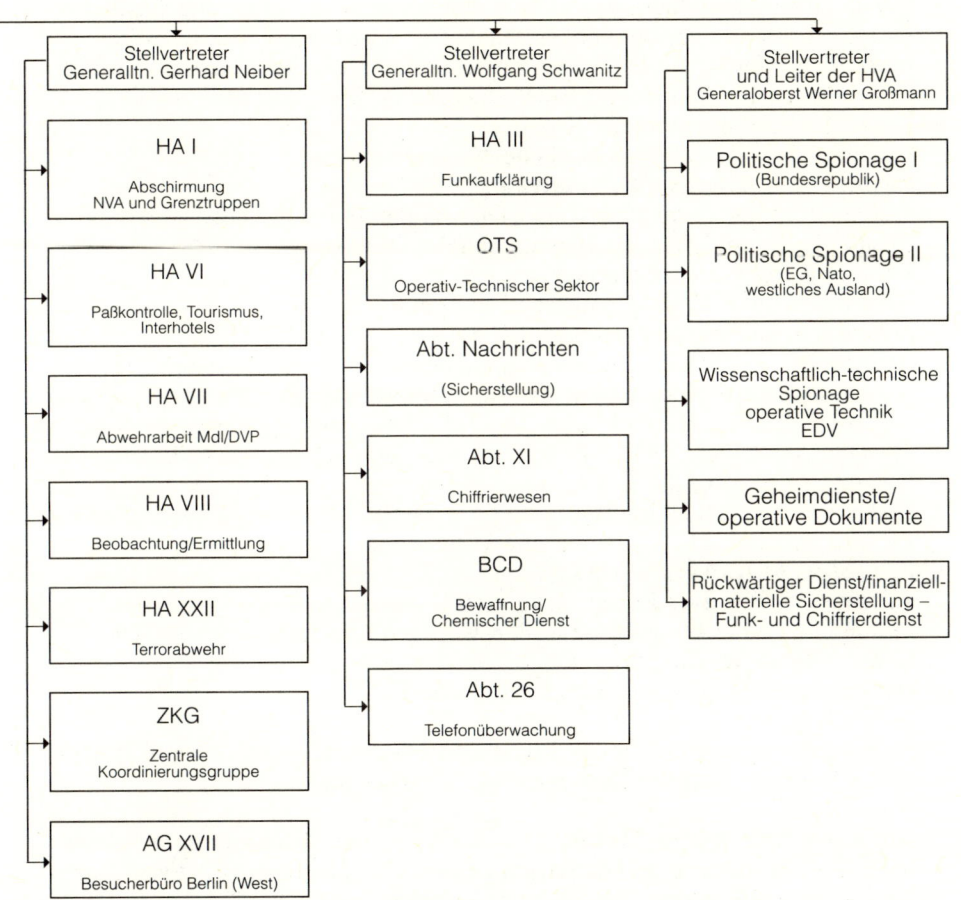

Stellvertreter
Generalltn. Gerhard Neiber

HA I
Abschirmung
NVA und Grenztruppen

HA VI
Paßkontrolle, Tourismus,
Interhotels

HA VII
Abwehrarbeit MdI/DVP

HA VIII
Beobachtung/Ermittlung

HA XXII
Terrorabwehr

ZKG
Zentrale
Koordinierungsgruppe

AG XVII
Besucherbüro Berlin (West)

Stellvertreter
Generalltn. Wolfgang Schwanitz

HA III
Funkaufklärung

OTS
Operativ-Technischer Sektor

Abt. Nachrichten
(Sicherstellung)

Abt. XI
Chiffrierwesen

BCD
Bewaffnung/
Chemischer Dienst

Abt. 26
Telefonüberwachung

Stellvertreter
und Leiter der HVA
Generaloberst Werner Großmann

Politische Spionage I
(Bundesrepublik)

Politische Spionage II
(EG, Nato,
westliches Ausland)

Wissenschaftlich-technische
Spionage
operative Technik
EDV

Geheimdienste/
operative Dokumente

Rückwärtiger Dienst/finanziell-
materielle Sicherstellung –
Funk- und Chiffrierdienst

- *Hauptabteilung XX*
  Aufgaben: Bekämpfung »politischer Untergrundtätigkeit« und »politisch-ideologischer Diversion«, Abschirmung und Überwachung des staatlichen und gesellschaftlichen Überbaus, Überwachung von Reisekadern, Abschirmung und Überwachung der Blockparteien, von Kirchen, Massenmedien, kulturellen Einrichtungen, des Hoch- und Fachschulwesens sowie der Volksbildung, des Gesundheitswesens und des Sports, Durchdringung staatlicher und gesellschaftlicher Bereiche mit mehreren tausend Inoffiziellen Mitarbeitern, Verwendung von Offizieren im besonderen Einsatz, das heißt, sie war »das eigentliche Zentrum der Staatssicherheit«[36]
  Leiter: Generalleutnant Paul Kienberg
  Personalbestand: 393 hauptamtliche Mitarbeiter
- *Zentrale Arbeitsgruppe Geheimschutz (ZAGG)*
  Aufgaben: Schutz von Staats- und Dienstgeheimnissen, Datensicherung in Staatsorganen und Wirtschaftsbetrieben der DDR (nicht im MfS)
  Leiter: Oberst Werner Schröder
  Personalbestand: 45 hauptamtliche Mitarbeiter
- *Arbeitsgruppe Bereich Kommerzielle Koordinierung*
  Aufgaben: Abschirmung und Überwachung des Bereichs Kommerzielle Koordinierung im Ministerium für Außenhandel sowie der ihm unterstellten Außenhandelsbetriebe und Vertretergesellschaften unter Leitung von Staatssekretär Alexander Schalck-Golodkowski, Verwendung von Offizieren im besonderen Einsatz
  Leiter: Oberst Karl-Heinz Herbrich
  Personalbestand: 117 hauptamtliche Mitarbeiter
- *Zentraler Operativstab (ZOS)*
  Aufgaben: Operatives Lagezentrum und Diensthabendes System (DHS) zur Leitung und Koordinierung zentraler Aktionen und Sicherungseinsätze
  Leiter: Oberst Manfred Sommer
  Personalbestand: 65 hauptamtliche Mitarbeiter

Zum Verantwortungsbereich des Minister-Stellvertreters Dr. Gerhard Neiber gehörten folgende Hauptabteilungen und Arbeitsgruppen:
- *Hauptabteilung I*
  Aufgaben: Militärische Abwehr, Überwachung und Abschirmung der Nationalen Volksarmee und der Grenztruppen der DDR, identisch mit »Verwaltung 2000« im Ministerium für Nationale Verteidigung, Durchdringung aller Verbände, Truppenteile und Einheiten mit Inoffiziellen Mitarbeitern (ca. 5000)
  Leiter: Generalleutnant Manfred Dietze
  Personalbestand: ca. 1000 hauptamtliche Mitarbeiter
- *Hauptabteilung VI*
  Aufgaben: Paßkontrolle und Fahndung an Grenzkontrollpunkten, Überwachung des grenzüberschreitenden Reiseverkehrs und der Interhotels
  Leiter: Generalmajor Dr. Heinz Fiedler
  Personalbestand: ca. 2000 hauptamtliche Mitarbeiter

– *Hauptabteilung VII*
Aufgaben: Abschirmung und Überwachung aller Organe des Ministeriums des Innern, speziell der Volkspolizei und des Strafvollzugs, Verwendung von Offizieren im besonderen Einsatz
Leiter: Generalmajor Dr. Joachim Büchner
Personalbestand: 336 hauptamtliche Mitarbeiter
– *Hauptabteilung VIII*
Aufgaben: Auftragsbezogene Ermittlungen, Observierung »politisch-negativer Zielpersonen«, konspirative Durchsuchung von Wohnungen, Festnahmen
Leiter: Generalmajor Dr. Karli Coburger
Personalbestand: 1458 hauptamtliche Mitarbeiter
– *Hauptabteilung XXII*
Aufgaben: Bekämpfung terroristischer Aktivitäten, Ausbildung von Antiterrorkampfkräften, Überwachung deutscher und internationaler Terrororganisationen, Betreuung von Aussteigern der »Roten-Armee-Fraktion«
Leiter: Oberst Horst Franz
Personalbestand: 543 hauptamtliche Mitarbeiter
– *Zentrale Koordinierungsgruppe (ZKG)*
Aufgaben: Kontrolle und Koordinierung der »politisch-operativen Bearbeitung« von Fluchthelferorganisationen, Erfassung aller Fälle von Republikflucht, Zurückdrängung von Ausreisebegehren
Leiter: Generalmajor Dr. Gerhard Niebling
Personalbestand: 190 hauptamtliche Mitarbeiter
– *Arbeitsgruppe XVII*
Aufgaben: Verdeckte Gewährleistung und Überwachung der Arbeit der seit 1972 in West-Berlin eingesetzten DDR-Passierscheinbüros, Verwendung von Offizieren im besonderen Einsatz
Leiter: Oberst Horst Janßen
Personalbestand: 310 hauptamtliche Mitarbeiter

Dem dritten Minister-Stellvertreter Dr. Wolfgang Schwanitz war ein gleichsam operativ-technischer Verantwortungsbereich zugewiesen:
– *Hauptabteilung III*
Aufgaben: Funkaufklärung (Überwachung westlicher Funknetze und Nachrichtenkommunikationen) und Funkabwehr (Überwachung des Äthers im UKW- und KW-Bereich DDR-intern), Aufspüren funkelektronischer Nachrichtentechnik in der DDR
Leiter: Generalmajor Dr. Horst Männchen
Personalbestand: 2748 Mitarbeiter
– *Operativ-technischer Sektor (OTS)*
Aufgaben: Entwicklung operativ-technischer Mittel für den nachrichtendienstlichen Einsatz
Leiter: Generalmajor Günter Schmidt
Personalbestand: 1900 hauptamtliche Mitarbeiter (?)

– *Arbeitsgruppe Nachrichten (N)*
Aufgaben: Materiell-technische Gewährleistung der Nachrichtenkommunikation der zentralen Diensteinheiten des MfS, der Bezirksverwaltungen sowie der Kreis- und Objektdienststellen durch Bereitstellung von Nachrichtentechnik zur Übermittlung von Sprach-, Bild-, Text- und Dateninformation, Gewährleistung geheimer Regierungsnachrichtenverbindungen
Leiter: Generalmajor Karl Zukunft
Personalbestand: ca. 1500 hauptamtliche Mitarbeiter
– *Abteilung XI*
Aufgaben: Gewährleistung und Abschirmung des zentralen Chiffrier- und Nachrichtenwesens, Überprüfung und Überwachung aller im Funk- und Fernmeldeverkehr tätigen Personen, Verwendung von Offizieren im besonderen Einsatz
Leiter: Generalmajor Wolfgang Birke
Personalbestand: 507 hauptamtliche Mitarbeiter
– *Abteilung Bewaffnung/Chemischer Dienst (BCD)*
Aufgaben: Gewährleistung der Bereitstellung von Waffen und Munition sowie chemischer Kampfstoffe und Ausrüstungen
Leiter: Oberst Erich Schwager
Personalbestand: 178 hauptamtliche Mitarbeiter
– *Abteilung 26*
Aufgaben: Konspirative Telefonüberwachung, Einsatz von optischer und akustischer Überwachungstechnik (Kameras und »Wanzen«)
Leiter: Generalmajor Olaf Leben
Personalbestand: 437 hauptamtliche Mitarbeiter

Der vierte Stellvertreter des Ministers, Generaloberst Werner Großmann, trug die Verantwortung für die nachrichtendienstlichen Aktivitäten des MfS nach außen, die innerhalb der Staatssicherheit zu einer relativ eigenständigen Hauptverwaltung zusammengeschlossen war:

– *Hauptverwaltung Aufklärung (HV A)*
Aufgaben: Beschaffung und Auswertung politischer, militärischer, wirtschaftlicher und wissenschaftlich-technischer, zumeist geheimer Informationen aus dem »feindlichen Operationsgebiet«, »aktive Maßnahmen« wie Desinformation, Beschaffung von Hochtechnologie unter Mißachtung von Embargobestimmungen
Leiter: Generaloberst Werner Großmann
Stellvertreter: Generalmajor Heinz Geyer (Chef des Stabes); Oberst Ralf-Peter Devaux (Politische Spionage), Generalmajor Heinrich Tauchert (Militärspionage), Generalmajor Werner Prosetzky (»Legale Residenturen« der HV A in DDR-Botschaften) und Generalmajor Horst Vogel (Sektor Wissenschaft/Technik)
Personalbestand: 4328 hauptamtliche Mitarbeiter (ohne Inoffizielle Mitarbeiter)

Die Hauptverwaltung Aufklärung gliederte sich in 23 Abteilungen mit politisch-operativen, auswertenden, operativ-technischen und logistischen Aufgaben, in Arbeitsgruppen für Spezialaufgaben. Den Schwerpunkt ihrer Aktivitäten bildete die Spionage in der Alt-Bundesrepublik einschließlich West-Berlins, obschon die HV A ihre Aktionsfelder in den siebziger und achtziger Jahren auch auf Westeuropa und die USA ausweitete. In der Dritten Welt leistete sie im Zusammenwirken mit Hauptabteilungen der Abwehr »spezifische Entwicklungshilfe«.

Trotz ihrer relativen Eigenständigkeit war die HV A integraler Bestandteil des MfS. Alle Richtlinien, Dienstanweisungen, Ordnungen und Befehle des Ministers hatten prinzipiell auch für die HV A Gültigkeit, ihr Leiter nahm als ständiges Mitglied des Kollegiums des Ministeriums für Staatssicherheit an dessen Beratungen teil, das heißt, er war in die Vorbereitung grundsätzlicher Entscheidungen auch der Abwehr einbezogen. Eine Trennung zwischen Abwehr und Aufklärung im MfS erscheint auch deshalb abwegig, weil zwischen beiden Bereichen vielfältige Formen des Zusammenwirkens und der gegenseitigen Unterstützung entwickelt waren, und zwar nicht nur in der Gegenspionage; z. B. nutzte die HV A die Postkontrolle der Abteilung M für ihre Zwecke, »bewährte« Inoffizielle Mitarbeiter der Abwehr wurden der Aufklärung für Einsätze DDR-extern überstellt, der Hauptabteilung IX beschaffte die HV A gegebenenfalls Belastungsmaterial für politische Strafprozesse, selbst als Belastungszeugen sind Agenten der HV A vor Gericht aufgetreten.

Es kann mithin nicht die Rede davon sein, daß die Hauptverwaltung Aufklärung gleichsam unbeteiligt war, wo es um die innere Repression in der DDR ging. Versuche, die »A« aus ihrer Mitverantwortung für die Überwachungs- und Unterdrückungsmaschinerie des MfS herauszunehmen, haben in den Reihen ehemaliger Mitarbeiter der Staatssicherheit sogar wiederholt Empörung ausgelöst.

Vertikal konnte sich die Hauptverwaltung Aufklärung auf Diensteinheiten stützen, die in den Bezirksverwaltungen in den »Abteilungen XV« tätig waren – eine Bezeichnung, die sich historisch erklärt. Die HV A ging 1955 aus der seinerzeitigen Hauptabteilung XV im MfS hervor, als die seit 1953 MfS-intern der Apparat der Auslandsspionage, der bis dahin dem Ministerium für Auswärtige Angelegenheiten unterstellt war, aufgebaut worden war – nämlich unter Leitung von Markus Wolf, der offiziell 1987 aus dem MfS ausschied.

Die Hauptverwaltung Aufklärung verfügte über eigene Schulen in Gransee sowie in Belzig bzw. in Gosen, wohin die Belziger Schule in den späten achtziger Jahren übersiedelte.

Die vertikale Struktur

Dem Verwaltungsaufbau der DDR entsprechend gliederte sich das MfS seit 1952 einschließlich seiner Dependence in Ost-Berlin in fünfzehn Bezirksverwaltungen sowie einschließlich der Kreisdienststellen in Ost-Berlin am Stichtag 1. Oktober 1989 in 211 Kreis- und sieben Objektdienststellen. Das geht aus dem

Diensteinheitenschlüssel hervor[37]. Die Personalstärke der Bezirksverwaltungen schwankte zwischen rund 1700 und 3200, die der Kreisdienststellen zwischen 30 und 50 hauptamtlichen Mitarbeitern. In besonderen Kreisdienststellen wie in Leipzig mit 197 hauptamtlichen Mitarbeitern konnte die Zahl auch erheblich höher liegen. Insgesamt entfielen am genannten Stichtag rund 31 300 hauptamtliche Mitarbeiter auf die Bezirksverwaltungen, gut 10 800 auf die Kreis- und Objektdienststellen[38].

Die innere Struktur einer Bezirksverwaltung entsprach der Zentrale des MfS insoweit, als die Hauptabteilungen und selbständigen Abteilungen in der Zentrale ihre Entsprechung in analogen Abteilungen, Referaten und Arbeitsgruppen besaßen, wobei die vertikalen Strukturen – im Dienstsprachgebrauch des MfS »Linien« geheißen – ihre aufgabenbezogenen Endpunkte in den Kreisdienststellen hatten, wenn auch hier strukturell nicht durchorganisiert, da bestimmte Aufgaben auf Kreisebene entfielen. Generell durchstrukturiert waren die Linien II, III, VI, VII, VIII, XVIII, XIX, XX sowie M und 26.

Die Leitung einer Bezirksverwaltung setzte sich im Regelfall aus dem Leiter und vier Stellvertretern zusammen, dem 1. Stellvertreter, dem Stellvertreter Operativ, dem Stellvertreter Operative Technik/Sicherstellung und dem Stellvertreter Aufklärung; letztgenannter war der HV A zugeordnet, er leitete gleichzeitig die in jeder Bezirksverwaltung für die »A« zuständige Abteilung XV. In den Bezirksverwaltungen nicht gegenwärtig war die Linie I. Die militärische Abwehr war nicht territorial, sondern funktional gegliedert. Sie unterhielt ihre Stäbe und Verbindungsoffiziere in den Einheiten und Truppenteilen der Nationalen Volksarmee und der Grenztruppen der DDR.

Zum Stichtag 1. Oktober 1989 wiesen die Bezirksverwaltungen und Kreis-/Objektdienststellen des MfS folgendes Bild auf:

– *Bezirksverwaltung Berlin*
  Berlin-Lichtenberg, Straße der Befreiung 60
  Leiter: Generalmajor Siegfried Hähnel
  Personalbestand: 1953 hauptamtliche Mitarbeiter
  Kreisdienststellen: 11 (Personalbestand insgesamt: 641)

– *Bezirksverwaltung Cottbus*
  Cottbus, Am Nordrand
  Leiter: Generalmajor Horst Fitzner
  Personalbestand: 1515 Mitarbeiter
  Kreisdienststellen: 14, Objektdienststellen: 1 (»Schwarze Pumpe«)
  (Personalbestand insgesamt: 682)

– *Bezirksverwaltung Dresden*
  Dresden, Bautzener Straße 111–116
  Leiter: Generalmajor Horst Böhm
  Personalbestand: 2574 hauptamtliche Mitarbeiter
  Kreisdienststellen: 16, Objektdienststellen: 1 (Technische Universität); Personalbestand insgesamt: 963

– *Bezirksverwaltung Erfurt*
Erfurt, Andreasstraße 38
Leiter: Generalmajor Dr. Josef Schwarz
Personalbestand: 2221 hauptamtliche Mitarbeiter
Kreisdienststellen: 13; Personalbestand insgesamt: 745

– *Bezirksverwaltung Frankfurt/Oder*
Frankfurt/Oder, Otto-Grotewohl-Straße 53
Leiter: Generalmajor Heinz Engelhardt
Personalbestand: 1738 hauptamtliche Mitarbeiter
Kreisdienststellen: 11; Personalbestand insgesamt: 522

– Bezirksverwaltung Gera
Gera, Rudolf-Diener-Straße 4
Leiter: Generalmajor Dicter Dangrieß
Personalbestand: 1717 hauptamtliche Mitarbeiter
Kreisdienststellen: 11, Objektdienststellen 1 (VEB Zeiss Jena)
Personalbestand insgesamt: 624

– *Bezirksverwaltung Halle*
Halle/Saale, Gimritzer Damm
Leiter: Generalmajor Dr. Heinz Schmidt
Personalbestand: 1829 hauptamtliche Mitarbeiter
Kreisdienststellen: 23, Objektdienststellen: 3 (Elektrochemisches Kombinat
Bitterfeld, VEB Leuna-Werke »Walter Ulbricht«, VEB Buna-Werke Schko-
pau); Personalbestand insgesamt: 1539

– *Bezirksverwaltung Karl-Marx-Stadt*
Karl-Marx-Stadt, Dr.-Richard-Sorge-Straße 35
Leiter: Generalleutnant Siegfried Gehlert
Personalbestand: 2731 hauptamtliche Mitarbeiter
Kreisdienststellen: 22; Personalbestand insgesamt: 900

– *Bezirksverwaltung Leipzig*
Leipzig, Dittrich-Ring 24
Leiter: Generalmajor Manfred Hummitzsch
Personalbestand: 1634 hauptamtliche Mitarbeiter
Kreisdienststellen: 13; Personalbestand insgesamt: 753

– *Bezirksverwaltung Magdeburg*
Magdeburg, Kroatenweg 56–57
Leiter: Generalmajor Wilfried Müller
Personalbestand: 2685 hauptamtliche Mitarbeiter
Kreisdienststellen: 20; Personalbestand insgesamt: 895

- *Bezirksverwaltung Neubrandenburg*
  Neubrandenburg, Leninstraße 120
  Leiter: Generalmajor Dr. Peter Koch
  Personalbestand: 1411 hauptamtliche Mitarbeiter
  Kreisdienststellen: 14; Personalbestand: 471

- *Bezirksverwaltung Potsdam*
  Potsdam, Hegelallee 8
  Leiter: Generalmajor Helmut Schickart
  Personalbestand: 2892 hauptamtliche Mitarbeiter
  Kreisdienststellen: 15; Personalbestand: 788

- *Bezirksverwaltung Rostock*
  Rostock, August-Bebel-Straße 15
  Leiter: Generalmajor Rudolf Mittag
  Personalbestand: 3261 hauptamtliche Mitarbeiter
  Kreisdienststellen: 10; Objektdienststellen: 1
  (VEB Kernkraftwerk »Bruno Leuschner« Greifswald)
  Personalbestand: 550

- *Bezirksverwaltung Schwerin*
  Schwerin, Demmlerplatz 1-2
  Leiter: Generalmajor Dr. Werner Korth
  Personalbestand: 1797 hauptamtliche Mitarbeiter
  Kreisdienststellen: 10; Personalbestand: 417

- *Bezirksverwaltung Suhl*
  Suhl, Hölderlinstraße 1
  Leiter: Generalmajor Gerhard Lange
  Personalbestand: 1345 hauptamtliche Mitarbeiter
  Kreisdienststellen: 8; Personalbestand: 340

Seit 1950 hatte das MfS zudem eine besondere »Verwaltung Wismut« gebildet, die gleichsam den Status einer Bezirksverwaltung besaß, personell allerdings weniger stark war. In enger Zusammenarbeit mit den sowjetischen Sicherheitsorganen oblag ihr die Abschirmung und Sicherung des Uranerzbergbaus in Sachsen und Thüringen. Ihre Bezeichnung erhielt die MfS-Verwaltung Wismut von der nach dem Zweiten Weltkrieg geschaffenen Sowjetischen Aktiengesellschaft Wismut, die die verfügbaren Uranerzvorkommen ausbeutete. Ihr Verwaltungssitz befand sich in Siegmar-Schönau, wo das MfS zunächst auch seine »Objektverwaltung« Wismut einrichtete. 1954, nach Bildung der Sowjetisch-Deutschen Aktiengesellschaft Wismut, nahm sie ihren Sitz in Karl-Marx-Stadt, dem heutigen Chemnitz. 1982 wurde die Verwaltung Wismut aufgelöst.
Im Unterschied zu den Hauptabteilungen und Abteilungen in der Zentrale beziehungsweise in den Bezirksverwaltungen mit ihren Abteilungen und Arbeitsgruppen, deren Aufgabenstellung jeweils konkret auf ein Sachgebiet bezo-

gen und beschränkt war, hatten die Kreisdienststellen des MfS die jeweils auf ihr Territorium bezogene »politisch-operative Arbeit« in ihrer Gesamtheit zu leisten. Sie bildeten gleichsam das administrativ-organisatorische Fundament des MfS. Die Kreisdienststellen waren, kurz gesagt, für die Herrschaftssicherung der SED im Kreis verantwortlich.

Arbeitsgrundlage der Kreisdienststellen waren einerseits Richtlinien, Dienstanweisungen und Befehle des Ministers; charakteristisch waren z. B. der Befehl Nr. 13/74 zur Qualifizierung der Ermittlungstätigkeit der Kreis-/Objektdienststellen des Ministeriums für Staatssicherheit[39]. Andererseits wurden die Kreisdienststellen nach Befehlen und Weisungen der Leiter der regional zuständigen Bezirksverwaltungen tätig. Wichtigste Informationsquelle war die Spitzelei.

Mielke hat die Bedeutung der Kreisdienststellen für die Herrschaftssicherung stets hervorgehoben, in einem Referat z. B., das er auf einer Zentralen Parteiaktivtagung im MfS am 16. Mai 1986 hielt: »Die KD sind ein entscheidendes Instrument zur Sicherung unseres Arbeiter-und-Bauern-Staates, eine Basis der Macht. Von der erfolgreichen, willensstarken und aufopferungsvollen Arbeit der Angehörigen der KD, von der Qualität und Wirksamkeit ihrer politisch-operativen Arbeit, die sie für das gesamte MfS leisten, hängt sehr wesentlich ab, daß die politisch-operative Lage in unserer Republik auch weiterhin stabil bleibt.«[40] Dementsprechend hatten sich ihre Aufgaben im Laufe der Zeit umfassend entwickelt. Das Staatliche Komitee für die Auflösung des Amtes für Nationale Sicherheit hat sie in sieben Punkten wie folgt zusammengefaßt[41]:

1. Zielgerichtete Aufspürung von Feinden und Aufdeckung von Feindtätigkeit, Aufspürung und Aufklärung feindlich-negativer Kräfte sowie Aufdeckung und Verhinderung ihrer Pläne und Handlungen.
2. Komplexe vorbeugende Sicherung ausgewählter Prozesse, Bereiche, Objekte, Territorien oder Personenkreise aufgrund ihrer besonderen Bedeutung für die gesellschaftliche Entwicklung und die staatliche Sicherheit.
3. Sicherheitspolitische Einschätzung, Überprüfung, operative Kontrolle und Gewährleistung einer ständigen Übersicht über die operativ interessanten und vorbeugend zu sichernden Personen.
4. Klärung aller operativ bedeutsamen Handlungen, Vorkommnisse und Erscheinungen sowie Aufklärung damit im Zusammenhang stehender Personen.
5. Vorbeugende Sicherung gesellschaftlicher Höhepunkte und bedeutsamer Veranstaltungen und des Aufenthaltes führender Repräsentanten und ihrer ausländischen Gäste.
6. Aufdeckung und Einflußnahme auf die Abwendung subversiver Angriffe sowie anderer, die staatliche Sicherheit gefährdenden Maßnahmen.
7. Unterstützung anderer Dienststellen des MfS durch operative Ermittlungen, durch Gewinnung und Entwicklung neuer Kader sowie durch die Mitwirkung an Aktionen und Einsätzen.

Auch wenn diese Zusammenfassung merkwürdigerweise im Dienstjargon der Staatssicherheit gehalten ist, vermittelt sie einen realistischen Überblick über die den Kreisdienststellen zugewiesenen Aufgaben und Zuständigkeiten: Sie waren letztlich total überfordert.

Entscheidungsstrukturen und interne Kommunikation

Die MfS-internen Entscheidungsstrukturen waren an den Weisungsformen militärischer Hierarchien und politischer Bürokratien gleichermaßen orientiert. Als die interne Kommunikation im MfS prägend kam ein ausgesprochen autoritärer Führungsstil hinzu, den Mielke in seiner 32jährigen Amtszeit als Minister für Staatssicherheit entwickelt und praktiziert hat.

Im einzelnen umfaßten die dienstinternen Bestimmungen, gestaffelt nach ihrer Bedeutung, die Formen von »Richtlinien«, »Ordnungen«, »Dienstanweisungen«, »Befehlen«, »Durchführungsbestimmungen« und einfachen »Schreiben«. Inhalt und Gewicht waren ausschlaggebend für die Form einer dienstlichen Weisung.

Während Richtlinien, Ordnungen und Dienstanweisungen eher als Grundsatzdokumente anzusehen waren, in denen umfassende Regelungen zur Arbeit des MfS niedergelegt waren, zumeist vom Minister für einen größeren Zeitraum erlassen, bezogen sich Befehle und Schreiben eher auf aktuelle oder konkrete Aufgabenstellungen. Sie konnten sowohl vom Minister und seinen Stellvertretern als auch von den Leitern der Bezirksverwaltungen erlassen bzw. verfaßt werden. Durchführungsbestimmungen erläuterten und präzisierten, wie die in Richtlinien, Ordnungen, Dienstanweisungen und Befehlen gestellten Aufgaben in der Vorgehensweise zu realisieren waren.

Richtlinien ergingen zum Beispiel »zur Entwicklung und Bearbeitung Operativer Vorgänge«[42] oder »für die Arbeit mit Inoffiziellen Mitarbeitern und Gesellschaftlichen Mitarbeitern für Sicherheit«[43]. Hingegen war z. B. »die Arbeit mit Offizieren im besonderen Einsatz des Ministeriums für Staatssicherheit« in einer Ordnung geregelt[44]. Zur »vorbeugenden Verhinderung, Aufdeckung und Bekämpfung der politischen Untergrundtätigkeit« wiederum erließ der Minister nur eine Dienstanweisung[45], wie es »zur Qualifizierung der Ermittlungstätigkeit der Kreis-/Objektdienststellen« eines Befehls[46] bedurfte. Mit einem Schreiben[47] begnügte sich der Minister für Staatssicherheit, um »Maßnahmen zur Zurückweisung und Unterbindung von Aktivitäten feindlicher, oppositioneller und anderer negativer Kräfte zur Diskreditierung der Ergebnisse der Kommunalwahlen am 7. Mai 1989« festzulegen: Beispiele dies alles, die ermessen lassen, wie formalistisch-bürokratisch die interne Funktionsweise des MfS geregelt war.

Arbeitsteilung und Zusammenwirken der Diensteinheiten in der Zentrale mit denjenigen auf Bezirks- und Kreisebene ergaben sich jeweils aus den Erfordernissen der »politisch-operativen Arbeit« auf der Basis der dienstlichen Grundsatzdokumente, das heißt unter Beachtung der einschlägigen, häufig vielfältigen, äußerst detailliert gehaltenen Bestimmungen, die im übrigen auch die Kontrolle »von oben« einschlossen.

Selbstverständlich setzte die Funktionsfähigkeit des MfS ein internes Informationssystem voraus, das die Steuerung und Kontrolle »operativer Vorgänge« auf allen Ebenen gewährleistete. Technisch wurde die MfS-interne Kommunikation durch vom öffentlichen Netz unabhängige Fernsprech- und Fernschreibleitungen sowie durch Funkverkehr aufrechterhalten. Außerdem existierte ein eigener Kurierdienst.

Budget, Bewaffnung, Wachregiment

Bei der konspirativen Abschirmung, die alle Aktivitäten des MfS überzog, wurde auch sein Budget als strenges Staatsgeheimnis behandelt. Soweit in den Staatshaushaltsplänen der DDR unter dem Regime der SED überhaupt die Titel »nationale Sicherheit« sowie »öffentliche Sicherheit, Rechtspflege und Sicherung der Staatsgrenze« ausgewiesen wurden – und die für die Staatssicherheit bestimmten Etatmittel dürften in beiden Haushaltstiteln enthalten gewesen sein –, kam ihnen ein Informationswert allenfalls insofern zu, als die veröffentlichten Zahlen die Jahr um Jahr steigende Zuwachsrate erkennen ließen. Über die absolute Höhe der geplanten Ausgaben für das MfS wurde nichts publik.

Erst nach dem demokratischen Umbruch in der DDR wurden erstmals offiziell Zahlen zum Budget des MfS vorgelegt. Laut Mitteilung[48] am Runden Tisch vom 15. Januar 1990 waren dem MfS für das Jahr 1989 Haushaltsmittel in Höhe von 3,6 Milliarden Mark bereitgestellt. Personalkosten machten davon 2,4 Milliarden Mark aus, 1,2 Milliarden Mark entfielen auf Sachkosten aller Art.

Generell belief sich der Haushalt des MfS in den letzten Jahren seiner Existenz auf jeweils vier Milliarden Mark[49]. Wie großzügig das MfS ausgestattet war, zeigte sich erst bei seiner Auflösung. So verfügte die Staatssicherheit in Ost-Berlin und in den Bezirken und Kreisen über 1819 Dienstgebäude aller Art einschließlich Sport- und Erholungsstätten, eigene Ferienheime und Forsthäuser. Ferner besaß es 836 Wohnobjekte mit rund 18 000 Wohnungen sowie 838 »konspirative Objekte«, getarnte Einrichtungen, Werkstätten, Baubetriebe. Weitere 342 Objekte, die in der Rechtsträgerschaft der »Versorgungseinrichtung des Ministerrates« (VEM) vom MfS genutzt wurden, sowie nicht zuletzt 5503 Wohnungen im gesamten Territorium der DDR, die zu konspirativen Treffen unterhalten wurden, zählten zum Besitz des MfS[50]. Gespart wurde bei der Sicherheit nie.

Zu den Immobilien kam bewegliches Sachvermögen in nicht minder immensem Umfang. Allein an Fahrzeugen verfügte das MfS am 31. Oktober 1989 über einen Bestand, zu dem folgende Zahl am Runden Tisch mitgeteilt wurden: 12 903 PKW, 2179 Transporter vom Typ B 1000, 2675 Lastkraftwagen verschiedener Typen.

Mit dem Waffenarsenal der Staatssicherheit hätte eine kleine Armee ausgerüstet werden können. Man muß die Zahlen[51] für sich sprechen lassen: 124 593 Pistolen, 76 592 Maschinenpistolen, 3611 Gewehre, 449 leichte Maschinengewehre, 766 schwere Maschinengewehre, 3537 Panzerbüchsen, 342 Fliegerabwehr-Maschinengewehre, 103 Abschußgeräte für spezielle Munition, 48 Polizeiflinten, 3303 Leuchtpistolen.

Zum übergroßen Teil gehörten die Waffen zur Ausrüstung des Wachregiments Berlin des MfS, das seit 1967 den Traditionsnamen »Feliks Edmundowitsch Dzierzynski« trug. Obwohl sich das Wachregiment als »eigenständige Formation« verstand, nicht als Diensteinheit der Staatssicherheit, war es dem MfS »angegliedert« – so Generalmajor Manfred Döring, sein letzter Kommandeur. Die Führung war einerseits dem AGM unterstellt, andererseits bei der Hauptabteilung PS »angebunden«. Die Bezeichnung »Regiment« traf im übrigen schon seit langer Zeit nicht mehr zu – mit zuletzt 10 992 Mann hatte das Wachregiment Divisionsstärke erreicht. Seine Unterbringung in Kasernenkomplexen in Adlershof und Erkner im Südosten Berlins gewährleistete jederzeitige Einsatzbereitschaft als Verfügungstruppe des MfS, die in normalen Zeiten Aufgaben im Personen- und Objektschutz zu erfüllen hatte. In Spannungszeiten war das Wachregiment auch zu inneren Sicherungs- und Unterdrückungsaufgaben im Einsatz, so in den kritischen Tagen des 7. und 8. Oktober 1989, als mehrere Kompanien der »Dzierzynski«-Soldaten mit brutaler Gewalt gegen Demonstranten in Ost-Berlin vorgingen. Im Frühjahr 1990 wurde das Wachregiment aufgelöst.

Die »flächendeckende Überwachung«: Zentrum und operative Basis

Nach der von den DDR-Kommunisten auf die Formel »Wer wen?« verkürzten Machtfrage lautete die zumindest für den Minister für Staatssicherheit zweitwichtigste Frage »Wer ist wer?« Mielke selbst hat das häufig genug bekräftigt: »Von der Klärung der Frage ›Wer ist wer?‹ hängt in entscheidendem Maße ab, in welcher Wirksamkeit das MfS die ihm übertragenen Aufgaben realisiert, wie es gelingt, in allen gesellschaftlichen Bereichen eine hohe Sicherheit und Ordnung zu gewährleisten, Gefahren rechtzeitig zu erkennen, jegliche Überraschungen auszuschließen, wirksam alle Feinde zu bekämpfen und zugleich immer wieder Grundlagen und neue Erkenntnisse zur effektiven Lösung der Aufgabenstellung zu gewährleisten.«[52] Aus dieser Einstellung folgte als Konsequenz jene »totale flächendeckende Überwachungsarbeit«, die am 15. Januar 1990 am Runden Tisch erstmals regierungsoffiziell zur Sprache gebracht wurde[53]. Mielkes Grundirrtum, »der eigentliche Irrsinn«, um mit Gregor Gysi zu sprechen, »bestand jedoch in der Vorstellung, über einen ausgebauten Sicherheitsapparat Stabilität zu garantieren, obwohl dies nur über breite politische Akzeptanz möglich ist«[54].

Abwegig sind allerdings Versuche, die die Anfänge dieses pervertierten Sicherheitsdenkens in die achtziger Jahre verlegen – festgemacht an der Dienstanweisung Nr. 2/85 zur vorbeugenden Verhinderung, Aufdeckung und Bekämpfung politischer Untergrundtätigkeit[55], die der Minister der Staatssicherheit am 20. Februar 1985 erließ. Sie setzte allenfalls den vorläufigen Schlußpunkt zu einer Entwicklung, die dreieinhalb Jahrzehnte früher begann. Die möglichst allseitige Überwachung der DDR-Bevölkerung war seit seiner Existenz das Metier des MfS.

Das anonyme Heer der Spitzel verstand die Staatssicherheit als die »operative Basis«. Die Inoffiziellen Mitarbeiter verkörperten »die Hauptwaffe im Kampf gegen den Feind«. Die Furcht vor der Allgegenwärtigkeit von Spitzeln, das gegenseitige Mißtrauen aller gegen alle, die schleichende Angst vor Denunziation – das alles überzog die Menschen in der DDR bereits in den fünfziger und sechziger Jahren, es bedrückte sie damals sogar mehr als in den siebziger und achtziger Jahren.

»Die IM waren von Anfang an die Hauptkräfte des MfS, um in die Konspiration des Feindes einzudringen«, heißt es in einem von der Juristischen Hochschule Potsdam erarbeiteten Studienmaterial. Die am 20. November 1952 erlassene Richtlinie Nr. 21 über die Suche, Anwerbung und Arbeit mit Informatoren, Geheimen Mitarbeitern und Personen, die konspirative Wohnungen unterhalten, wird darin als das erste Grundsatzdokument des MfS charakterisiert, das die Spitzelei zum System erhob: »Das Neue bestand vor allem darin, daß auf der Basis einer wissenschaftlichen Analyse erstmalig ein zusammenfassendes Dokument über die Arbeit mit Inoffiziellen Mitarbeitern geschaffen wurde. Die Rolle und Stellung der Inoffiziellen Mitarbeiter wurde exakt bestimmt und hervorgehoben, daß die Inoffiziellen Mitarbeiter die wichtigste Waffe des MfS im Kampf gegen die Geheimdienste, Agentenzentralen, volksfeindlichen Organisationen sowie deren Agenten und andere feindliche Elemente sind und nur zur Bekämpfung des Feindes eingesetzt werden dürfen.«[56]

1953, unmittelbar nach dem Aufstand vom 17. Juni, bekräftigte der damalige Ministerpräsident Otto Grotewohl die Notwendigkeit eines »Informationsnetzes«[57], auf das sich die Staatssicherheitsorgane in ihrer Abwehr- und Aufklärungsarbeit zu stützen hätten. Das damals meistgebrauchte oder besser: meistmißbrauchte Schlagwort hieß »Wachsamkeit«. Ernst Wollweber plädierte 1954 auf dem IV. Parteitag der SED in aller Offenheit für totale Wachsamkeit: »Die Menschen an den Schlüsselpunkten muß man sich betrachten, ihre politische Vergangenheit, die soziale Herkunft, ihre ganze Entwicklung, ihre persönlichen Verbindungen. Das alles muß man sich ansehen, das gehört zur Wachsamkeit.«[58]

Veränderungen, die die Überwachungsarbeit des MfS in den vier Jahrzehnten seiner Existenz erfuhr, waren quantitativer, nicht qualitativer Natur.

Die Tradition der flächendeckenden Überwachung

Anhand MfS-interner Bestimmungen, in denen Auftrag und Zielsetzung speziell der »politisch-operativen Arbeit« mit Inoffiziellen Mitarbeitern festgelegt wurden, ist das unschwer nachzuweisen. »Das Ministerium für Staatssicherheit ist beauftragt, alle Versuche, den Sieg des Sozialismus aufzuhalten oder zu verhindern – mit welchen Mitteln und Methoden es auch sei –, vorbeugend und im Keime zu ersticken«, hieß es etwa in der einschlägigen Richtlinie Nr. 1/58. Darin wurde konkret benannt, was als »konspirative Tätigkeit der Feinde des Sozialismus« durch den Einsatz von IM bekämpft werden sollte. Außer »Spionage«, »Schädlingstätigkeit«, »Diversion« und »Sabotage«, außer der »Bildung von Untergrundgruppen« zählten dazu auch die »Bekämpfung der ideologischen Diversion«, die ausdrücklich als »Politik der Aufweichung und Zersetzung« definiert wurde, sowie die »Republikflucht«. Laut dieser Richtlinie ging es bei der »Sicherung der Deutschen Demokratischen Republik vor den Anschlägen der Geheimdienste, Agentenzentralen und anderer zentraler Dienststellen und Konzerne der kapitalistischen Staaten« keineswegs nur um »Auflösung und Unschädlichmachung ihrer Agenturen und Aufdeckung und Liquidierung der Untergrundbewegung«. Gefordert war die Unschädlichmachung »auch einzelner Personen und verbrecherischer Elemente, die auch ohne Verbindung und Auftrag auf Grund ihrer feindlichen Einstellung zum Arbeiter-und-Bauern-Staat tätig sind«[59]. Das Feindbild war schon damals diffus.

Auch in den fünfziger Jahren war übrigens die »umfassende Informierung der Partei und Regierung über auftretende und bestehende Mängel und Fehler auf allen Gebieten unseres gesellschaftlichen Lebens« – also auch der Partei! – schon ausdrücklich vorgeschrieben, soweit sie »sich für die sozialistische Entwicklung hemmend und schädigend auswirken und vom Feind für seine verbrecherischen Ziele ausgenutzt werden können«.

In der Richtlinie Nr. 1/58 war mithin eine Entwicklung programmiert, die damals bereits zur totalen flächendeckenden Überwachung tendierte. Die sich daraus ergebende Folgerung bestand für die Staatssicherheit schlicht und einfach darin, »ein ausreichendes Netz Inoffizieller Mitarbeiter zu schaffen«, und zwar mit der Maßgabe, dieses Netz »auf allen Gebieten des gesellschaftlichen Lebens (politischem, ökonomischem, kulturellem und wissenschaftlichem) zu organisieren«.

Interessanterweise befleißigte sich die Staatssicherheit schon damals jener Akribie, mit der verschiedene Kategorien von Inoffiziellen Mitarbeitern ausgeklügelt wurden. Neben »Geheimen Informatoren« (GI) und »Geheimen Hauptinformatoren« (GHI) kreierte das MfS »Geheime Mitarbeiter« (GM) und »Geheime Mitarbeiter im besonderen Einsatz« (GME) – Spitzel dies alles, deren Unterscheidung sich aus unterschiedlich definierten Einsatzmöglichkeiten ableitete.

Im schlimmsten Bürokratendeutsch galten GI laut Richtlinie Nr. 1/58 als Personen, die »auf Grund guter Möglichkeiten« in der Lage waren, »den Organen des Ministeriums für Staatssicherheit die sie interessierenden Angaben zu beschaffen«, und mit einer kaum mehr überbietbaren Naivität wurden die ihnen zu übertragenden Aufgaben folgendermaßen aufgelistet: »Sicherung wichtiger Objekte, Einrichtungen und Gefahrenpunkte«, »Feststellung der Anzeichen feindlicher Tätigkeit und verdächtiger Personen«, »Feststellung der Stimmung verschiedener Bevölkerungsschichten«, »Einsatz bei der Aufklärung und Verhinderung von Republikfluchten und Abwerbung«, »Aufklärung und Kontrolle verdächtiger Personen am Wohnort und am Arbeitsplatz«, »Durchführung von Ermittlungen, Erkundungen sowie Einsatz bei Beobachtungen, Fahndungen und für Verbindungen (Kuriere)«, »Mitarbeit in Sachverständigenkommissionen oder Auftreten nach Absprache und Auftrag« und schließlich »Durchführung bestimmter Aufgaben in Schlüsselpositionen«. Es war der Feind im eigenen Land, gegen den sich die Wachsamkeit wenden sollte.

Um möglichst »über jeden alles wissen« zu wollen, trieb das MfS den Ausbau seines verdeckten Informationsnetzes mit bis zur Skurrilität sich steigernder Systematik voran. Ohne prinzipiell Neues zu schaffen, wurde in der 1968 erlassenen Richtlinie Nr. 1/68 der Einsatz Inoffizieller Mitarbeiter terminologisch dem Sprachgebrauch der späten Ulbricht-Ära angepaßt. Nun war von der »Funktion der Inoffiziellen Mitarbeiter im Gesamtsystem der politisch-operativen Abwehrarbeit des Ministeriums für Staatssicherheit« die Rede. Nun wurden Inoffizielle Mitarbeiter als Personen definiert, »die in Wahrnehmung ihres Rechts auf Mitwirkung an der staatlichen Arbeit zur Lösung politisch-operativer Aufgaben des Ministeriums für Staatssicherheit eingesetzt werden«. Und wörtlich weiter: »Die Besonderheit der Mitwirkung an der staatlichen Arbeit besteht gegenüber anderen Formen der Ausübung der sozialistischen Demokratie darin, daß sie der Öffentlichkeit nicht offenbart werden kann und darf.«[60] Konnte der Versuch, die Spitzelei ideologisch zu rechtfertigen, lächerlicher ausfallen?

Neben dem einfachen IM sollte es fortan den HIM geben, den Inoffiziellen Mitarbeiter also, der hauptamtlich eingesetzt wurde, ferner den FIM, der als Führungs-IM andere Inoffizielle Mitarbeiter steuern sollte, sowie spezielle Kategorien wie den IMS, der »mit der Sicherung gesellschaftlicher Bereiche oder Objekte beauftragt« war, den IMV, der »unmittelbar an der Bearbeitung und Entlarvung im Verdacht der Feindtätigkeit stehender Personen mitarbeiten« sollte, oder den IMF, der als »Inoffizieller Mitarbeiter der inneren Abwehr mit Feindverbindungen zum Operationsgebiet« definiert wurde. Die Aufzählung ist keineswegs vollzählig. Schließlich wurde mit der Richtlinie Nr. 1/68 der GMS erfunden, der »Gesellschaftliche Mitarbeiter für Sicherheit«. Das MfS verstand darunter »staatsbewußte Bürger, die sich in Wahrnehmung ihres demokratischen Rechts auf Mitwirkung an der staatlichen Arbeit zu einer zeitweiligen oder ständigen Zusammenarbeit mit dem Ministerium für Staatssicherheit bereit erklären und an der Lösung politisch-operativer Aufgaben beteiligt werden«. Der Zynismus, mit dem in diesem Zusammenhang die Spitzelei verklärt wurde, muß manchen Schalk im MfS lachen gemacht haben.

Von Inoffiziellen Mitarbeitern unterschieden sich die Gesellschaftlichen Mitarbeiter für Sicherheit »hauptsächlich durch den unterschiedlichen Grad der Einbeziehung in konspirative Methoden und der konspirativen Zusammenarbeit mit dem Ministerium für Staatssicherheit«, durch »den vorrangigen Einsatz für Sicherungsaufgaben im und zur Deckung des Informationsbedarfs aus dem Arbeits-, Wohn- oder Interessenbereich«, durch »ihr in der Regel mögliches offensives Auftreten in ihrem Wirkungsbereich zur Beseitigung und Überwindung von Mängeln und Mißständen« sowie durch »ihr in der Regel progressives Auftreten in der Öffentlichkeit«.

Augenscheinlich waren Gewinnung und Einsatz von GMS von dem Gedanken bestimmt, die Massenbasis der Spitzelei zu verbreitern, indem die dafür angesprochenen Personen weniger enge Bindungen, weniger große Verpflichtungen gegenüber dem MfS eingehen mußten, dabei aber auf ihre Zuverlässigkeit getestet wurden. Letztlich war der Unterschied nicht prinzipieller Natur.

Trotzdem wurde die Unterscheidung auch in der Richtlinie Nr. 1/79 für die Arbeit mit IM und GMS beibehalten, die der Minister für Staatssicherheit am 8. Dezember 1979 erließ, um MfS-intern die »politisch-operativ wirksame Zusammenarbeit« mit Spitzeln für die achtziger Jahre zu regeln[61]. Sie trat am 1. Januar 1980 in Kraft und bildete laut Präambel »die für alle operativen Diensteinheiten verbindliche Grundlage für die Arbeit mit IM und GMS«. Sie behielt Gültigkeit bis zur Auflösung des MfS. Die 67 Druckseiten dieses Papiers spiegeln die illusionäre Vorstellung wider, das Regime durch flächendeckende Überwachung dauerhaft zu stabilisieren. Im Vergleich zu den Richtlinien Nr. 1/58 und 1/68 waren die Aufgaben in der Richtlinie Nr. 1/79 an den politischen Erfordernissen der achtziger Jahre orientiert, wie sie im MfS prognostiziert worden waren, aber ein qualitativer Unterschied ist nicht erkennbar. Der Einsatz von IM war allerdings wesentlich breiter gefächert, was die Ausdehnung des Informationsnetzes der DDR-Staatssicherheit zwangsläufig bedingen mußte.

180 000 Inoffizielle Mitarbeiter?

Eine Analyse der »operativ bedeutsamen Informationen«, die laut Richtlinie Nr. 1/79 durch den Einsatz von IM/GMS erspitzelt werden sollten, dokumentiert auf spezifische Weise, wo überall und welche Gefahren das MfS für die Herrschaft der SED geargwöhnt hat. Im Grunde belegt der folgende Katalog[62] nur die politische Verunsicherung der Herrschenden:
»1. Informationen über alle Absichten, Maßnahmen, Mittel und Methoden der agenturführenden Dienststellen der imperialistischen Geheimdienste, der Zentren der politisch-ideologischen Diversion und anderer Zentren, Institutionen, Organisationen und Kräfte, von denen subversive Angriffe gegen die DDR ausgehen, einschließlich entsprechender Konzerne, der kriminellen Menschenhändlerbanden, deren Auftraggeber und Hintermänner sowie solcher feindlichen Kräfte, die von legalen Positionen aus in der DDR subversiv tätig werden . . .;
2. Informationen und Beweise über feindlich-negative Personen, Gruppen und Gruppierungen und ihr Wirksamwerden im Innern der DDR sowie entsprechende Informationen und Beweise zur Durchführung erforderlicher vorbeugender, schadensverhütender Maßnahmen . . .;
3. Informationen und Beweise über in Operativen Vorgängen zu bearbeitende staatsfeindliche Tätigkeit und solche Straftaten der allgemeinen Kriminalität, die einen hohen Grad der Gesellschaftsgefährlichkeit haben und in enger Beziehung zu den Staatsverbrechen stehen bzw. für deren Bearbeitung das MfS zuständig ist . . .;
4. Informationen und Beweise über begünstigende Bedingungen und Umstände für die Begehung und Verschleierung feindlich-negativer Handlungen sowie über die Gefährdung von Ordnung und Sicherheit . . .«
Nach diesen Vorgaben, die im einzelnen näher erläutert und konkretisiert wurden, war in der Tat kein Bereich in Staat und Gesellschaft denkbar, der nicht von Spitzeln durchdrungen war, gab es nichts auch in der Privatsphäre der Bürgerinnen und Bürger, worum sich das MfS nicht hätte kümmern wollen. Und wahrhaftig blieben diese Bestimmungen nicht papierne Vorschriften. Wie in den Berichten[63] der Bürgerkomitees und Untersuchungskommissionen an ungezählten Beispielen festgemacht, wie durch Millionen personenbezogener Dossiers belegt, hatte die Spitzelei in der DDR zuletzt eine Dimension erreicht, die nur noch als absurd bezeichnet werden kann.
Genau ist die Zahl der Inoffiziellen Mitarbeiter, der Spitzel und Zuträger aller Art, die zuletzt für das MfS tätig waren, noch immer nicht bestimmbar. Hatte Modrows Regierungsbeauftragter am Runden Tisch noch von »etwa 109 000 Inoffiziellen«[64] gesprochen, so sprach Heinz Engelhardt, Ex-General der Staatssicherheit, anderthalb Jahre später bereits von 180 000 Inoffiziellen Mitarbeitern[65], während das Leipziger Bürgerkomitee die Zahl »republikweit mit einigen Hunderttausend«[66] umriß.
Generell wurden IM von den operativen Diensteinheiten aller Ebenen geführt. Indes waren die meisten Spitzel bei den Kreisdienststellen angebunden. Obwohl ihr Personalbestand nur 13 Prozent aller hauptamtlichen Mitarbeiter des MfS

ausmachte, waren sie für mehr als 50 Prozent aller IM zuständig[67]. Je nach der Struktur und Stärke einer Kreisdienststelle konnte die Zahl der Inoffiziellen Mitarbeiter zwischen 250 und 500 liegen[68]. Das würde, rund gerechnet, republikweit einer Gesamtzahl zwischen 55 000 und 110 000 entsprechen.

Die restlichen knapp 50 Prozent verteilten sich zum größeren Teil auf die operativen Diensteinheiten der Bezirksverwaltungen des MfS, zum kleineren Teil auf die operativen Diensteinheiten der Zentrale.

Auch in den Bezirksverwaltungen variierten die Zahlen der Spitzel erheblich. Für die Bezirksverwaltung Suhl ist z. B. ein Bestand von 4023, für die Bezirksverwaltung Leipzig ein Bestand von 9981 belegt[69]. Wollte man einen durchschnittlichen Bestand von 7000 je Bezirk veranschlagen, würden sich für die Bezirksverwaltungen etwa 105 000 Inoffizielle Mitarbeiter schätzen lassen.

Eigene IM-Netze unterhielten schließlich auch die operativen Diensteinheiten der Zentrale des MfS. Die mit Abstand größte Zahl an Inoffiziellen Mitarbeitern wies mit ca 15 000 die Hauptabteilung I (»Abschirmung der Streitkräfte«) auf. Besonders dicht war die »inoffizielle Durchdringung« mit 1 : 20 in den Grenztruppen der DDR, während die »niedrigste inoffizielle Durchdringung« mit annähernd 1 : 100 bei den Landstreitkräften der Nationalen Volksarmee bestand. »Konzentrationen bildeten sich z. T. in den Stäben aufgrund der Vielschichtigkeit der zu lösenden Aufgaben.«[70]

Weitere IM-führende Diensteinheiten mit Beständen von mehr als tausend waren die Hauptabteilung VIII (»Ermittlungen, Observierungen, Festnahmen«) mit 1050 IM, die Hauptabteilung XVIII (»Überwachung der Volkswirtschaft«) mit 2150 IM und die Hauptabteilung XX (»Bekämpfung politischer Untergrundtätigkeit«) mit 1316 IM. Die für die Spionageabwehr zuständige Hauptabteilung II bezifferte ihren IM-Bestand auf 3500. Die von Diensteinheiten in der Zentrale der Staatssicherheit unterhaltenen Inoffiziellen Mitarbeiter dürften auf erheblich mehr als 20 000 zu schätzen gewesen sein.

Fazit: Die von Engelhardt genannte Zahl von republikweit 180 000 ist zwar nicht unrealistisch, wahrscheinlich aber sogar noch zu niedrig gegriffen.

Zu welchen Ergebnissen die »flächendeckende Überwachung« letztlich geführt hat, läßt sich heute an den Akten ablesen. Die Zahlen schockieren. »Unter den 100 Kilometern Akten im Berliner Zentralarchiv«, schreibt Joachim Gauck, der Sonderbeauftragte der Bundesregierung für die personenbezogenen Unterlagen des ehemaligen Staatssicherheitsdienstes, »befinden sich mindestens 18 Kilometer Personendossiers, 7 Kilometer davon sind Gerichtsakten, 11 Kilometer betreffen sogenannte ›Operative Vorgänge‹, bestehen also aus Akten, die unmittelbar die Überwachung einer Person dokumentieren. Allein die F 16-Kartei, die die Klarnamen aller erfaßten Bürger enthält, ist anderthalb Kilometer lang. Spezielle Karteien der Stasi umfassen noch einmal 700 laufende Meter Aktenbestand.«[71] Weitere 80 Aktenkilometer verteilen sich auf Außenarchive in den früheren DDR-Bezirksstädten: Materialien aus den Bezirksverwaltungen und Kreisdienststellen des MfS. Ein erheblicher Teil davon war selbst im Jahre 1991 noch nicht gesichtet und geordnet, geschweige denn registriert und erfaßt. Wer daran denkt, daß ein einziger Meter Akten etwa 10 000 Blatt Papier umfaßt, der ahnt, welche Myriaden von Akten des MfS zu bewältigen sind.

Bürokratischer Formalismus und Spitzelei

Eine Analyse der Richtlinie Nr.1/79, die, wie anderweitig schon hervorgehoben, die zuletzt gültige Regelung zur Arbeit mit Inoffiziellen Mitarbeitern darstellte, verrät einen absonderlichen Hang zu bürokratischem Formalismus und pseudo-wissenschaftlicher Akribie in der Spitzelei des MfS. Es genügt, um davon einen Begriff zu vermitteln, die Kapitelüberschriften des umfangreichen Dokuments wiederzugeben: Zwischen einer Präambel und den Schlußbestimmungen war sie in sieben Kapitel eingeteilt, in denen »Kriterien für eine hohe gesellschaftliche und politisch-operativ Wirksamkeit der Arbeit mit IM«, »Die Funktionen der IM und die Anforderungen an ihre Tätigkeit«, »Die politisch-operativ wirksame Zusammenarbeit mit den IM«, »Die Gewinnung von IM für die konspirative Zusammenarbeit mit dem MfS«, »Die Arbeit mit IM im und nach dem Operationsgebiet« sowie »Grundsätzliche Aufgaben der Führungs- und Leitungstätigkeit zur Erhöhung der Wirksamkeit der Arbeit mit IM« und schließlich »Grundsätze für die Zusammenarbeit mit GMS und ihre Gewinnung« thematisiert waren.

Vorgeschrieben war selbst das winzigste Detail – bei Vorschriften zur »personen- und sachbezogenen Auftragserteilung und Instruierung der IM auf der Grundlage konkreter Einsatzrichtungen« durch den Führungsoffizier angefangen bis zu der Festlegung, daß die Berichterstattung der Spitzel »vorwiegend schriftlich zu erfolgen« hatte.

Nicht minder detailliert waren die verschiedenen Phasen und Varianten der Werbung und Verpflichtung Inoffizieller Mitarbeiter vorgeschrieben. Sie hatte nach Plan zu erfolgen und begann mit der Erarbeitung von »IM-Vorläufen«, wie eine angestrebte Verpflichtung umschrieben wurde, der sich die »zielstrebige konspirative Aufklärung und Überprüfung der IM-Kandidaten« anschloß; ihr folgten gegebenenfalls die »konspirative Kontaktaufnahme«, der »Vorschlag zur Werbung« und die Werbung selbst.

In der Werbungsmethodik ließen es die Verfasser der Richtlinie durchaus nicht an brutaler Phantasie fehlen. »Werbegrundlagen können sein: positive gesellschaftliche Überzeugungen der Kandidaten, persönliche Bedürfnisse und Interessen der Kandidaten, Auflösung von Rückversicherungs- und Wiedergutmachungsbestrebungen der Kandidaten mit Hilfe kompromittierenden Materials oder Kombinationen zwischen diesen verschiedenen Grundlagen.« Was in diesen Formulierungen so abstrakt umschrieben war, hieß konkret bei der Staatssicherheit Nötigung eines Kandidaten durch politisch-ideologischen Appell, Gewinnung durch finanzielle oder andere materielle Vorteile, Erpressung mittels sogenannter Kompromate – oder eben auch Kombination dieser Varianten.

Nach den Durchführungsbestimmungen zur Richtlinie Nr. 1/79 waren sämtliche Unterlagen »in einheitlich und übersichtlich gestalteten Akten zu führen«, wobei spezielle Aktenhefter zu verwenden waren. Die IM- und GMS-Akte gliederte sich in drei Teile, wovon Teil I die Personalakte »mit allen Angaben zur Person einschließlich Lichtbilder und Verpflichtungserklärung« zu enthalten hatte. Teil II war als »Arbeitsakte mit schriftlichen Berichten des IM und Treffberichten des

IM-führenden Mitarbeiters« gedacht, und Teil III diente als »Beiakte zur Personalakte zum Nachweis ausgehändigter operativer Dokumente und ausgezahlter Beträge und geleisteter Sachwerte«[72]. Auch das Spitzelwesen sollte seine Ordnung haben.

War die Zusammenarbeit beendet, so wurden die Akten unter der Bezeichnung »AIM« archiviert. »Gegebenenfalls konnte das in den Aktenteilen II und III enthaltene Schriftgut ersatzverfilmt und anschließend vernichtet werden.«[73] Die Vernichtung von Spitzelakten bot somit keine Gewähr dafür, daß sie nicht verfilmt weiterexistierten – und noch immer existieren.

Was die Sache so fatal machte, war der Umstand, daß die Richtlinie Nr. 1/79 nicht graue Theorie blieb, sondern Zehntausenden von Führungsoffizieren der Staatssicherheit auf allen Ebenen als Handlungsanweisung diente, als Handreichung für die praktische Vorgehensweise im Alltag der Spitzelei.

»Das eigentliche Zentrum der Staatssicherheit«

Die Auffassung, wonach die flächendeckende Überwachung für die Arbeit des MfS erst seit Mitte der achtziger Jahre typisch gewesen sei, kann nach dem hier Dargelegten als irrig verworfen werden. Sie hat gleichwohl einen plausiblen Kern insofern, als die schon erwähnte Dienstanweisung Nr. 2/85 zur vorbeugenden Verhinderung, Aufdeckung und Bekämpfung der politischen Untergrundtätigkeit[74] die Verstärkung der Überwachung und Unterdrückung oppositioneller Aktivitäten zum Ziel hatte. Das Grundsatzdokument war eine Reaktion der Staatssicherheit auf die Friedens-, Bürgerrechts- und Ökologiebewegung der DDR in den achtziger Jahren.

Als Kennzeichen der von ihm so verstandenen »politischen Untergrundtätigkeit« nannte Mielke darin »Suche, Sammlung und Zusammenschluß feindlich-negativer Kräfte zur Schaffung einer ideologischen, personellen und organisatorischen Basis für oppositionelle Bewegungen«, ferner die »Übernahme, Ausarbeitung, Diskussion und Verbreitung oppositioneller antisozialistischer Konzeptionen, Plattformen, alternativer Auffassungen« sowie »Versuche ihrer Umsetzung in antisozialistische Aktivitäten«, bis hin zur »Organisierung demonstrativ-provokatorischer, öffentlichkeitswirksamer Aktionen und Aktivitäten«.

Seine Folgerung: »Die vorbeugende Verhinderung, Aufdeckung und Bekämpfung politischer Untergrundtätigkeit ist eine gesamtgesellschaftliche Aufgabe. Unter Führung der Partei und auf der Grundlage ihrer grundsätzlichen Orientierung sind alle Potenzen der sozialistischen Gesellschaft und des Staates zu mobilisieren, um ein Wirksamwerden feindlich-negativer Kräfte im Sinne politischer Untergrundtätigkeit zu verhindern.«

Von selbst versteht sich, daß Mielke dabei dem MfS »unter Einsatz der operativen Kräfte und Mittel aller operativen Diensteinheiten« spezifische Aufgaben zuwies – speziell der Hauptabteilung XX, deren Aufgabenbereich schon immer im Kampf gegen politisch Andersdenkende bestanden hatte. In der Dienstanweisung Nr. 2/85 wurde ihr dabei jedoch gegenüber anderen operativen Diensteinheiten die Federführung zugeschrieben: »Zur Gewährleistung eines rechtzeitigen einheitlichen, die Politik von Partei und Regierung wirksam unterstützenden politisch-operativen Handelns und zur ständigen Sicherung einer hohen Wirksamkeit der politisch-operativen Arbeit aller operativen Diensteinheiten haben die Hauptabteilung XX für das MfS insgesamt, die Abteilungen XX der Bezirksverwaltungen für die jeweilige Bezirksverwaltung die Federführung bei der Bekämpfung politischer Untergrundtätigkeit wahrzunehmen.«

Wenn in derselben Dienstanweisung die »ständige Erhöhung der Wirksamkeit der Arbeit mit IM entsprechend den Erfordernissen der politisch-operativen Lage im Verantwortungsbereich auf der Grundlage der Richtlinie Nr. 1/79« postuliert war, so zeigte sich daran zugleich, wie systematisch die Befehle, Richtlinien und Dienstanweisungen des MfS aufeinander bezogen und abgestimmt waren.

Auch die Hauptabteilung Aufklärung war in dieses Netzwerk einbezogen. Ihr war an »spezifischen Aufgaben« u. a. die Beschaffung beweiskräftiger Belastungsmaterialien gegen die Opposition aufgegeben, ferner die Durchführung »aktiver Maßnahmen zur Zersetzung bzw. Einschränkung der Wirksamkeit feindlicher Stellen und Kräfte«. Die mit Bedacht kolportierte Legende, die »A« habe mit der Unterdrückung der inneren Opposition in der DDR nichts zu tun gehabt, ist folglich schon anhand einer MfS-internen Dienstanweisung zu widerlegen.

Die Hauptabteilung XX, die in den sechziger Jahren aus der bis dahin bestehenden Hauptabteilung V hervorging, unterschied sich in ihrer Struktur kaum von vergleichbaren anderen Hauptabteilungen. Ihr Leiter, Generalleutnant Paul Kienberg, Jahrgang 1926, stützte sich zur Koordinierung seiner Leitungsaufgaben sowie zur stabsmäßigen Vorbereitung politisch-operativer Einsätze auf die Arbeitsgruppe des Leiters und auf die Arbeitsgruppe Koordinierung. Eine Auswertungs- und Kontrollgruppe (AKG) war für politische Lageeinschätzungen zuständig, sie beobachtete die Stimmung in der Bevölkerung, sie war für Kartei- und Aktenführung zuständig, speiste Informationen in den zentralen EDV-Speicher des MfS ein und nahm Aufgaben bei der Bestätigung von Reisckadern wahr.

Die Zuständigkeit der Abteilungen 1 bis 10 erstreckte sich von der »Sicherung zentraler staatlicher Organe« bis zur »Aufklärung von Nomenklaturkadern, Geheimnisträgern und Reisekadern«. Von besonderer »politisch-operativer Bedeutung« waren die Abteilungen 4: »Überwachung der Kirchen« und die Abteilung 9: »Bekämpfung politischer Untergrundtätigkeit«.

Die Arbeit der Linie XX wurde über die Abteilungen XX in den Bezirksverwaltungen bis zu »operativen Diensteinheiten« der Kreisdienststellen fortgeführt. Inoffizielle Mitarbeiter wurden auf allen Ebenen »geführt«. Die Hauptabteilung XX war gleichsam »das eigentliche Zentrum der Staatssicherheit«, wie Mielkes Stellvertreter Markus Wolf einmal eingeräumt hat, von dem aus »ein System der totalen Überwachung nach innen« gesteuert wurde. »Es wurden alle bespitzelt, die nur irgendwie in Verdacht standen, oppositionell tätig zu sein. Hier steckte der Kern der falschen Sicherheitsdoktrin des Ministeriums.«[75]

Die Überwachung des Post- und Fernmeldeverkehrs

In die »flächendeckende Überwachung« einbezogen war die generelle Kontrolle des Brief- und Paketpostverkehrs. Die Überwachung des Briefverkehrs oblag im MfS der selbständigen Abteilung M, die sich auf nachgeordnete Abteilungen M in den Bezirksverwaltungen stützte. Allein in der Zentrale waren zuletzt 509 hauptamtliche Mitarbeiter für die Abteilung M tätig, republikweit umfaßte ihre »Linie« 2171 Planstellen[76]. Die hauptamtlichen Mitarbeiter, die MfS-intern die Post zu »bearbeiten« hatten, waren teils im Apparat der Staatssicherheit, teils in den Einrichtungen der DDR-Post tätig oder, soweit es sich um die Kontrolle von Päckchen und Paketen handelte, in Einrichtungen der DDR-Zollverwaltung.

Die Abteilung M war eine »Dienstleistungseinheit«, die Aufträge operativer Diensteinheiten des MfS, einschließlich der Hauptverwaltung Aufklärung, auszuführen hatte, z. B. im Bereich der Anschriftenfahndung oder der Schriftenidentifizierung, um Personen ausfindig zu machen, die ihre Briefe mit falschem Absender versehen hatten.

Ausgestattet mit eigens entwickelten technischen Einrichtungen, konnte in der Postkontrolle/Zollfahndung im Prinzip jeder Brief, jedes Päckchen, jedes Paket durchschnüffelt werden. Praktisch war das unmöglich. Das Volumen war dennoch erstaunlich. Im Bezirk Dresden wurden von etwa 100 000 täglichen Postsendungen 4000 bis 5000 je Tag einer näheren Kontrolle unterzogen, im Bezirk Rostock werden bei täglich 120 000 Postsendungen 3000 bis 4000 angegeben, die »bearbeitet« wurden, in Suhl belief sich die Zahl bei 40 000 bis 50 000 Postsendungen täglich auf 2500, in anderen DDR-Bezirken war die Relation ähnlich[77]. Und »bearbeitet« hieß im wesentlichen, daß Briefe über Wasserdampf oder mittels chemischer Lösungen geöffnet und gelesen, ausgewertet oder kopiert, teils auch auszugsweise abgeschrieben wurden, ehe sie ihren Empfänger erreichten.

Bei Päckchen und Paketsendungen, die einer sogenannten Postzollfahndung unterlagen, reichten die Varianten von der bloßen Kontrolle von Absender und Empfänger über die Inhaltskontrolle bis zur Beschlagnahme, die in der Regel ohne Benachrichtigung des Absenders oder Empfängers erfolgte.

Geregelt war die Zusammenarbeit des MfS mit der DDR-Post und der DDR-Zollverwaltung zuletzt durch die Dienstanweisung Nr. 3/85 und die Ordnung Nr. 11/86. Außerdem war es Übung, vertragliche Übereinkünfte zwischen dem MfS und der Post- bzw. der Zollverwaltung zu treffen, die die Postkontrolle/Postzollfahndung zum Gegenstand hatten.

Muß erwähnt werden, daß die Praktiken der Staatssicherheit einer permanenten Verletzung von Artikel 31 der DDR-Verfassung gleichkamen, der die Unverletzlichkeit des Post- und Fernmeldegeheimnisses garantierte?

Nota bene fand die Kontrolle des Postverkehrs ihre Ergänzung in der generellen Überwachung des Fernmeldeverkehrs. Die Zuständigkeit dafür lag bei der selbständigen Abteilung 26 im MfS mit nachgeordneten Abteilungen 26 in den Bezirksverwaltungen und in ausgesuchten Kreisdienststellen. Sie hatten technisch zu gewährleisten, daß republikweit Tausende von Fernsprechanschlüssen überwacht und ca. 2000 Telefonate gleichzeitig aufgezeichnet werden konnten.

Über die vollautomatisch funktionierende Abhöranlage in Leipzig z. B. hat das Bürgerkomitee der Messestadt folgendes ermittelt: »Über ein Anschaltfeld in den Kelleretagen des Fernmeldeamtes Leipzig war es möglich, 2000 Fernsprechteilnehmer aus dem Bezirk an die Aufnahmegeräte der Abteilung 26 des MfS anzuschließen. Nach Aussagen eines Mitarbeiters dieser Abteilung war die Abhöranlage nur zu Zeiten der Leipziger Messe voll ausgelastet. Zwischenzeitlich seien ›nur‹ 1000 Teilnehmer geschaltet gewesen. 360 Bandaufnahmen von überwachten Bürgern konnten gleichzeitig laufen«.[78] Vielfach wurden sie protokolliert.

Wie die Spitzeltätigkeit, so reichte auch die Abhörpraxis in die fünfziger Jahre zurück. Einschlägige Dienstbestimmungen des MfS aus dieser Zeit wurden durch die Dienstanweisung Nr. 10/62 des Ministers für Staatssicherheit zusammengefaßt, erneuert und formalisiert. »Aufträge sind nur bei besonders wichtigen Operativ-Vorgängen zu erteilen, wenn andere Mittel nur bedingt angewendet werden können und nicht ausreichend sind, oder weil durch diese Maßnahme die operative Bearbeitung bestimmter Personen erst möglich wird«[79], war darin bestimmt. Sie betraf übrigens nicht nur die Telefonüberwachung, sondern auch den Einsatz von »Wanzen« und Geheimkameras. Gewiß wird die Dienstanweisung Nr. 10/62 durch jüngere Bestimmungen ersetzt worden sein – der Verfasser vermochte sie nicht zu recherchieren –, aber ihre Grundsätze sollten sich bis zuletzt nicht ändern.

Konkret ging es in der Dienstanweisung Nr. 10/62 um die Telefonüberwachung (Auftrag »A«), die akustische Raumüberwachung (Auftrag »B«) und die optische Raumüberwachung (Auftrag »D«) sowie um Konterarbeit und Raumsicherung (Auftrag »X«). Ein Formblatt für alle »Auftragskategorien« hatte Angaben über den Beschuldigten, den zuständigen Sachbearbeiter oder den Empfänger der Berichte oder Dokumentationen zu enthalten. »Die auftraggebenden Diensteinheiten haben die Überwachungsergebnisse mit entsprechenden operativen Kombinationen zu beeinflussen und mit dafür zu sorgen, daß der Einsatz der Mittel nicht länger als unbedingt notwendig erfolgt.«

Während »A«- und »X«-Aufträge von den Leitern der Hauptabteilungen, selbständigen Abteilungen und Bezirksverwaltungen »in eigener Zuständigkeit« erteilt werden durften, setzten »B«- und »D«-Aufträge eine Bestätigung durch den Minister für Staatssicherheit oder einen seiner Stellvertreter voraus. Mit einer Einschränkung: »Aufträge in Haftanstalten, Hotels, konspirativen Wohnungen und konspirativen Objekten bedürfen dieser Bestätigung nicht« – woraus zu ersehen ist, wo überall schon damals Überwachungstechnik eingesetzt wurde.

Die Überwachung des Post- und Fernmeldeverkehrs innerhalb der DDR wurde in den siebziger Jahren systematisch durch die Überwachung des drahtgebundenen und drahtlosen Fernsprechverkehrs zwischen beiden deutschen Staaten, zwischen der Bundesrepublik und Berlin (West) sowie in West-Berlin und Bonn selbst flankiert. Sie lag in der Zuständigkeit der Hauptabteilung III. Es wurden mehr Ferngespräche außerhalb der DDR abgehört und ausgewertet, als Experten vor der Wende vermutet haben.

In diesem Zusammenhang ist zu notieren, daß die DDR-Staatssicherheit mit den

Protokollen ihrer Telefonüberwachung sogar die öffentliche Meinung und politische Willensbildung in der alten Bundesrepublik zu beeinflussen versucht hat: Ein Ferngespräch zwischen Helmut Kohl und Kurt Biedenkopf, das der »Stern« 1975 ohne Zögern veröffentlichte, war vom MfS aufgezeichnet und dem Hamburger Journal zugespielt worden[80]. Ein klassischer Fall von Desinformation.

Erfassung und Bearbeitung »operativ bedeutsamer Informationen«

Sie waren nie Selbstzweck, die »operativ bedeutsamen Informationen«, die von der Staatssicherheit »erarbeitet« wurden. Sie wurden erfaßt und bearbeitet und als Entscheidungshilfe für »operative Maßnahmen« genutzt. Daß dabei im Laufe der knapp vier Jahrzehnte, die das MfS bestand, die ursprünglich nur in Karteien erfolgte Erfassung mehr und mehr zu elektronischer Datenverarbeitung überging, versteht sich von selbst, obwohl Erich Mielke eine eingefleischte Aversion gegenüber Computern nachgesagt wird. »Der Grund hierfür bestand in einem tief ausgeprägten Mißtrauen der Leitung der MfS gegenüber der Computertechnik und deren elektronischer Abstrahlung. Eine weitere Rolle spielte, daß die ›Papier‹-Speicher im Verteidigungszustand auch ohne Strom auskamen.«[81]
Den einzigen im MfS zentral vorhandenen elektronischen Speicher stellte die Zentrale Personendatenbank (ZPDP) dar. Ihr waren außer den Bezirksverwaltungen Neubrandenburg und Schwerin sämtliche Bezirksverwaltungen angeschlossen. »Die ZPDP ermöglichte die Zusammenführung von Informationen zu einer Person, einem Sachverhalt, einem Hinweis oder Merkmal sowie die schnelle Wiedergewinnung der gespeicherten Informationen in jeder möglichen Verknüpfung.«[82] Die ZPDP existierte bei der Abteilung XII, bei der sämtliche Akten des MfS registriert und verwaltet wurden. Sie unterstand ihrerseits der Aufsicht des Leiters der Zentralen Auswertungs- und Informationsgruppe (ZAIG). Alle anderen Speicher bestanden aus konventionellen Karteien und Aktenablagen – darunter die sogenannte Vorverdichtungs-, Such- und Hinweiskartei (VHS-Kartei) in der Zentrale des MfS und in jeder Bezirksverwaltung, in der Daten zu »feindlich-negativen« Personen erfaßt waren, die im Spannungsfall in Internierungslager verbracht werden sollten.
Die Kehrseite der Medaille: Im MfS bestand eine fast undurchschaubare Vielzahl spezieller elektronischer Datenanlagen in den operativ tätigen Hauptabteilungen und in der ZAIG, in der Hauptverwaltung Aufklärung sowie in den Bezirksverwaltungen des MfS. Der Computer der ZAIG war an einen Computer des KGB in Moskau angeschlossen, in den unmittelbar Erkenntnisse des MfS eingespeist werden konnten.
Die elektronische Datenverarbeitung im MfS zählt zu den bislang am wenigsten erforschbaren Bereichen. Ihre Rekonstruierung wird nicht zuletzt wegen des verhängnisvollen Beschlusses des DDR-Ministerrates vom 26. Februar 1990 erschwert, wonach sämtliche elektronischen Datenträger mit Personalien zu vernichten waren.
Die auf der Basis der MfS-intern erfaßten Informationen zu treffende Entschei-

dung über die »operativ« erforderliche Variante einer »Bearbeitung« konnte eine simple Sicherheitsüberprüfung vorsehen oder aber die Einleitung einer »Operativen Personenkontrolle« oder eines »Operativen Vorganges«.

Nach der Richtlinie Nr. 1/82 zur Durchführung von Sicherheitsüberprüfungen waren politisch-operative Überprüfungsmaßnahmen zu Personen[83] fällig, deren Zuverlässigkeit im Sinne der SED wegen der von ihnen wahrgenommenen Aufgaben, Funktionen oder Befugnisse eingeschätzt werden sollte. »Eine Grundvoraussetzung für die ständige Gewährleistung der staatlichen Sicherheit ist, daß nur zuverlässige Personen in sicherheitspolitisch bedeutsamen Positionen der DDR im In- und Ausland eingesetzt werden«, las man in der Einleitung – dazu die Aufgabenstellung an das MfS, »durch den zielgerichteten Einsatz der erforderlichen operativen Kräfte und Mittel, durch die Zusammenführung im MfS gespeicherter Informationen und durch die Auswertung der von anderen Organen und Einrichtungen bzw. gesellschaftlichen Organisationen erarbeiteten Überprüfungsergebnisse die Überprüfung der sicherheitspolitischen Eignung der Personen vorzunehmen«.

Die vom MfS durchgeführten Sicherheitsüberprüfungen erreichten alljährlich fünf- bis sechsstellige Zahlen. Für den Zeitraum 1981 bis 1986 meldete die Bezirksverwaltung Neubrandenburg z. B. »über 22 Tausend Sicherheitsüberprüfungen«, die entweder durch die Kreisdienststellen oder auf Bezirksebene durch die Diensteinheiten der Linie VIII vorgenommen wurden. Das Beispiel ist typisch.

Ergaben sich Anhaltspunkte für »feindlich-negative« Einstellungen oder gar für politische Straftaten, konnte eine Operative Personenkontrolle für zweckmäßig erachtet werden – eine Vorgehensweise, die durch die Richtlinie Nr. 1/81 über die Operative Personenkontrolle[84] geregelt war. Erklärte Zielsetzung der OPK war das rechtzeitige Erkennen und wirksame Unterbinden »feindlich-negativer Handlungen«, und zwar »auch unterhalb der Schwelle strafrechtlicher Relevanz«. Zu klären waren etwa Verbindungen und Kontakte zu »feindlich-negativen« Personen oder Kreisen. Die bei einer OPK einzuleitenden Maßnahmen konnten Bespitzelung durch Inoffizielle Mitarbeiter, Postkontrolle, Telefonüberwachung und verdeckte Observierung umfassen. Erwies sich der Verdacht als unbegründet, wurde die OPK-Akte nicht vernichtet, sondern archiviert.

Die dritte Variante einzuleitender Maßnahmen hieß im Dienstjargon des MfS »Operativer Vorgang«. Der OV war sozusagen die »Krönung« der operativen Arbeit, wie es ein ehemaliger Offizier der Staatssicherheit formuliert hat. Entsprechend der Richtlinie Nr. 1/76 zur Entwicklung und Bearbeitung Operativer Vorgänge[85] sollte ein OV »durch eine offensive, konzentrierte und tatbestandsbezogene Bearbeitung (von Personen) die erforderlichen Beweise für den Nachweis des dringenden Tatverdachts eines oder mehrerer Staatsverbrechen« erbringen.

Zusätzlich zu den schon bei einer OPK eingeleiteten Maßnahmen konnten die »Raumüberwachung« und die »konspirative Durchsuchung« von Wohnungen, aber auch »Maßnahmen der Zersetzung« veranlaßt werden.

Aktenpublikationen in eigener Sache wie die von Reiner Kunze[86] und Erich Loest[87] haben konkret, an der Person selbst, anschaulich gemacht, daß die in der

Richtlinie Nr. 1/76 aufgefächerten Mittel und Methoden »tschekistischer Bearbeitung« nicht graue Vorschrift blieben, sondern Weisung zu praktischem Vorgehen bedeutet haben.

Erhärtete ein OV den Verdacht einer Straftat, konnte ein Ermittlungsverfahren eingeleitet werden. Die Entscheidung darüber traf das MfS zumeist in Verbindung mit der Staatsanwaltschaft. Bei einem Ermittlungsverfahren wurde aus dem Operativen Vorgang MfS-intern ein Untersuchungsvorgang, der in die Zuständigkeit der Hauptabteilung/Abteilung IX überging.

»Maßnahmen der Zersetzung« – so der offizielle Terminus – zielten gemäß Richtlinie Nr. 1/76 auf die »systematische Diskreditierung des öffentlichen Rufes, des Ansehens und des Prestiges« der »bearbeiteten Personen« auf der Grundlage »miteinander verbundener wahrer, überprüfbarer und diskreditierender sowie unwahrer, glaubhafter, nicht widerlegbarer und damit ebenfalls diskreditierender Angaben«, auf eine »systematische Organisierung beruflicher und gesellschaftlicher Mißerfolge« sowie auf das »Erzeugen von Mißtrauen und gegenseitigen Verdächtigungen innerhalb von Gruppen«, auf »Ausnutzen und Verstärken von Rivalitäten oder persönlichen Schwächen«. Nichts, kein Mittel, war der DDR-Staatssicherheit zu infam. Selbst »die Verwendung anonymer oder pseudonymer Briefe, Telegramme, Telefonanrufe« und »kompromittierender Fotos, z. B. von stattgefundenen oder vorgetäuschten Begegnungen« wurde ausdrücklich empfohlen. Die von der SED propagierten Gebote der sozialistischen Moral haben für die Staatssicherheit nicht gegolten.

Noch immer »im besonderen Einsatz«?

4

Das Informationsnetz des MfS war auf den Einsatz Inoffizieller Mitarbeiter und Gesellschaftlicher Mitarbeiter für Sicherheit nicht beschränkt. Eine weitere »wichtige Methode der tschekistischen Arbeit« bestand in der Verwendung sogenannter Offiziere im besonderen Einsatz, die zusätzlich zu Spitzeln und Spionen sowohl in der Abwehr wie in der Aufklärung verdeckt tätig waren.

Die »einheitliche und zielgerichtete Gestaltung der Arbeit mit Offizieren im besonderen Einsatz« war wie üblich bis in letzte Details ausgeklügelt und reglementiert – zuletzt in der Ordnung Nr. 6/86 über die Arbeit mit Offizieren im besonderen Einsatz[88], die der Minister für Staatssicherheit am 17. März 1986 erließ. Durch sie wurden frühere, bis in das Jahr 1968 zurückreichende Bestimmungen fortgeschrieben und erneuert, was besagt, daß etwa zu diesem Zeitpunkt die Arbeit mit Offizieren im besonderen Einsatz begonnen haben muß.

Nach der offiziell so genannten OibE-Ordnung waren Offiziere im besonderen Einsatz als »Angehörige des MfS« definiert, »die im Interesse der dem MfS übertragenen Verantwortung zur umfassenden Gewährleistung der staatlichen Sicherheit auf den Gebieten der Abwehr und der Aufklärung unter Legendierung ihres Dienstverhältnisses mit dem MfS auf der Grundlage eines Arbeitsrechts- oder Dienstverhältnisses in sicherheitspolitisch bedeutsamen Positionen im Staatsapparat, in der Volkswirtschaft oder in anderen Bereichen des gesellschaftlichen Lebens eingesetzt oder wirksam werden«. Was heißt das konkret?

Die Offiziere im besonderen Einsatz bildeten eine besondere Elite des MfS, die sich äußerst anspruchsvollen Auswahlkriterien zu stellen hatten. Voraussetzung für die Verwendung als OibE waren »bewiesene Treue und Ergebenheit zur Partei der Arbeiterklasse und feste Verbundenheit mit dem MfS« sowie »die Fähigkeit zur selbständigen politisch-operativen Lageeinschätzung und zur eigenverantwortlichen Lösung aller gestellten Aufgaben«, wie die OibE-Ordnung vorschrieb, ferner »hohe politische und fachliche Qualifikation« und »charakterlich-moralische Festigkeit«. Bei einem Einsatz außerhalb der DDR konnten Ehepartner gemeinsam als OibE verpflichtet werden.

Im wesentlichen waren Offiziere im besonderen Einsatz im Innen- und Außenministerium, in Industriekombinaten sowie im Hochschulwesen der DDR »gepflanzt«. Hier hatten sie in Schlüsselpunkten Leitungs- und Überwachungsaufgaben zugleich wahrzunehmen, ohne selbstverständlich als MfS-Offiziere bekannt zu sein. »Angebunden« waren sie bei den Leitern zentraler Diensteinheiten des MfS, darunter auch die Hauptverwaltung Aufklärung und die Verwaltung Rückwärtige Dienste, oder bei den Leitern der Bezirksverwaltungen.

Eine zuverlässig dokumentierte Gesamtzahl aller ehemaligen Offiziere im besonderen Einsatz lag auch anderthalb Jahre nach Auflösung des MfS noch nicht vor – und ob sie überhaupt jemals vorgelegt werden kann, steht in den Sternen. Es war ja gerade der Sinn des Einsatzes solcher geheimen Sonderoffiziere, daß ihre Arbeits- und Dienstverhältnisse verborgen waren. Denkbar ist daher durchaus, daß mancher OibE auch nach dem Umbruch in der DDR und nach der Wiedervereinigung in seiner Position verblieb, weil er nicht enttarnt werden konnte. Die für Ermittlungen verfügbaren Gehaltslisten bieten dazu keine zuverlässige Information. In ihnen waren nur diejenigen OibE erfaßt, die vom MfS eine Ausgleichszahlung zu ihrem Gehalt für ihre formelle berufliche Tätigkeit erhielten.

Immerhin waren bis zum Stichtag 28. September 1990 in der DDR 2448 Offiziere im besonderen Einsatz/Abwehr und im »Operationsgebiet«, das heißt in Berlin-West und der früheren Bundesrepublik, 582 Offiziere im besonderen Einsatz/Aufklärung ausgemacht.[89] Die Dunkelziffer schätzen Experten auf mindestens noch einmal so hoch.

Eine besondere Domäne für Offiziere im besonderen Einsatz war das Ministerium für Auswärtige Angelegenheiten, namentlich in jenen Schlüsselpunkten, in denen Kontakte zu westlichen Diplomaten und Journalisten gepflegt wurden. Ebenso war das Internationale Pressezentrum in Berlin-Ost mit OibE durchsetzt, wie eine in »die tageszeitung« veröffentlichte Namensliste preisgab[90]. Die gleiche Feststellung gilt für das Institut für Internationale Politik und Wirtschaft (IPW) in Ost-Berlin, das eine Vielfalt von Westkontakten zu pflegen hatte, was stets nur mit Wissen oder im Auftrag des MfS geschehen konnte.

Eine der wichtigsten Strukturen, in denen Offiziere im besonderen Einsatz zu finden waren, stellte die »Arbeitsgruppe Organisation und Inspektion beim Vorsitzenden des Ministerrates« dar. Ihr Leiter, Staatssekretär Dr. Harry Möbis, war selbst OibE. Seine Dienststelle war als Kontroll- und Exekutivorgan der Hauptabteilung XVIII (»Abschirmung und Überwachung der Volkswirtschaft«) gedacht. Sie stützte sich auf »Kontrollabteilungen« in Kombinaten und Außenhandelsbetrieben, deren Leiter, »Kontrollbeauftragte«, natürlich Offiziere im besonderen Einsatz waren – gut getarnt und gut bezahlt.

Ein Zentrum der Arbeit mit Offizieren im besonderen Einsatz stellte der Bereich Kommerzielle Koordinierung im Ministerium für Außenhandel dar, der in der zweiten Hälfte der sechziger Jahre unter Leitung des damaligen Vize-Außenhandelsministers und Staatssekretärs Alexander Schalck-Golodkowski geschaffen wurde. Zu diesem Bereich gehörten acht staatseigene Außenhandelsfirmen, darunter die Waffenexport-Firma IMES, seine Hauptaufgabe war die Devisenbeschaffung.[91]

Zur Abschirmung des BKK wurde im MfS die Arbeitsgruppe Bereich Kommerzielle Koordinierung gebildet, eine Diensteinheit, die zuletzt unter Leitung von Oberst Karl-Heinz Herbrich immerhin 117 hauptamtliche Mitarbeiter zählte. Für sie waren nicht nur Inoffizielle Mitarbeiter in unbekannter Zahl tätig, sondern auch nicht weniger als 27 Offiziere im besonderen Einsatz, deren Aufgabe in der Abschirmung und Überwachung des BKK bestand. Jedenfalls ist dies aus einer Selbstauskunft der Arbeitsgruppe BKK zu ersehen.

Prominentester OibE im Bereich Kommerzielle Koordinierung war Schalck-Golodkowski selbst – er stand im Range eines Oberst. Als OibE managte er nicht nur devisenträchtige Geschäfte aller Art, sondern er lieferte zugleich dem MfS wichtige Informationen. Auch seine Frau Sigrid war als OibE im Rang eines Oberst für das MfS tätig.

Welche Bedeutung der Minister für Staatssicherheit dem BKK beimaß, wurde zuletzt noch einmal durch seinen Befehl Nr. 12/88 zur politisch-operativen Sicherung des Bereiches Kommerzielle Koordinierung im Ministerium für Außenhandel und der ihm direkt unterstellten Außenhandelsbetriebe und Vertretergesellschaften dokumentiert, der unter dem Datum des 21. Juni 1988 erging[92]. Durch diesen Befehl – der den Befehl Nr. 12/78 zur politisch-operativen Sicherung des Internationalen Handelszentrums in der Hauptstadt der Deutschen Demokratischen Republik, Berlin, sowie den Befehl Nr. 14/83 zur politisch-operativen Sicherung des Bereiches Kommerzielle Koordinierung im Ministerium für Außenhandel ersetzte – wurden umfassende Sicherungsmaßnahmen zur Abschirmung des BKK veranlaßt.

Da der Bereich Kommerzielle Koordinierung selbst Aufgaben ausübte, die Abwehrmaßnahmen westlicher Geheimdienste provozieren mußten – vom Waffenhandel bis zur illegalen Beschaffung von Embargogütern –, bedurfte es auch einer besonderen Abschirmung durch das MfS. Darunter fiel auch der Einsatz von OibE, der laut Befehl »nur nach Abstimmung mit dem Leiter der Arbeitsgruppe BKK und dem Leiter des Bereiches zu erfolgen« hatte.

Von selbst ergaben sich dabei Kooperationsbeziehungen zwischen dem Leiter der Hauptabteilung XVIII, dem Leiter der Arbeitsgruppe BKK und dem Leiter der Hauptverwaltung Aufklärung, die »zur Durchsetzung der Erfordernisse der komplexen Sicherung der Volkswirtschaft eine enge Zusammenarbeit und den aktuellen Informationsaustausch« zu realisieren hatten. Speziell der HVA war die »rechtzeitige Aufklärung und Verhinderung gegen den Bereich und seine Betriebe gerichteter feindlicher Pläne, Absichten und Maßnahmen« sowie die »operative Durchdringung der NSW-Kontrahenten des Bereichs und seiner Betriebe« aufgegeben – wobei unter »NSW-Kontrahenten« die Vertragspartner des BKK im »nichtsozialistischen Wirtschaftsgebiet« zu verstehen waren.

Ein Dorado für Offiziere im besonderen Einsatz war zudem die sogenannte Versorgungseinrichtung des Ministerrates, eine dubiose Institution, die für die DDR-Regierung im allgemeinen und das MfS im besonderen tätig war. Die VEM unter Leitung von Major Hartmut Stüwe war einerseits für die Versorgung der Partei- und Staatsprominenz mit Luxusgütern und -waren aller Art zuständig, andererseits für den An- und Verkauf von Immobilien einschließlich der Verwaltung regierungseigener Grundstücke.

Die Zusammenarbeit mit dem MfS resultierte nicht zuletzt aus der Tatsache, daß die VEM der Staatssicherheit konspirative Wohnungen und konspirative Objekte zur »längerfristigen operativen Nutzung« zur Verfügung stellte. Das MfS brauchte nicht in Erscheinung zu treten. Insgesamt deckte die VEM im Jahre 1986 für das MfS auf diese Weise nicht weniger als 113 Konspirative Wohnungen, 203 Konspirative Objekte, 33 Konspirative Dienstobjekte, 17 Wohnobjekte und 16 Naherholungsobjekte[93] ab. Man versteht, warum in diesem Bereich OibE gefragt waren.

In der Endzeit der DDR ersann Erich Mielke zusätzlich zu den OibE die »U-Mitarbeiter«, sozusagen »die Geheimsten der Geheimen«, das heißt, unbekannte Mitarbeiter, deren Zugehörigkeit zum MfS »außerhalb des MfS und gegenüber anderen Angehörigen des MfS dauerhaft zu legendieren« war, gegebenenfalls durch ein Scheinarbeits- oder Scheindienstverhältnis. Nachzulesen in der vom Minister erlassenen Ordnung Nr. 10/86 über den Einsatz von U-Mitarbeitern im Ministerium für Staatssicherheit[94] vom 22. April 1986.

U-Mitarbeiter verstanden sich danach als »Angehörige von Diensteinheiten der Abwehr und Aufklärung des MfS, die aufgrund der durch sie zu lösenden speziellen politisch-operativen bzw. operativ-technischen Aufgaben besonderen Anforderungen zur Gewährleistung der Konspiration und Geheimhaltung unterliegen« sollten.

Welche konkreten Aufgaben U-Mitarbeitern des MfS im Einsatz zugewiesen werden, geht aus der U-Mitarbeiter-Ordnung nicht hervor. Voraussetzung für ihren Einsatz waren Grundsatzentscheidungen der Leiter der HV A, der Hauptabteilungen/selbständigen Abteilungen und Bezirksverwaltungen »nach gründlicher Prüfung der politisch-operativen Notwendigkeit und Zweckmäßigkeit«. Es darf angenommen werden, daß sie MfS-intern zur Kontrolle von hauptamtlichen Mitarbeitern des MfS eingesetzt wurden, die – aus welchen Gründen auch immer – unter Verdacht geraten waren.

Gauck weist ihnen die Aufgabe zu, »solche Stasi-Mitarbeiter zu kontrollieren, die in der Spionage-Abwehr tätig waren, die gegnerische Agenten observierten oder im Auftrag des MfS mit diesen Kontakt hielten – die Überwachung der Überwacher«[95]. Diese Aufgabenstellung dürfte zu eng gegriffen sein. Der innenpolitische Sprecher von Bündnis 90/Grüne im Sächsischen Landtag, Michael Arnold, der 1991 der Öffentlichkeit eine Auflistung von 377 Namen von U-Mitarbeitern übergab, wies ihnen als Aufgabe z. B. die »Bearbeitung« prominenter Persönlichkeiten der DDR wie Kombinatsdirektoren, Parteifunktionären oder hoher Militärs als Aufgabe zu, die in einen Verratsverdacht geraten waren[96]. U-Mitarbeiter als »special agents« à la James Bond?

Die konspirative Abschirmung war so streng, daß U-Mitarbeiter nicht einmal offiziell bzw. in der Öffentlichkeit als solche bekannte Objekte und Einrichtungen des MfS betreten oder selbst in Ausnahmesituationen als Angehörige des MfS auftreten oder offiziell als solche handeln durften.

Wieviel U-Mitarbeiter das MfS im Einsatz hatte, dürfte kaum jemals genau zu ermitteln sein. Da sie nicht nur zentral oder von den Bezirksverwaltungen, sondern auch von den Leitern der Kreis- und Objektdienststellen eingesetzt werden konnten, muß ihre Zahl in die Hunderte gegangen sein.

Die MfS-RAF-Connection

Als 1990 die Verbindung zwischen der Terrororganisation »Rote- Armee-Fraktion« und dem Ministerium für Staatssicherheit öffentlich gemacht wurde, war die Empörung allgemein. Dabei ist bereits ein Jahrzehnt früher darauf aufmerksam gemacht worden, daß die Baader-Meinhof-Gruppe, die erste Generation der RAF, schon seit den siebziger Jahren einen Unterstützungsapparat in Ost-Berlin nutzen konnte. »Dieser bot neben Zuflucht in Notfällen falsche Papiere, Geld, paramilitärische Ausbildung, geschützte Einreise- und Ausreiserouten sowie eine Art Schließfachsystem für die gelagerten Waffen.«[97] Ihren besonderen Ausdruck fand diese »Connection« in den Einbürgerungen, die das MfS Aussteigern der RAF in der DDR ermöglicht hat.

In wessen Zuständigkeit die Kontakte des MfS zur RAF fielen, läßt sich eindeutig wohl nicht klären. Aller Wahrscheinlichkeit nach hat sie gewechselt. Nach der Aufgabenverteilung MfS-intern dürfte ursprünglich die Hauptabteilung Aufklärung zuständig gewesen sein, in den achtziger Jahren wurden die Kontakte in der Hauptsache von der zur Bekämpfung terroristischer Aktivitäten in der DDR geschaffenen Hauptabteilung XXII wahrgenommen.

Wie der unmittelbar dafür verantwortliche Vizeminister für Staatssicherheit, der frühere Generalleutnant Gerhard Neiber, selber erklärt hat, hatte die Hauptabteilung XXII die Aufgabe, »vorbeugend terroristische Aktivitäten festzustellen, aufzuklären und zu verhindern. Im Falle terroristischer Handlungen sollten diese von ihr bekämpft werden. Im Zusammenhang mit der weltweiten Entwicklung des Terrorismus machte sich der Aufbau dieser Diensteinheit erforderlich.«[98] Ursprünglich bestand nur eine Arbeitsgruppe, die von vornherein beauftragt war, »Terrorismus rechtzeitig zu erkennen, zu prüfen, dazu die Informationen zu sammeln«. Nachdem sie zuvor schon in eine Abteilung umgewandelt worden war, entwickelte sich daraus 1978 die Hauptabteilung XXII. Zum Stichtag 1. Oktober 1989 verfügte sie über einen Personalbestand von 543 hauptamtlichen Mitarbeitern zuzüglich sogenannter Kampfkräfte, 261 Mann, die bei Geiselnahmen, Entführungen und anderen Terroraktionen in der DDR zum Einsatz kommen konnten. Der Jahresetat der HA XXII belief sich 1989 auf rund 14,8 Millionen Mark. Ihrem Leiter, Oberst Horst Franz, standen als 1. Stellvertreter Oberst Frank Mosig sowie als weitere Stellvertreter Oberst Horst Salewski und Oberstleutnant Klaus Bützow zur Seite.

Strukturell gliederte sich die Hauptabteilung XXII im wesentlichen in elf Abteilungen mit politisch-operativen, militärisch-operativen und sicherstellenden Aufgaben, darunter die Abteilung 8: »Operative Bearbeitung linksextremistisch-terroristischer Organisationen, Gruppen und Kräfte sowie des internationalen Terrorismus«. Sie war auch für die »Betreuung« von Terroristen aus Westdeutschland und dem Ausland zuständig. Mehreren Abteilungen oblag die Ausbildung und Führung »spezifischer Kampfkräfte« einschließlich der Flugsicherheitsbegleitung zum Schutz gegen Flugzeugentführungen. Ferner existierte eine auf Terrorismus spezialisierte Auswertungs- und Kontrollgruppe. Vertikal waren der Terrorabwehr in den Bezirksverwaltungen Abteilungen oder Arbeitsgruppen nachgeordnet.

Um terroristische – links- und rechtsextremistische – Aktivitäten festzustellen bzw. zu bekämpfen, erfaßte die Hauptabteilung XXII alle erreichbaren Informationen zum Terrorismus, wobei sie nicht nur mit der Hauptverwaltung Aufklärung und der Hauptabteilung XX eng zusammenarbeitete, sondern sich auch auf ein eigenes Spitzelnetz stützte, zuletzt bestückt mit 460 Inoffiziellen Mitarbeitern.

Der Schock in der Öffentlichkeit war groß, als enthüllt wurde, daß die Staatssicherheit Terroristen der RAF in der DDR Unterschlupf gewährt, Wohnung und Arbeit besorgt, ihnen zu neuer Identität verholfen hatte, indem sie sie unter falschem Namen einbürgerte, mit falschen »echten« Reisepässen ausstattete[99]. Immerhin hatte es sich um Männer und Frauen gehandelt, die in Westdeutschland seit Jahren wegen dringenden Verdachts auf Bankraub, Entführung, Geiselnahme und Mord zur Fahndung ausgeschrieben waren.

Während sie das Bundeskriminalamt und der Verfassungsschutz im Nahen Osten wähnten, lebten sie unbehelligt und unbekümmert in Ost-Berlin oder der DDR: Susanne Albrecht als Ingrid Jäger in Berlin-Marzahn, Inge Viett als Eva Schnell in Magdeburg, Monika Helbing und Ekkehard Freiherr von Seckendorff-Gudent als Elke und Horst Winter in Frankfurt/Oder, Christine Dümlein und Werner Lotze als Katharina und Manfred Jansen in Senftenberg, Sigrid Sternebeck als Ulrike Eildsberg in Schwedt, Silke Maier-Witt als Sylvia Bayer in Neubrandenburg und Henning Beer als Dieter Lenz, ebenfalls in Neubrandenburg. Sie arbeiteten sämtlich in zivilen Berufen, lebten zum Teil als Eheleute mit Kind, und sie betätigten sich nicht selten politisch in der SED/PDS.

Neiber, der nach der Festnahme der ehemaligen RAF-Mitglieder öffentlich zur Einbürgerung Stellung nahm, rechtfertigte sich mit dem Argument, sie alle hätten »aussteigen« wollen aus dem Terrorismus, dabei wären sie vom MfS unterstützt worden, er hätte auf persönliche Weisung Erich Mielkes gehandelt. Keiner der Eingebürgerten sei von der DDR aus mehr operativ tätig gewesen – eine Aussage, die wenig überzeugt, denn erwiesen ist nicht nur, daß die DDR Aussteigern der RAF ein Jahrzehnt lang Geborgenheit und Asyl gewährte, sondern ebenso, daß führende Mitglieder der RAF im Jahre 1982 unter dem Schirm des MfS in einem Forsthaus bei Briesen (Bezirk Frankfurt/Oder) ein Strategiepapier diskutieren und ausarbeiten konnten, das eine neue Taktik im Untergrundkampf begründete; und erwiesen ist drittens, daß Kader der Kommandoebene der RAF »mit höchster Billigung« eine Schieß- und Sprengstoffausbildung in einem Ausbildungslager der Nationalen Volksarmee erhielten. Sie schloß auch die Ausbildung an einer Panzerfaust sowjetischen Typs ein, die bei RAF-Attentaten angewandt wurde. »Politisch ungleich schwerer wiegt die massive Unterstützung für die noch aktiven Terroristen«, die das MfS zugestand. »So konnten die meistgesuchten RAF-Führer Inge Viett, Adelheid Schulz, Helmut Pohl und Christian Klar jahrelang nahezu beliebig in den Stasi-Staat ein- und ausreisen und sich dort dank MfS sicher und versorgt fühlen.«[100]

Zudem hat der ehemalige Oberstleutnant Helmut Voigt, zuletzt Abteilungsleiter in der Hauptabteilung XXII, bestätigt, daß es bestimmte Zusicherungen gegenüber der RAF gab, die aber an bestimmte Forderungen des MfS gebunden waren: »Wir haben gesagt, wenn sich die Gruppe dazu bereit erklärt, keinerlei schädigende Maßnahmen gegen die DDR und ihre Verbündeten durchzuführen, keinerlei Gesetze der DDR bei Durchreisen zu verletzen, vom Territorium der DDR keinerlei terroristische Aktivitäten gegen Dritte durchzuführen und darüber hinaus auch alles unternommen wird, der DDR und den sozialistischen Ländern wo auch immer Unterstützung zu geben – wenn das erfüllt wird, dann kann man das und das dafür als Gegenleistung bekommen. Solche Verabredungen gab es schon.«[101] Und »das und das« hieß logistische Unterstützung und Einbürgerung von Aussteigern sowie praktische Ausbildung von Kadern der RAF.

Die Motivation, von der sich die DDR-Staatssicherheit leiten ließ, als sie sich auf einen Handel mit der RAF einließ, liegt auf der Hand. Nicht zu übersehen ist zudem die ideologisch-politische Wahlverwandtschaft. In der Destabilisierung der Alt-Bundesrepublik, in ihrem »antiimperialistischen Kampf« wußten sich die Terroristen der RAF mit dem MfS und der Führung der SED durchaus einig – in der Zielsetzung jedenfalls, wenn auch nicht in den Mitteln. Im Gegenzug haben sie die DDR für die ihnen zuteil werdende Hilfe vor terroristischen Gewaltakten verschont.

Soweit das MfS arabischen Terroristen seine Unterstützung angedeihen ließ, die ebenfalls belegt ist, waren außenpolitische Erwägungen ausschlaggebend. Die engen Beziehungen der DDR zur PLO, aber auch zu einer Reihe arabischer Staaten, speziell zu Libyen und dem Südjemen, sind unvergessen. Jahrelang sind Berater der Staatssicherheit in diesen und anderen arabischen Staaten tätig gewesen. Warum sollten nicht umgekehrt Terroristen aus diesen Staaten in der DDR ausgebildet werden?

Gewiß gab es auch persönliche Sympathien Mielkes für die RAF. Der Minister für Staatssicherheit war in jungen Jahren selbst Terrorist, wenn auch sozusagen im Parteiauftrag. Es ist gerichtsnotorisch, daß er am 9. August 1931 auf dem damaligen Bülowplatz in Berlin unmittelbar an der Ermordung der Polizeihauptleute Paul Anlauf und Franz Lenck beteiligt war, daß er persönlich geschossen hat. Mielke war damals als Mitglied der KPD aktiv im Parteiselbstschutz tätig. Nach der Mordtat flüchtete er in die Sowjetunion. Er hat also durchaus eine terroristische Komponente in seiner Biographie.

Sympathien zur RAF waren auch Honecker zuzutrauen. Gleichwohl hat er, als die Einbürgerung ehemaliger RAF-Terroristen in der DDR enthüllt wurde, seine Mitwisserschaft zu bestreiten versucht mit der Behauptung, er habe »wie jeder andere Bürger« davon »erst aus Presse, Rundfunk und Fernsehen erfahren«. Welche Verlogenheit! Unter den einst in Ost-Berlin gegebenen Machtverhältnissen und bei dem besonderen Vertrauensverhältnis Honecker/Mielke muß als völlig unwahrscheinlich ausgeschlossen werden, daß der Generalsekretär nichts von der MfS-Unterstützung für die RAF gewußt habe. Ohne Honeckers Einverständnis wäre nichts gelaufen.

Zu fragen bleibt im übrigen, ob die MfS-RAF-Connection auch nach der Zerschlagung des Sicherheitsapparates in dem Sinne fortdauert, daß sich ehemalige Offiziere des MfS aus politischem Frust oder ideologischer Borniertheit, auch aus Gründen sozialer Ausgrenzung, dem terroristischen Untergrund angeschlossen haben. Aus Kreisen der Staatssicherheit selbst sind solche Möglichkeiten signalisiert worden. Befragt zur Stimmungslage unter seinen ehemaligen Genossen, meinte der frühere MfS-Generalmajor Heinz Engelhardt, die »alten Seilschaften« der SED in den Verwaltungen der ostdeutschen Länder »gehen mit unseren Mitarbeitern schlimmer um als Leute, die aus den alten Bundesländern eingeflogen sind. Sie versuchen sich reinzuwaschen, indem sie den großen Kahlschlag machen. Deshalb kann ich Gewalthandlungen von ehemaligen Stasi-Mitarbeitern nicht mehr ausschließen. Solche frustrierten Mitarbeiter, vor allem Jüngere bis Mitte 30, könnten sich der rechten oder linken Terrorszene anschließen.«[102] Angesichts der Professionalität der ehemaligen MfS-Kader einerseits, der Militanz und brutalen Vorgehensweise der RAF andererseits würde die Aktualisierung der alten Connection das Gefährdungspotential der RAF erheblich erhöhen.

Staatssicherheit und Strafjustiz

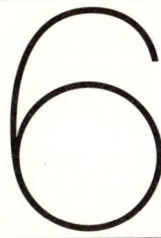

Formal war das Zusammenwirken zwischen dem Ministerium für Staatssicherheit und der Strafjustiz in der DDR durch die Strafprozeßordnung geregelt. Nach § 88 StPO waren die »staatlichen Untersuchungsorgane« für Ermittlungen in Strafsachen zuständig, darunter »die Untersuchungsorgane des Ministeriums für Staatssicherheit«, die ausdrücklich benannt waren. In ihre Zuständigkeit fielen die Ermittlungen bei Nazi- und Kriegsverbrechen, bei Staatsverbrechen wie »Hochverrat«, »Spionage«, »Diversion«, »staatsfeindlicher Menschenhandel« und »staatsfeindliche Hetze« sowie in schweren Fällen von Verbrechen gegen die staatliche und öffentliche Ordnung, wozu »Wahlfälschung«, »ungesetzlicher Grenzübertritt«, »Beeinträchtigung staatlicher oder gesellschaftlicher Tätigkeit«, »ungesetzliche Verbindungsaufnahme« und andere Tatbestände zählten. MfS-intern war für die Durchführung der Untersuchung die Hauptabteilung IX zuständig. Unter Leitung von Generalmajor Dr. Rolf Fister waren hier zuletzt über fünfhundert auf Untersuchungen und Vernehmungen spezialisierte Offiziere tätig. Der Hauptabteilung IX nachgeordnet waren die Untersuchungsabteilungen in den Bezirksverwaltungen des MfS, die Abteilungen IX, deren Personalstärke je nach Größe der Bezirksverwaltung bis zu mehreren Dutzend umfassen konnte. In den Kreisdienststellen des MfS existierten keine eigenen Untersuchungsabteilungen.

Nach § 89 StPO sollte der Staatsanwalt »die Aufsicht über alle Ermittlungen der Untersuchungsorgane« ausüben. In Wirklichkeit verhielt es sich, was die Staatssicherheit anbelangt, genau umgekehrt. Das MfS kontrollierte auch die Staatsanwaltschaft, die sie gleichsam offiziell und inoffiziell im Griff hatte. Mittlerweile räumen das selbst frühere DDR-Staatsjuristen ein: »Innerhalb der Staatsanwaltschaft sind die politischen Strafsachen in der Regel durch Staatsanwälte der Abteilungen I A bei den Staatsanwälten der Bezirke und des Generalstaatsanwalts bearbeitet worden. Sie wurden unter strengen sicherheitspolitischen Gesichtspunkten ausgewählt. Ihr Einsatz bedurfte der Bestätigung durch das MfS – ein an sich grotesker Vorgang, wenn man bedenkt, daß der zur Aufsicht über die Untersuchungabteilungen des MfS verpflichtete Staatsanwalt gerade von diesem Organ zu bestätigen war. Auf diese Weise vermochte jedoch das MfS auch die Arbeit der Staatsanwälte bei der Anwendung des politischen Strafrechts zu steuern.«[103]

Das geschah freilich auch in anderer Weise. Zwar hatten die Untersuchungsorgane, wie § 101 StPO vorschrieb, das Verhalten eines Beschuldigten »in be- und entlastender Hinsicht aufzuklären«, aber in der Realität konzentrierten sich die

Untersuchungsführer der Staatssicherheit darauf, um jeden Preis einen Schuldnachweis zu erbringen – mochte die Untersuchungshaft sich selbst über Jahre erstrecken.

Im Regelfall faßte der Untersuchungsführer der Staatssicherheit nach Abschluß der Ermittlungen ihre Ergebnisse zu einem Schlußbericht zusammen, dem eine letzte verschärfte Vernehmung vorausging. Der Schlußbericht wurde dem Staatsanwalt vorgelegt. Der amtliche Vordruck für den Schlußbericht sah vollständige Angaben zur Person des Beschuldigten und zu seinem Lebenslauf vor, ferner Einzelheiten der gegen ihn erhobenen Beschuldigungen mit Hinweisen auf entsprechende Belegstellen in der Ermittlungsakte. Im letzten Teil des Schlußberichtes wurde eine politische Beurteilung des Beschuldigten und seiner vermeintlichen Straftaten gegeben. Formell entschied nun der zuständige Staatsanwalt, ob er Anklage erhob, aber faktisch war diese Entscheidung längst vorweggenommen.

Zu jeder Zeit konnte die Staatssicherheit in einer politisch relevanten Strafsache das Urteil präjudizieren – oder verhindern, wenn etwa ein Beschuldigter sich bereit fand, eine Verpflichtung als Inoffizieller Mitarbeiter einzugehen.

Umgekehrt konnte die Verweigerung einer Spitzelverpflichtung eine erheblich härtere Strafe bedingen. So wurde dem Dresdner Mathematiker Dr. Horst Hiller in der Untersuchungshaft »völlige Straffreiheit« wegen seines Fluchtdeliktes angeboten, falls er zu Spitzelei bereit wäre. Als er empört ablehnte, veranlaßte die Staatssicherheit eine Anklage nicht mehr nur wegen »ungesetzlichen Grenzübertritts«, sondern wegen »Spionage«. Das Bezirksgericht Dresden begründete sein auf achteinhalb Jahre Freiheitsstrafe lautendes Urteil vom 14. September 1978 damit, bei gelungener Flucht hätte der Angeklagte sein Wissen im Westen preisgegeben – womit er Spionage »vorbereitet« habe[104].

Einen besonderen Aspekt der Zusammenarbeit der Strafjustiz mit der für Spionage zuständigen Hauptverwaltung Aufklärung offenbaren aktenkundig gewordene Fälle, in denen die HV A Belastungsmaterial gegen Beschuldigte zu beschaffen hatte. Es gab auch ehemalige »Kundschafter« der HV A, die nach ihrer Rückkehr von der »unsichtbaren Front« vor DDR-Gerichten mit den von ihnen ausgespähten Informationen als Belastungszeugen in politischen Strafverfahren aufgetreten sind. Speziell die Staatsanwaltschaft »hat sich den Absichten des MfS nur allzu gefügig gezeigt«[105].

Mit welcher Selbstherrlichkeit sich der Minister für Staatssicherheit über alle juristischen Regelungen hinwegsetzte, wenn es galt, den Willen der SED durchzusetzen, veranschaulichen zwei schriftliche Äußerungen Erich Mielkes aus den Jahren 1959 und 1989, die mithin eine fatale Kontinuität über drei Jahrzehnte dokumentieren.

Die erste betrifft ein unter dem 1. November 1959 dem Ersten Sekretär des ZK der SED zugeleitetes Schreiben, in dem er um das Einverständnis Walter Ulbrichts zu seinem Vorgehen gegen zwei evangelische Geistliche ersuchte. Beiden wurden »Abwerbung« und »Währungsvergehen« angelastet. »Die Strafen, die für die beiden Verbrecher ausgesprochen werden, werden zusammengezogen zu einer Gesamtstrafe, die sich im Rahmen von sechs Monaten bis zu fünf Jahren bewegt«, resümierte Mielke. »Wenn Du einverstanden bist, so könnte der

Schlußbericht zur Abfassung der Anklageschrift sofort abgegeben werden. Der Vorgang ist lediglich abgestellt auf die Verbrechen der beiden Genannten. Die Rolle, die die reaktionäre Kirchenführung in Westdeutschland und Westberlin dabei spielt, wurde nicht hineingearbeitet. Solltest Du es für richtig befinden, daß der Staatsanwalt im Plädoyer diese schändliche Rolle behandeln soll, dann würde das MfS dem Staatsanwalt entsprechende Materialien zur Verfügung stellen.« Und schließlich der folgenschwere Satz: »Ich bitte hier um Mitteilung, in welcher Höhe die Strafe ausgesprochen werden soll, oder ob die Stellung der Strafanträge und die Verurteilung dem Staatsanwalt und dem Gericht überlassen werden sollen.«[106]

30 Jahre später überließ Mielke die Entscheidung nicht einmal mehr dem Parteichef, der nun nicht mehr Ulbricht, sondern Honecker hieß. Als im Zusammenhang mit der Fälschung der Ergebnisse der am 7. Mai 1989 durchgeführten Kommunalwahlen in der DDR mutige Bürgerrechtler Eingaben dazu machten und in einer Reihe von Fällen sogar Strafanzeige wegen Wahlfälschung erstattet hatten, legte der Minister für Staatssicherheit unter dem 19. Mai 1989 »Maßnahmen zur Zurückweisung und Unterbindung von Aktivitäten feindlicher, oppositioneller und anderer negativer Kräfte zur Diskreditierung der Ergebnisse der Kommunalwahlen«[107] fest, wie bei Anzeigen wegen Wahlfälschung seitens der Polizei- und Justizorgane vorzugehen wäre. »Nach Ablauf der vorgesehenen Fristen für die Anzeigenbearbeitung ist von den jeweils zuständigen Organen zu antworten, daß keine Anhaltspunkte für den Verdacht einer Straftat vorliegen.« Und obwohl der Staatssicherheitschef formell keinerlei Weisungsrecht gegenüber Staatsanwälten besaß, hielten sich die Ermittlungsorgane und die Staatsanwaltschaft tatsächlich an seine Weisung. Das Resultat: Der damalige 1. Stellvertreter des Generalstaatsanwalts ließ eine entsprechende Weisung an die Staatsanwälte der Bezirke ergehen – »und nachdem auch der Innenminister eine entsprechende, abgestimmte Weisung an die Kriminalpolizei erlassen hatte, wurden auf dieser Grundlage alle Anzeigen wegen Wahlfälschung durch Staatsanwaltschaft und Kriminalpolizei unterdrückt«[108]. Das Zusammenspiel zwischen Staatsanwaltschaft und Staatssicherheit hatte einmal mehr funktioniert.

Es wäre ungerecht, nur die Staatsanwälte zu rügen. Auch die Richter zeigten sich willfährig – sie folgten den Vorgaben des MfS und lieferten allzu häufig die formale juristische Begründung für Entscheidungen, die längst anderweitig getroffen waren – sei es im MfS, sei es im Zentralkomitee der SED.

Selbst in Strafverfahren, in denen auf Todesstrafe erkannt wurde, hat das System funktioniert: Der ehemalige Offizier der DDR-Grenzpolizei Manfred Smolka war wegen »Befehlsverweigerung« und »ideologischen Schwächen« aus dem Dienst entlassen und danach in die Bundesrepublik geflüchtet. Am 22. August 1959 wurde er an der Zonengrenze bei Nordhalben/Oberfranken in einen Hinterhalt gelockt und von MfS-Offizieren und Grenzpolizisten über die Zonengrenze in die DDR zurückgeholt[109] – ein klarer Fall von Menschenraub.

Nach knapp fünf Monaten Untersuchungshaft, am 14. Januar 1960, unterbreitete ein Oberstleutnant aus der Hauptabteilung IX schriftlich den »Vorschlag für die Durchführung eines Prozesses gegen einen republikflüchtigen ehemaligen Offizier der Deutschen Grenzpolizei wegen Spionagetätigkeit«, der mit dem ungeheuerlichen Satz endete: »Das Verfahren ist geeignet, aus erzieherischen Gründen gegen Smolka die Todesstrafe zu verhängen.«[110]

Ein handschriftlicher Sichtvermerk des Ministers »Einverstanden (gez.) Mielke 3. III. 60« besiegelte das Schicksal des Entführten: Am 26. April 1960 fand der Prozeß vor dem Bezirksgericht Neubrandenburg unter Vorsitz des Oberrichters Arthur Laskowski statt – und der erkannte auf Todesstrafe. Noch nicht 30 Jahre alt, wurde Manfred Smolka hingerichtet. Das Zusammenwirken von Staatssicherheit und Strafjustiz hatte auf tödliche Weise funktioniert.

Nicht minder rigoros ist Erich Mielke mit Abtrünnigen unter den Kadern der Staatssicherheit verfahren. Im Laufe der Jahre ist eine Reihe von MfS-Offizieren wegen Westkontakten zum Tode verurteilt und hingerichtet worden – unter ihnen Oberleutnant Kurt Rebenstock, der 1953 in Dresden unter dem Fallbeil starb, nachdem ihn das Oberste Gericht in einem Prozeß zum Tode verurteilt hatte. Weitere »Verräter« aus der Staatssicherheit, die selbst noch Ende der siebziger, Anfang der achtziger Jahre zum Tode verurteilt und hingerichtet wurden: Major Gert Trebeljahr aus einer Diensteinheit der HV A (erschossen am 14. Dezember 1979) und Hauptmann Werner Teske aus der Bezirksverwaltung Potsdam (erschossen am 26. Juni 1981).

Die justitielle Formalisierung solcher Todesurteile – die letztgenannten wurden durch das Militärobergericht Berlin gefällt – enthebt sie nicht ihrer politischen Willkür. Wie Mielke – der auch schon mal persönlich einen Beschuldigten ins Verhör nahm, wenn er nur so prominent wie Kurt Müller oder Leo Bauer war – prinzipiell über Rache an »Verrätern« dachte, hat er in unverwechselbarer Weise zur Sprache gebracht: »Wir sind nicht davor gefeit, daß wir mal einen Schuft unter uns haben. Wenn ich das schon jetzt wüßte, würde er ab morgen nicht mehr leben. Kurzen Prozeß! Weil ich Humanist bin, deshalb habe ich solche Auffassung«, erklärte er auf einer Sitzung des Kollegiums des MfS am 19. Februar 1981. Und er fügte hinzu: »Das ganze Geschwafel, von wegen nicht hinrichten und nicht Todesurteil – alles Käse, Genossen. Hinrichten, wenn notwendig auch ohne Gerichtsurteil.«[111] Starke Worte, die keine Worte blieben.

Selbst Mordanschläge, ausgeführt auf dem Gebiet der alten Bundesrepublik, soll Mielke befohlen haben – bislang unbewiesene Anschuldigungen, die allerdings durchaus zutreffen können, denn sie entsprachen der Logik seiner Mentalität. Nachdem der Fußball-Profi Lutz Eigendorf ein Spiel seines MfS-finanzierten Vereins SC Dynamo – kein Geringerer als Mielke war dessen Präsident – im Westen dazu genutzt hatte, sich 1979 von seiner Mannschaft abzusetzen, um fortan in der Bundesliga zu spielen, zuletzt bei Eintracht Braunschweig, galt er als »Verräter«. Mielkes Rache ereilte ihn am 5. März 1983 in Braunschweig, als er Opfer eines mysteriösen Autounfalls wurde: Zwei Tage danach erlag er seinen Verletzungen. Es heißt, ein Killerkommando der Hauptabteilung I des MfS habe Eigendorfs Unfallwagen mit einem langsam wirkenden Kontaktgift präpariert[112].

Zentrale Auswertung und interne Information

Die nach Kilometern zu messenden Akten, die nach der Zerschlagung des MfS vorgefunden wurden, lassen logischerweise nach dem Nutzen fragen, den die Herrschenden daraus gezogen haben. Historisch ist die Frage nach der politischen Effizienz durch den Verfall des Regimes allerdings eindeutig beantwortet worden. Dennoch bleibt offen, ob die Informationen, die das anonyme Heer der Inoffiziellen Mitarbeiter, die Offiziere im besonderen Einsatz, die Tausende von hauptamtlichen Mitarbeitern in der Postzollfahndung und in der Überwachung des Fernmeldeverkehrs zusammengetragen haben, die man »erfaßte« und »bearbeitete«, auch sinnvoll analysiert und ausgewertet wurden – sinnvoll insoweit wie die Informationen in ihrer Überfülle tatsächlich in die Meinungsbildung und Entscheidungsfindung der Herrschenden eingegangen sind.

In der ZAIG – der Zentralen Auswertungs- und Informationsgruppe – verfügte das MfS über eine Diensteinheit, deren Aufgabe in der Analyse, Auswertung und Aufbereitung der MfS-intern erfaßten Informationen bestand. Hier waren zuletzt einschließlich technischer Arbeitskräfte, Programmierer und EDV-Spezialisten 422 hauptamtliche Mitarbeiter tätig. Die Leitung der ZAIG, die dem Minister unmittelbar unterstellt war, hatte zuletzt Generalleutnant Dr. Werner Irmler inne, ein Mann, der in der Hierarchie des MfS hoch angesiedelt war: Immerhin war er die Nummer 8 auf der Gehaltsliste der »oberen Zweitausend«. Jahrgang 1930, hatte er sich im Apparat der Staatssicherheit hochgearbeitet, 1965 wurde er Nachfolger von Generalmajor Robert Korb, dem ersten Chef der ZAIG bzw. ihrer Vorläuferstruktur, der Zentralen Informationsgruppe (ZIG).

Die Aufgabenstellung der ZAIG, die in dem zuletzt gültigen Befehl Nr. 6/78 zur Arbeit der Auswertungs- und Informationsorgane vom 3. April 1978 sowie in anderen internen Dienstanweisungen speziell zur Erfassung und Speicherung von Informationen, ferner zur Öffentlichkeitsarbeit niedergelegt war, umfaßte offiziellem Selbstverständnis zufolge die »politisch-operative Auswertungs- und Informationstätigkeit«, ferner die »Öffentlichkeitsarbeit« der Staatssicherheit, »die Mitarbeit an der Vorbereitung von politisch-operativen Entscheidungen«, die Unterstützung des Ministers, seiner Stellvertreter sowie der Leiter der Bezirksverwaltungen in ihrer »staatlichen und gesellschaftlichen Funktion«, etwa durch den Entwurf von Reden und Referaten, Zeitungsartikeln und Erklärungen, die Ausarbeitung von Plandokumenten, ferner die Kontrolle der Durchsetzung dienstlicher Bestimmungen in den Diensteinheiten des MfS und der Bezirksverwaltungen sowie die »komplexe analytische Arbeit in Abstimmung mit den operativen Diensteinheiten bei der ständigen aktuellen Einschätzung der

politisch-operativen Lage und der Wirksamkeit der Arbeit«, Sicherung des MfS-
internen Informationsflusses, schließlich die Einsatzvorbereitung und effektive
Nutzung der EDV- und Mikrofilmtechnik und die Gewinnung geeigneter IM-
und GMS-Kandidaten, denn die ZAIG unterhielt auch eigene Informationsnetze,
in denen Spitzel zum Einsatz kamen.

Dementsprechend war die ZAIG strukturiert: Sie gliederte sich in die Bereiche
»Auswertung/Information«, »Kontrolle/Dienstliche Bestimmungen/Planung«,
»Elektronische Datenverarbeitung«, »Grundsatzfragen der Auswertungs- und
Informationstätigkeit« und »Öffentlichkeitsarbeit«.

Horizontal kooperierte die ZAIG – vereinfacht dargestellt – eng mit den
Auswertungs- und Kontrollgruppen (AKG) der operativ arbeitenden Hauptabteilungen und selbständigen Abteilungen des MfS, die ihrerseits unmittelbar
den Leitern dieser Diensteinheiten unterstellt waren, nicht der ZAIG. Analytische Erkenntnisse und Arbeitsergebnisse dieser Diensteinheiten, die für die
zentrale Lageeinschätzung der Staatssicherheit von Belang waren, wurden der
ZAIG von den operativen Diensteinheiten nach Freigabe durch deren Leiter
überlassen. Sie war für die Aufbereitung verantwortlich und zog Schlußfolgerungen für zentrale Entscheidungen.

Ihrerseits gab die ZAIG analytische Erkenntnisse als Rückinformation an die
Diensteinheiten und beantwortete Anfragen der verschiedenen Ebenen, soweit
ihr Erkenntnisse vorlagen. Außerdem oblag ihr laut Dienstanweisung Nr. 2/85
die »Anleitung und Unterstützung der Hauptabteilungen und selbständigen
Abteilungen bei der Erarbeitung qualifizierter Ausgangsmaterialien für Informationen an die Partei- und Staatsführung«. Seit Mitte der achtziger Jahre hatte
die ZAIG speziell die Hauptabteilung XX »bei der Einschätzung der politisch-
operativen Lage auf dem Gebiet der politischen Untergrundtätigkeit« zu unterstützen.

Vertikal waren der ZAIG in den Bezirksverwaltungen Auswertungs- und Kontrollgruppen (AKG) nachgeordnet, die das in den Abteilungen der Bezirksverwaltungen und der Kreisdienststellen für den Bezirk anfallende Informationsmaterial auszuwerten und darüber hinaus der ZAIG zuzuarbeiten hatten, indem sie
operativ besonders wichtige Erkenntnisse an die zentrale Auswertung übermit-
telten. Alle übergebenen Informationen waren »streng vertraulich« und unter
dem Gesichtspunkt des konspirativen Quellenschutzes zu verfremden.

»Wir haben gesammelt, verdichtet, analysiert und, auf Grund der Spezifik
unserer Diensteinheit, in regelmäßiger Form, und zwar jede Woche, mehrere
Berichte an unseren Verteilerkreis weitergegeben«, berichtet ein ehemaliger
Oberstleutnant der ZAIG. »Wir haben diese Erkenntnisse nach bestem Wissen
und Gewissen zusammengestellt.«[113] Einerseits sollten sie der Information der
Partei- und Staatsführung dienen – andererseits waren sie im MfS Grundlage für
die zentrale Lageeinschätzung, die somit eine Kollektivleistung der beteiligten
Diensteinheiten darstellte. Die Entscheidungsfindung in der operativen Arbeit
fand dagegen »auf Linie« statt. Sie erfolgte auf der Grundlage der operativen
Informationen durch die Leiter der Diensteinheiten bzw. deren Vorgesetzten.

Ferner war der ZAIG die Auswertung westlicher Medien übertragen, und zwar
der Informationen sowohl in Zeitungen und Zeitschriften wie von Funk und

Fernsehen, wobei sich die ZAIG nicht auf die Erfassung und Analyse beschränkte, sondern »für berechtigte Angehörige des MfS« sogenannte Informationsmaterialien für die Öffentlichkeitsarbeit[114] erarbeitete. Nr. 4/1987 dieser Materialien hatte z. B. die »ideologische Diversion gegen die DDR« zum Gegenstand, offenkundig dazu bestimmt, die Einflüsse westlicher Medien in der DDR zu mindern – von der Qualität der Materialien her übrigens ein vergebliches Unterfangen.

Im übrigen war bei der ZAIG der Bereich »Elektronische Datenverarbeitung« eingerichtet, der für die Leitung der Programmierung und Nutzung der EDV-Anlagen einschließlich der Erfassung und Speicherung von Daten aller Art zum Zwecke der Informationsverarbeitung mittels Computer zuständig war. Die Zusammenarbeit mit der Abteilung XII bzw. der bei ihr bestehenden Zentralen Personendatenbank (ZPDB) ergab sich aus der Natur der Sache.

Analoge Aufgaben zur ZAIG hatten die AKG auf Bezirksebene, die unmittelbar dem jeweiligen Leiter der Bezirksverwaltung unterstanden. Sie hatten u. a. die 1. Sekretäre der Bezirksleitungen der SED und weitere Funktionäre auf Bezirksebene über die politische und wirtschaftliche Lage und offene Probleme in der Region zu unterrichten. Das geschah regelmäßig in schriftlicher Form. MfS-intern hatte sich dafür die Bezeichnung »Parteiinformation« eingebürgert, obwohl die offizielle Bezeichnung schlicht »Information« lautete, versehen stets mit der Klassifizierung »Streng vertraulich! Um Rückgabe wird gebeten!« Unterzeichnet waren die Parteiinformationen durch den Leiter der jeweiligen Bezirksverwaltung.

Die Informierung der 1. Sekretäre der Kreisleitungen der SED und weiterer Funktionäre im Partei-, Verwaltungs- und Wirtschaftsapparat auf Kreisebene geschah durch die jeweiligen Leiter der Kreisdienststellen des MfS.

»Berichte und Analysen gab es aus allen Bereichen«, bestätigte der schon erwähnte Ex-Oberstleutnant aus der ZAIG. »Es gab nur ganz wenige Ausnahmen, also Tabu-Themen, über die wir nicht berichten durften. Ein absolutes Tabu-Thema war die Lage in der SED selbst, die Wirksamkeit ihrer Funktionäre und ihres hauptamtlichen Apparates. In den letzten Jahren mehrten sich in den Informationen an die Parteiführung die Hinweise auf die verheerende Wirkung der Medienpolitik und die damit verbundene wachsende Unglaubwürdigkeit. Eine Änderung konnte nicht erreicht werden.«[115]

Tatsächlich bestätigen vorliegende Lageberichte[116] der ZAIG und der AKG aus den Bezirksverwaltungen, daß die Staatssicherheit ziemlich gut informiert war über die innere Situation der DDR, über Versorgungsfragen, ökonomische Probleme, ökologische Belastungen, technologische Rückstände, Havarien in Betrieben u. a. m., freilich auch über die Stimmung der Bevölkerung, über die Situation in der evangelischen Kirche, über die Lage der Opposition – und daß sie die politische Führung darüber auch realistisch informiert hat. Mit anderen Worten, die Parteiinformationen boten ein weithin ungeschminktes Bild der DDR-Realität mit einer Überfülle von Daten und Detailinformationen, Namen und Fakten, so daß sich die Spitze der Partei jederzeit unterrichten konnte – wenn sie denn gewollt hätte!

Genutzt wurden die Informationen von der Führung indes kaum. War es gerade die Überfülle an Informationen, die diesen verblüffenden Sachverhalt erklärt? Oder waren die Gerontokraten des Politbüros überfordert? Allein quantitativ war kaum mehr zu bewältigen, was allein die ZAIG alljährlich hervorbrachte: Allein 1989, im Jahr des Umbruchs, produzierte sie etwa 500 Lageberichte, wie aus der fortlaufenden Numerierung ersichtlich ist, die laut Verteilerschlüssel an ausgesuchte Mitglieder des Politbüros der SED gingen sowie an Entscheidungsträger im MfS, namentlich an die Stellvertreter des Ministers und an zuständige Hauptabteilungsleiter.

Die Hinweise und Informationen der ZAIG konnten noch so realistisch sein – sie erreichten die Herrschenden nicht. Sie wollten die Wahrheit verdrängen, statt sie zur Kenntnis zu nehmen. Resignierendes Resümee des ehemaligen ZAIG-Offiziers: »Das tut natürlich weh, wenn man weiß, man hatte wieder nur für den Papierkorb gearbeitet. Dadurch konnten wir letztlich auch nichts bewegen.«

Kein Geringerer als Erich Mielke hat das bestätigt, als er in seiner Rede in der Volkskammer am 13. November 1989 die Vergeblichkeit aller Information »nach oben« einräumte: »Das einzigste ist, daß vieles, was wir gemeldet haben, nicht immer berücksichtigt . . . und nicht eingeschätzt wurde . . . Wir (sind) sogar auf Konferenzen aufgetreten und haben gesagt, die Bitte unserer Genossen besteht darin . . ., daß man unsere Informationen ernst nimmt«[117] Die Bankrotterklärung eines Geheimpolizeichefs.

Honecker selbst höhnte nach seinem Sturz über die Berichte des MfS, sie wären ihm »immer wie eine Zusammenfassung der Veröffentlichungen der westlichen Presse über die DDR« erschienen. »Ich selbst habe diesen Berichten wenig Beachtung geschenkt, weil all das, was dort drin stand, man auch aus den Berichten der westlichen Medien gewinnen konnte. So zuverlässig waren die Informationen des MfS für die Partei- und Staatsführung der DDR überhaupt nicht.«[118] Ein Kommentar dazu erübrigt sich.

Vom MfS zum Amt für Nationale Sicherheit

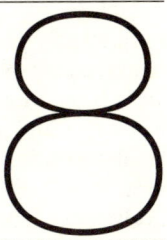

Nachdem sich am 18. Oktober 1989 der Führungswechsel von Honecker zu Krenz vollzogen hatte, war der Fortbestand des MfS durchaus nicht in Frage gestellt. Vielmehr hatte der neue Generalsekretär der SED noch auf dem 10. Plenum des Zentralkomitees, das vom 8. bis 10. November eine dreitägige Krisensitzung abhielt, sogar ausdrücklich »die Erarbeitung eines Gesetzes über die staatliche Sicherheit« angekündigt, »das auch die Tätigkeit des Ministeriums für Staatssicherheit, seine Befugnisse und die Grundsätze seiner Arbeitsweise regelt«[119]. Von Auflösung war keine Rede.

Generaloberst Rudi Mittig, Vizeminister für Staatssicherheit und Mitglied des Zentralkomitees, hatte im Plenum des ZK ganz im alten Stil sogar noch das übliche Treuebekenntnis abgelegt: »Die Genossinnen und Genossen der Staatssicherheit, Töchter und Söhne der Arbeiterklasse und der anderen Werktätigen, haben stets mit größter Einsatzbereitschaft dem Volk, dem sozialistischen Staat und unserer Partei verantwortungsbewußt und treu gedient. Sie haben dieselben Sorgen und Probleme wie alle anderen Werktätigen. Ich kann euch im Auftrag aller Kollektive versichern: Die Mitarbeiter der Staatssicherheit sind auch unter den gegebenen komplizierten Bedingungen gewillt, die gestellten Aufgaben zu erfüllen. Wir haben keine Illusionen über die Feinde unserer sozialistischen Ordnung und die von ihnen verfolgten Ziele. Wir sind uns bewußt, daß unsere Arbeit heute notwendiger denn je ist.«[120] Die Zeitenwende hatte Mittig nicht begriffen.

Auch die Mitarbeiter der Bezirksverwaltung Rostock des MfS deuteten die Zeichen falsch. Noch am 6. Oktober 1989 artikulierten sie in einem Fernschreiben an die Zentrale die »Erwartung«, daß »die Partei- und Staatsführung die gegenwärtige Situation in der DDR real einschätzt«, »klare Orientierungen zum Handeln gibt« und »die Partei auf allen Ebenen sofort in die Offensive geht, auf dieser Grundlage die enge Verbindung zu den Massen wieder festigt und das einheitliche, geschlossene Handeln der Massen energisch führt«[121]. Die Illusion war komplett.

In dem vom 10. Plenum des Zentralkomitees verabschiedeten Aktionsprogramm der SED war im übrigen von einer Abschaffung des MfS ebensowenig zu lesen, wohl aber von mehr Transparenz und gesetzlicher Neuregelung. »Ein Volkskammerausschuß sollte die Kontrolle über die Tätigkeit der Schutz- und Sicherheitsorgane ausüben.«[122] Auch das deutete nicht auf Auflösung.

Unter dieser Voraussetzung löste Hans Modrow, der am 13. November 1989 zum Ministerpräsidenten einer DDR-Übergangsregierung gewählt worden war, sogar eine gewisse Überraschung aus, als er in seiner ersten Regierungserklärung ankündigte, das MfS abzuschaffen und durch ein Amt für Nationale Sicherheit zu ersetzen. »Neues Denken in Fragen der öffentlichen Ordnung und staatlichen Sicherheit muß sich rechtlich und administrativ umsetzen. Dazu gehört die Bildung eines Amtes für Nationale Sicherheit an Stelle des Ministeriums für Staatssicherheit.«[123] Indes war sein Handeln von neuem Denken wenig inspiriert.

Dem neugeschaffenen AfNS waren 15 Bezirksämter – die früheren Bezirksverwaltungen des MfS – und 211 Kreisämter – die früheren Kreisdienststellen des MfS – unterstellt. Zu seinem Leiter im Ministerrang wurde Dr. Wolfgang Schwanitz berufen, vormals einer der Vizeminister für Staatssicherheit im Range eines Generalleutnants und Kandidat des ZK der SED. Zwangsläufig mußte so »das Amt für Nationale Sicherheit als institutionalisierte und personelle Nachfolgeeinrichtung des Ministeriums für Staatssicherheit«[124] erscheinen, zumal auch auf mittlerer und unterer Ebene die Führungskader der Staatssicherheit nicht ausgetauscht waren.

Das unerwartet frühe Ende auch des Amtes für Nationale Sicherheit provozierten zwei Geschehnisse, die für die politische Krisensituation der DDR zu diesem Zeitpunkt symptomatisch waren.

Erstens wurden die brutalen Ausschreitungen der Polizei- und Sicherheitskräfte gegen friedliche Demonstranten in den ersten Oktobertagen 1989 in Dresden sowie am 7. und 8. Oktober in Leipzig und Ost-Berlin in den Wochen danach öffentlich kritisiert und selbst von den DDR-Medien nicht widerspruchslos hingenommen. Parlamentarische Untersuchungen wurden eingeleitet. Die Staatsanwaltschaft mußte Übergriffe, Körperverletzungen und Menschenrechtsmißachtungen gegenüber 3456 »zugeführten« Demonstranten einräumen und eine Bestrafung der Schuldigen zusichern – für die DDR ein unglaubliches Novum! Die Führung des MfS, bei der die zentrale Einsatzleitung lag, war auf das schwerste kompromittiert.

Als Erich Mielke am 13. November 1989 in der Volkskammer nun schon als ehemaliger Chef des MfS den Abgeordneten Rede und Antwort stehen mußte – das erste Mal in der Geschichte der obersten DDR-Volksvertretung –, dabei aber nichts zustande brachte als ein konfuses Gerede, war der Eklat da. Schon zu Beginn seiner etwa zehnminütigen Rede[125] erntete er einen ungewollten Heiterkeitserfolg: »Wir haben, Genossen, liebe Abgeordnete, einen außerordentlich hohen Kontakt mit allen werktätigen Menschen (lautes Lachen) . . . überall . . ., ja, wir haben einen Kontakt, ja, wir haben einen Kontakt . . .« Die Groteske war vollkommen, als er eine Wortmeldung zur Geschäftsordnung, er solle die Abgeordneten der Volkskammer nicht ausnahmslos mit »Genossen« anreden, mit den Worten parierte: »Aber ich bitte um Verzeihung. Das ist doch nur eine natürliche, eine menschliche Sache. Das ist doch eine formale Frage (Zwischenrufe: »Nein«) . . . Ich liebe, ich liebe doch alle (Lachen) . . . alle Menschen. Ich liebe doch, ich setze mich doch dafür ein . . .« Es war ein Auftritt von makabrer Komik.

Mielkes Schlußvorstellung – deshalb ihre Erwähnung in diesem Zusammenhang – hat das Selbstwertgefühl seiner ehemaligen Genossen stärker erschüttert als alle Agitation des »Klassenfeinds«. Der Nimbus des Ministers für Staatssicherheit war kaputt. In einem formellen Schreiben, das das Sekretariat der Kreisleitung der SED im MfS dem Präsidenten der Volkskammer am 14. November übermittelte, kam das überzeugend zum Ausdruck. Sämtliche Bezirksverwaltungen des MfS wurden durch Fernschreiben davon in Kenntnis gesetzt: »Mit tiefer Bestürzung«, lasen nun die wackeren DDR-Tschekisten, »haben wir das Auftreten des Genossen Mielke vor der Volkskammer am gestrigen Abend zur Kenntnis genommen. Das Sekretariat der Kreisleitung hat heute früh in Übereinstimmung mit der Meinung vieler Genossinnen und Genossen sich von diesen Ausführungen des Genossen Mielke vor dem höchsten Organ des Volkes distanziert.«[126] Zum ersten Mal hatten MfS-Offiziere und Generale offen gegen Mielke aufbegehrt. Zu spät.

Initiativen aus der Staatssicherheit, die revolutionäre Wende in der DDR »abzuwenden«, hat es kaum gegeben. In der Endzeit des alten Regimes verurteilte die Führungslosigkeit der SED die Staatssicherheit zur Handlungsunfähigkeit. Die ehedem Mächtigen konnten schlicht und einfach nicht begreifen, was um sie herum geschah. Paradigmatisch geradezu das Eingeständnis eines ehemaligen Majors in der Bezirksverwaltung Halle: »Wir hatten Hoffnung bis zum letzten Tag. Es mußte sich um einen Fehler, ja, vielleicht sogar um einen gigantischen Ulk handeln. Jetzt sehen wir fassungslos zu, wie das sogenannte Volk von seinem Geschrei nicht abläßt. Irgendwann muß es doch vernünftig werden.«[127] Arroganz – gepaart mit Ignoranz!

Vereinzelt begann in den Diensteinheiten des AfNS das Nachdenken über die Wende. So äußerten Mitarbeiter des Bezirksamtes Rostock die Meinung, »daß zu einem Neubeginn im AfNS auch gehört, die alten Strukturen aufzulösen und neue, unbelastete Persönlichkeiten an die Spitze unseres Amtes zu stellen. Es reicht unserer Meinung nach nicht aus, wenn lediglich der Minister geht und sein ehemaliger Stellvertreter das Zepter übernimmt.«[128] Ähnliche Stimmungen kamen unter den hauptamtlichen Mitarbeitern auch anderer Bezirksämter auf, vor allem zeigten sie sich empört über das, was unter den Schlagwörtern »Amtsmißbrauch«, »Korruption« und »Privilegien« nun in der öffentlichen Meinung hochgespielt wurde. »Wendedenken« in der Staatssicherheit?

Dagegen ist von Versuchen, konkret gegen den Umbruch in der DDR Front zu machen, nur ein einziger bekannt geworden – aus dem Bezirksamt für Nationale Sicherheit in Gera. Und zwar richteten die Mitarbeiter am 9. Dezember 1989 ein Fernschreiben[129] an die Regierung in Ost-Berlin sowie an sämtliche Bezirksämter des AfNS und die Bezirksbehörden der Volkspolizei, in dem sie mit einem »Aufruf zum Handeln« ein aktives Eingreifen aller bewaffneten Organe forderten, »um unseren sozialistischen Staat im Interesse aller zu schützen«. Von welchem Ungeist der Aufruf beseelt war, läßt folgender Passus ahnen: »Genossen, Bürger und Patrioten der unsichtbaren Front im In- und Ausland, wer mit der Macht spielt, sie sich aus der Hand nehmen läßt – besonders während einer Revolution, in der wir uns zur Zeit befinden –, der wird scheitern.«

Das zweite Geschehen, das die Auflösung der Staatssicherheit vorantreiben sollte, wurde im buchstäblichen Wortsinne ruchbar, als dunkle Qualmwolken aus den Kaminen vieler Dienstgebäude des MfS drangen – verursacht durch die selektive Vernichtung von Dokumenten und Dossiers, Befehlen und Dienstanweisungen, Spitzelberichten und IM-Akten, Videofilmen und Tonträgern.

Ein erster Befehl[130] dazu erging z. B. in der Bezirksverwaltung Potsdam am 23. November 1989 mit dem Ziel, Maßnahmen »zur differenzierten Auslagerung bzw. Vernichtung von registrierten Vorgängen und Akten sowie weiterer operativen Materialien und Informationen in den Kreisämtern durchzuführen«. Vernichtet werden sollten namentlich Lageeinschätzungen, operative Statistiken und aktionsbezogene Unterlagen, Unterlagen über Wahlen zu den Volksvertretungen, »operatives Schriftgut«, Spitzelberichte, Sichtlochkarteien und andere Datenträger. »Alle Mitarbeiter sind zur unbedingten Geheimhaltung über die Vernichtung bzw. Auslagerung von registrierten Vorgängen und Akten sowie weiterer Operativen Materialien und Informationen anzuhalten.« Analoge Befehle erließen in den letzten Novembertagen 1989 alle Bezirkschefs der Staatssicherheit – zweifellos nicht ohne Weisung aus der Zentrale.

Die »Aktion Reißwolf« begann. Die Aktenvernichtung erfolgte durch Zerkleinern und/oder Verbrennen – woraufhin das bis dahin kaum Vorstellbare geschah. Empörte Bürgerinnen und Bürger drangen in zahlreiche Kreisämter sowie in mehrere Bezirksämter des AfNS ein, so in Dresden, Erfurt, Gera, Leipzig, Rostock, Suhl und in Ost-Berlin, um der weiteren Vernichtung künftiger Beweismittel Einhalt zu gebieten. Spontan bildeten sich Bürgerkomitees, die gemeinsam mit der Volkspolizei und der Staatsanwaltschaft die Kontrolle über die ehemaligen Dienststellen der Staatssicherheit übernahmen.

Selbst danach haben die »alten Kader« aber noch versucht, den Bürgerkomitees den Zugriff auf Akten und Archive zu verwehren und belastende Materialien zu vernichten. Gestützt auf einen Beschluß des Ministerrates der DDR vom 7. Dezember 1989 – also mit Wissen und auf Veranlassung Modrows –, ließ Schwanitz am selben Tag allen Bezirksämtern entsprechende Befehle übermitteln[131]. Dennoch war, aufs Ganze gesehen, der Staatssicherheitsapparat der DDR zu diesem Zeitpunkt schon nicht mehr arbeitsfähig – nur einzelne Strukturen dürften noch intakt gewesen sein, darunter die Hauptabteilung Aufklärung, die sich gegen westliche Geheimdienste hermetisch abgeschirmt hatte und ihre Selbstauflösung betreiben konnte.

Mehr und mehr stellten sich die Krisensymptome ein: Am 5. Dezember 1989 trat das ehemalige Kollegium des MfS – nunmehr Kollegium des AfNS – geschlossen zurück. Eine Woche später, am 12. Dezember, wurden sämtliche Kreisämter für Nationale Sicherheit geschlossen. Der Runde Tisch forderte die Regierung Modrow bereits in seiner ersten Sitzung auf, »einen sofortigen Maßnahmeplan öffentlich bekanntzugeben, wie durch Sicherungskräfte des Ministeriums des Inneren alle Dienststellen des Amtes für Nationale Sicherheit auf allen Ebenen unter Kontrolle gestellt werden, damit keine Vernichtung von Dokumenten bzw. Beweismaterial erfolgen kann«[132]. Der Runde Tisch verband damit das Verlangen, »das Amt für Nationale Sicherheit unter ziviler Kontrolle aufzulösen und die berufliche Eingliederung der ausscheidenden Mitarbeiter zu gewährleisten«.

Das Ende der DDR-Staatssicherheit hatte seinen Anfang genommen.

Die Auflösung

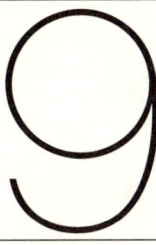

Am 14. Dezember 1989 beschloß der DDR-Ministerrat die Auflösung des AfNS[133]. Ein gleichzeitig gefaßter Beschluß über die Schaffung eines Amtes für Verfassungsschutz kam nicht mehr zum Tragen: Nach massiver öffentlicher Kritik revidierte sich der Ministerrat und verzichtete durch Beschluß vom 12. Januar 1990 auf die Errichtung des Verfassungsschutzes vor der geplanten Neuwahl der Volkskammer[134]. Nunmehr erst setzte ein zähes und zeitraubendes Ringen um die Auflösung des ehemaligen Sicherheitsapparates ein. Einen ersten regierungsoffiziell gewährten Einblick in Personalbestand und Finanzen, Ausrüstung und Bewaffnung erhielt der Runde Tisch am 15. Januar 1990. Das Bild, das Modrows Beauftragter Manfred Sauer in seinem Bericht[135] entwarf, war bedrückend: In quantitativer Beziehung übertraf die Realität alle bis dahin gehegten Vorstellungen von der Überwachungs- und Unterdrückungsmaschinerie des alten Regimes.

Aus den Emotionen, die dadurch hervorgerufen wurden, sollte auch jene Demonstration gespeist werden, zu der am späten Nachmittag desselben Tages Tausende Berliner vor das Hauptgebäude des AfNS im Stadtteil Lichtenberg, Normannenstraße, zogen unter der Losung »Gegen Stasi und Nasi« – eine Demonstration, die ihren Initiatoren augenscheinlich außer Kontrolle geriet. Denn aufgebrachte Demonstranten stürmten einen Büro- und Versorgungstrakt der Zentrale, es gab Scherben, Büromöbel gingen zu Bruch, Akten wurden zerfetzt. Menschen kamen gottlob allerdings nicht zu Schaden.

Bei näherem Hinsehen ergab sich freilich, daß auf wundersame Weise der unwichtigste Gebäudetrakt im Gebäudekomplex Normannenstraße gestürmt worden war. Wirklich wichtige Akten blieben unangetastet bzw. sie konnten in konspirative Verstecke geschafft werden. Seinerzeitige Mutmaßungen über eine gezielte Provokation ehemaliger Offiziere des MfS, die Demonstrationen zu eigenen politischen Zwecken umfunktionieren wollten, haben sich später voll bestätigt: »Das ganze Ereignis war von der Staatssicherheit organisiert, genau nach Zeitplan«, hat ein ehemaliger Oberst anderthalb Jahre danach enthüllt[136]. Unter den Demonstranten hätte sich eine Kompanie des Wachregiments »Feliks Dzierzynski« in Zivilkleidung befunden, die die aufgebrachte Menge auf den Versorgungstrakt der MfS-Zentrale abgelenkt hätte, wo sie Luxuswaren und Genußmittel in Hülle und Fülle, aber keine wichtigen Akten vorfand.

Ähnliche Provokationen haben sich nicht wiederholt, im Gegenteil, frühzeitig überzogen Frustration und Resignation die Reihen der ehemaligen Staatssicherheit. In der ersten Jahreshälfte 1990 haben u. a. drei ehemalige Bezirkschefs des

MfS unter dem Eindruck des Umbruchs Selbstmord verübt: Generalmajor Gerhard Lange am 30. Januar in Suhl, Generalmajor Horst Böhm am 21. Februar in Dresden, Generalmajor Dr. Peter Koch am 3. Mai in Neubrandenburg[137]. Letztgenannter war unter Modrow zeitweilig als Regierungsbeauftragter für die Auflösung des MfS/AfNS eingesetzt gewesen. Hatten ihn ehemalige Genossen zur Flucht in den Tod gehetzt?

Der politisch-moralische Verfall der Staatssicherheit, der geradezu sichtbar einsetzte, war insoweit »systembedingt«, als mit der Krise der SED im revolutionären Herbst 1989 auch die Krise des MfS programmiert war. Die DDR-Staatssicherheit konnte nicht länger Herrschaftsinstrument der Staatspartei sein, als deren Macht zur Disposition gestellt war. Nachdem die Führung der SED zur Ohnmacht verdammt war, büßten auch die Generale und Offiziere des MfS Motivation und Orientierung ein. Aller Wahrscheinlichkeit nach erklärt sich aus dieser Dialektik, daß und warum sich die politische Autorität der DDR-Staatssicherheit während des demokratischen Umbruchs der DDR in unverhältnismäßig kurzer Zeit zersetzt hat und der Apparat ohne offenen Widerstand zerschlagen werden konnte.

Nachdem drei Tage nach Offenlegung von Stärke und Strukturen des MfS am Runden Tisch erneut die Forderung erhoben war, das Amt für Nationale Sicherheit »ersatzlos aufzulösen«, sah sich die Regierung Modrow dermaßen unter politischen Druck gesetzt, daß sie am 8. Februar 1990 »weitere Maßnahmen zur Auflösung des ehemaligen Amtes für Nationale Sicherheit«[138] beschloß. Unter anderem bildete sie eine mit erheblicher Kompetenz ausgestattete Behörde in Gestalt eines Komitees zur Auflösung des ehemaligen MfS/AfNS unter Leitung von Günter Eichhorn, einem vormaligen Abteilungsleiter im DDR-Finanzministerium. Unter der Kontrolle dreier Regierungsbeauftragter – Werner Fischer, Georg Böhm, Dr. Ulrich Schröter – wurde das Komitee mit der Auflösung des Apparates betraut. Es wurde Ernst mit der Liquidierung der DDR-Staatssicherheit, aber sie brauchte ihre Zeit, sei es aus subjektiven, sei es aus objektiven Gründen.

Mehr Entschlossenheit versprach der Regierungswechsel nach den Volkskammerwahlen vom 18. März. Ministerpräsident Lothar de Maizière in seiner Regierungserklärung vom 12. April: »In Zukunft wird es in unserem Land keine Geheimpolizei mehr geben.«

Fünf Wochen später, am 16. Mai 1990, konkretisierte das Kabinett de Maizière sein Vorgehen durch einen »Beschluß über weitere Aufgaben und Maßnahmen, die sich aus der Auflösung des ehemaligen Ministeriums für Staatssicherheit/ Amtes für Nationale Sicherheit ergeben«[139]. Das Staatliche Komitee zur Auflösung des ehemaligen MfS/AfNS wurde Innenminister Peter-Michael Diestel unterstellt. Zum genannten Stichtag stellte sich das Staatliche Komitee als eine Behörde mit 186 Mitarbeitern dar, die in Ost-Berlin tätig waren; sie stützte sich auf jeweils fünfköpfige Arbeitsstäbe in den Bezirken der DDR und in Ost-Berlin. Im einzelnen gliederte sich das Komitee in die Bereiche »Materielle und finanzielle Fonds«, »Schriftgut, Archivwesen, Informatik« und »Personelle und soziale Fragen«. Außerdem existierte beim Staatlichen Komitee eine operative Kontrollgruppe zur Klärung von kritischen Sachverhalten »vor Ort«.

Der letzte Innenminister der ersten frei gewählten DDR-Regierung, »der mit besonders starken Worten die Zerschlagung der Staatssicherheit zu seinem Programm erhob«, ließ es freilich zu, daß der Personalbestand des Staatlichen Komitees »vollkommen durchsetzt war von Mitarbeitern des alten Staatsapparates und, schlimmer noch, von einer großen Anzahl ehemaliger hauptamtlicher Stasi-Mitarbeiter«[140]. Allein in der Zentrale des Staatlichen Komitees arbeiteten anfänglich 80 ehemalige MfS-Offiziere an der Auflösung ihrer alten Dienstbehörde.

Zusätzlich berief Diestel eine siebenköpfige Kommission, die sich am 30. Mai konstituierte[141]. Sie sollte die Regierung bei der Vorbereitung von »grundsätzlichen Entscheidungen im Zusammenhang mit der endgültigen Auflösung der Staatssicherheit« beraten. Sachkompetenz konnte ihr niemand nachsagen, weshalb sie auch keinerlei Bedeutung erlangt hat.

Politisch ungleich wichtiger war die Einsetzung eines parlamentarischen Sonderausschusses zur Kontrolle der Auflösung des MfS/AfNS durch Beschluß der Volkskammer vom 7. Juni 1990. Der elfköpfige Ausschuß unter Vorsitz von Joachim Gauck vom »Bündnis 90« war nicht nur politisch einflußreich, er hatte auch das Recht, sachkundige Vertreter des Bürgerkomitees mit beratender Stimme hinzuzuziehen. Diese Bürgerkomitees, die sich im Dezember 1989 und Januar 1990 in allen Bezirksstädten der DDR und in Ost-Berlin, zuweilen auch in Kreisstädten, spontan gebildet hatten, haben mit viel Entschlossenheit und Mut zur Auflösung der Staatssicherheit beigetragen – vor allem durch ihr beherztes, anderweitig schon erwähntes Eingreifen bei der Sicherung von Akten und anderen Materialien in den Dienststellen des ehemaligen MfS/AfNS.

Trotz des Zögerns der Modrow-Regierung und der Halbherzigkeit der Regierung de Maizière bei der Liquidierung des MfS/AfNS konnte wenige Tage vor dem 3. Oktober 1990, dem Tag der deutschen Einigung, festgestellt werden, daß der Apparat der Staatssicherheit zwar zerschlagen, im übrigen aber »die MfS-Auflösung weder personell noch strukturell, noch materiell abgeschlossen«[142] sei. Die Frage, ob sich Teilstrukturen noch einmal regenerieren könnten, ob sich Fragmente des MfS reaktivieren ließen, ist damit endgültig noch nicht beantwortet. Konspirative Aktivitäten ehemaliger MfS-Offiziere sind zumindest punktuell auch in Zukunft denkbar – in welchem Auftrag und auf welche Rechnung auch immer!

Dokumentation

1

Gesetz zur Bildung des MfS

Gesetz über die Bildung eines Ministeriums für Staatssicherheit.
Vom 8. Februar 1950

§ 1
Die bisher dem Ministerium des Innern unterstellte Hauptverwaltung zum Schutze der Volkswirtschaft wird zu einem selbständigen Ministerium für Staatssicherheit umgebildet. Das Gesetz vom 7. Oktober 1949 über die Provisorische Regierung der Deutschen Demokratischen Republik (GBl. S. 2) wird entsprechend geändert.

§ 2
Dieses Gesetz tritt mit seiner Verkündung in Kraft.
Berlin, den 8. Februar 1950
Das vorstehende, vom Präsidenten der Provisorischen Volkskammer unter dem 10. Februar 1950 ausgefertigte Gesetz wird hiermit verkündet.

Berlin, den 18. Februar 1950   Der Präsident
                                  der Deutschen Demokratischen Republik
                                  W. Pieck

Quelle: *Gesetzblatt der Deutschen Demokratischen Republik 1950, Nr. 15, S. 95*

2

Ernst Wollweber auf dem IV. Parteitag der SED:
»Ein scharfes Schwert der Partei«

Genossinnen und Genossen! In der gleichen Zeit, in der sich unser Parteitag mit den Problemen unseres Kampfes und unserer Arbeit beschäftigt, führt das vietnamesische Volk, die Volksarmee Vietnams, einen heldenhaften Kampf um die Unabhängigkeit des Landes. In diesem schmutzigen Krieg, der augenblicklich von den französischen Imperialisten gegen das vietnamesische Volk geführt wird, stehen auch deutsche Söldner im Kampf gegen die vietnamesische Volksarmee. Ich denke, unser Parteitag muß seine Solidarität mit dem um seine Freiheit kämpfenden vietnamesischen Volke und auch mit dem französischen Volke, das genau wie wir den schmutzigen Krieg verurteilt, zum Ausdruck bringen. (Stürmischer Beifall). Dieser Krieg liegt vor allem im Interesse des amerikanischen Kapitals. Die deutschen Söldner, die dort in französischen Uniformen kämpfen, sind zumeist ehemalige SS-Leute. Augenblicklich ist die Westpresse dabei, die »schönen Heldentaten« dieser Leute zu glorifizieren. Was für Leute sind das? Sie stammen aus demselben Reservoir, aus dem auch die in der Deutschen Demokratischen Republik arbeitenden Agenturen ihre Mitarbeiter schöpfen.
Nach diesen einleitenden Bemerkungen will ich mich einigen Problemen der staatlichen Sicherheit zuwenden.

Genosse Walter Ulbricht stellte im Rechenschaftsbericht des Zentralkomitees die Aufgabe, die demokratischen Gesetze mit aller Härte gegen Agenten, Spione und Terroristen anzuwenden. Bei der Lösung dieser Aufgabe muß in Betracht gezogen werden, daß die feindlichen Zentren außerordentlich starke Kräfte für die Agententätigkeit in der Deutschen Demokratischen Republik einsetzen. Diese feindliche Tätigkeit wird erleichtert durch die Tatsache, daß Deutschland gespalten ist, daß sich in einem Teil, in Westdeutschland, der Hauptstützpunkt für die feindliche Tätigkeit in der Deutschen Demokratischen Republik befindet und daß es verhältnismäßig leicht ist, über die Agentenschleuse Westberlin Agenten in die Deutsche Demokratische Republik einzuschleusen. Es besteht kein Zweifel, daß es trotz dieser Bedingungen gelingen wird, die gestellten Aufgaben zu erfüllen.

Die Feststellung des Genossen Walter Ulbricht, daß sich die Arbeit der Organe der Staatssicherheit seit der Entfernung Zaissers verbessert hat, ist den Genossen in der Staatssicherheit Verpflichtung, nach diesem Parteitag in verstärktem Maße alles zu tun, um die Organe der Staatssicherheit in einen solchen Zustand der Kampffähigkeit zu versetzen, daß sie auch unter den Bedingungen eines sich noch weiter verschärfenden Klassenkampfes und trotz großer Anstrengungen feindlicher Zentren ihre Aufgaben erfüllen werden. Eine Voraussetzung dafür ist, die Folgen der Zaisserschen Politik restlos zu überwinden. Denn es ist klar: Man kann unseren Staat nur sichern, wenn man fest davon überzeugt ist, daß die Deutsche Demokratische Republik nicht irgendwann und irgendwie aufgegeben werden könnte – wie es Zaisser in Betracht zog –, sondern, daß unsere Republik als das wichtigste Bollwerk im Kampf um ein einheitliches, demokratisches Deutschland unter allen Umständen und in jeder Situation verteidigt werden muß. (Beifall)

Der Versuch Zaissers, die Staatssicherheit über die Partei zu stellen, mußte scheitern – wie alle parteifeindlichen Handlungen scheitern müssen, die darauf hinauslaufen, Macht gegen die Partei zu sammeln. Die Leute, die Macht gegen die Partei sammeln wollen, werden immer wieder feststellen müssen, daß sie Ohnmacht gesammelt haben.

Eine weitere Voraussetzung für die Lösung der Aufgaben der Organe der Staatssicherheit ist, daß alle Mitarbeiter von revolutionärem Kampfgeist beseelt, von leidenschaftlichem Haß gegen den Imperialismus durchdrungen und damit besser befähigt sind, die Spuren des Feindes zu erkennen, sie zu verfolgen und die Agenten unschädlich zu machen. Daß die Genossen in den Organen der Staatssicherheit in jeder Situation standhaft sein und treu zur Partei stehen müssen, ist eine der Voraussetzungen für eine wirklich erfolgreiche Arbeit der Staatssicherheit.

Was hat sich in den letzten Monaten verändert?

Nach dem 17. Juni 1953 haben auch die Arbeiter, die am 17. Juni noch nicht klar erkannt hatten, worum es ging, den Charakter des 17. Juni als eines faschistischen Putschversuches erkannt und die Provokateure verurteilt. Dieser neue große Fortschritt wurde in erster Linie dadurch erzielt, daß unsere Partei in den Betrieben in scharfen Auseinandersetzungen den Charakter des 17. Juni als eines faschistischen Putschversuches aufgedeckt hat. Dadurch ist der Einfluß feindlicher Zentren bedeutend zurückgegangen, und unsere Parteiorganisationen in den Betrieben haben sich gefestigt.

Gleichzeitig hat sich die Staatsmacht gefestigt. Die Sicherheitsorgane des Staates – durch die Entlarvung Zaissers von einer politisch falschen Führung befreit – sind kampffähiger geworden, und deshalb konnten auch die Absichten und Pläne feindlicher Zentren, während der Außenministerkonferenz eine neue Provokation zu starten, nicht verwirklicht werden. Es steht auch ganz außer Zweifel, daß – hätten sie aus einer falschen Einschätzung heraus einen solchen Putschversuch unternommen – dieser im Keime erstickt worden wäre. Solche Tatsachen zu konstatieren bedeutet natürlich nicht, die Gefährlichkeit des Gegners zu unterschätzen.

Um von ihrer Niederlage am 17. Juni 1953 und von ihren verbrecherischen Handlungen, die von Westdeutschland und Westberlin aus angestiftet und in der Deutschen Demokratischen Republik ausgeführt werden, abzulenken, führt der Propagandaapparat der imperialistischen Staaten Verwirrungsmanöver durch. Ein solches Verwirrungsmanöver ist, den faschistischen Putschversuch am 17. Juni 1953 als spontane Aktion unzufriedener Menschen in der Deutschen Demokratischen Republik hinzustellen. Wir haben hinreichende Beweise dafür, daß dieser Putsch organisiert wurde. Das Bonner Spionageministerium für gesamtdeutsche Fragen unter Leitung von Jakob Kaiser war der Initiator der Bestrebungen zu einem gewaltsamen Vorgehen in der Deutschen Demokratischen Republik. Am 24. März 1953 wurde in Westberlin der sogenannte Forschungsbeirat für Fragen der Wiedervereinigung Deutschlands gebildet. Dieser Forschungsbeirat beschäftigt sich mit der sogenannten Angliederung der Wirtschaft der Deutschen Demokratischen Republik an die Wirtschaft Westdeutschlands. Es wurde von diesem Forschungsbeirat kein Zweifel darüber gelassen, daß es sich um die Absicht handelt, die volkseigenen Betriebe zu privatisieren, den Monopolen und Konzernen zuzuschanzen und die volkseigenen Güter den Junkern und den Großgrundbesitzern zu übergeben. Während dieser Forschungsbeirat sozusagen die wirtschaftliche Vorbereitung für die Wiedererrichtung der Macht der Konzernherren und der Junker durchführte, wurden die Agenturen der verschiedenen verbrecherischen Organisationen mobilisiert. Das gilt für alle, für die Agenturen der Gehlen-Organisation, für die »Kampfgruppe gegen Unmenschlichkeit«, die sogenannte KgU, für die Ostbüros der SPD, des DGB, der FDP, der CDU, für die sogenannten Freiheitlichen Juristen und die Agenturen des amerikanischen Geheimdienstes und anderer Geheimdienste. Sie alle waren an der Vorbereitung des faschistischen Putschversuches beteiligt, und sie alle sind heute – nach dessen Niederschlagung – damit beschäftigt, ihre Agententätigkeit mit teilweise veränderten Methoden durchzuführen.

Es gibt kein Verbrechen – ob Mord, Brandstiftung, Sprengattentat, Vergiftung, Fälschung und andere –, das nicht im Gebiet der Deutschen Demokratischen Republik in vielen Fällen geplant und in einzelnen Fällen durchgeführt wird. Alle diese Verbrechen sind in der Deutschen Demokratischen Republik mit schweren Strafen belegt. Aber nicht nur bei uns, auch in Westdeutschland, in Westberlin und in allen kapitalistischen Ländern sind diese Verbrechen strafbar, und nicht nur diejenigen werden bestraft, die diese Verbrechen ausführen, sondern auch diejenigen machen sich strafbar, die dazu anstiften. Die Anstifter zu diesen Verbrechen sitzen in Westdeutschland und in Westberlin. Wir sind fest davon überzeugt, daß auch sie einmal zur Rechenschaft gezogen werden! (Stürmischer Beifall.) Wir sind sicher, daß sie sich einmal verantworten müssen. Der zur Zeit in Westberlin und Westdeutschland bestehende Verbrecherschutz ist eine Schande, und ich denke, unsere Genossen in Westdeutschland werden mithelfen, die ehrlichen Menschen in unserer westdeutschen Heimat aufzuklären über diesen schändlicher Verbrecherschutz für Brandstifter, Mörder, Giftmörder und ähnliche Typen.

Nach dem Schlag gegen die Gehlen-Organisation schrieb die Westzeitung »Die Welt« in einem Artikel sinngemäß folgendes: Die Gehlen-Agenten fühlten sich bisher sicher. Sie kamen sich vor wie Hochseilartisten, die schwierige Kunststücke machten, aber die unter sich ein Schutznetz wußten, und dieses Schutznetz bestand in der besonders konspirativ gesicherten Arbeitsweise der Gehlen-Organisation. Jetzt haben sie das Gefühl, daß sie ihre artistische Kunst ohne dieses

Schutznetz ausführen müssen. Sie haben das Vertrauen zum sicheren Funktionieren ihrer Organisation verloren.

Nun, Genossen, ich kann bestätigen, daß es tatsächlich für Agenten außerordentlich gefährlich ist, in der Deutschen Demokratischen Republik zu arbeiten. (Lebhafter Beifall.) Wenn sie fallen – und früher oder später werden sie fallen, und der Zeitpunkt für die einzelnen Organisationen wird von uns bestimmt –, dann werden sie hart fallen. (Erneuter lebhafter Beifall.) Natürlich wissen wir, daß, wenn wir Agenturen liquidieren, der Gegner neue aufbauen wird. Wir wissen das und richten uns darauf ein. (Wiederholter lebhafter Beifall.)

Es gibt natürlich in der Arbeit der Staatssicherheit eine Anzahl Methoden, über die nur unter Einhaltung der Regeln der strengsten Konspiration gesprochen wird. Aber ist die Aufdeckung feindlicher Agenturen an einen bestimmten Punkt angelangt, wo die Konspiration nicht mehr notwendig ist, dann muß man vor den Werktätigen offen sagen, um was es ging, und ihnen zeigen, daß die Maßnahmen der Staatssicherheit in ihrem eigenen Interesse waren, daß es um ihren Arbeitsplatz, ihre Gesundheit, ihr Leben und um die Sicherheit ihrer Aufbauarbeit ging. Ich denke, es war richtig, daß wir in die Betriebe gegangen sind, die Arbeiter aufgeklärt und die Bevölkerung durch Presse und Rundfunk informiert haben, wenn die Untersuchungen im wesentlichen abgeschlossen waren. Wir haben damit gute Erfahrungen gemacht und viele Hinweise aus der Bevölkerung für die Verfolgung feindlicher Spuren bekommen.

Ich will nicht über die Erfüllung der Aufgaben sprechen, die mit der Aufdeckung der Verbindungen zwischen den einzelnen Agenturen und diese Agenten zu ihren Zentralen zusammenhängen, sondern es kommt hier auf dem Parteitag vielmehr darauf an, die Methoden des Gegners zu zeigen, mit denen er in der Deutschen Demokratischen Republik arbeitet, um unsere Genossen in stärkerem Maße zu befähigen, die feindlichen Elemente besser und schneller zu erkennen. (Beifall.)

Es ist falsch anzunehmen, daß der Gegner in erster Linie versucht, mit Geld Agenten zu werben. Das macht er auch, aber nicht nur. Natürlich haben sie festangestellte Mitarbeiter in den Zentralen und Filialen für die feindliche Tätigkeit. Aber in der Hauptsache versucht der Feind Agenten zu werben, indem er die Menschen studiert, die an für ihn wichtigen Stellen tätig sind, um ihre Schwächen herauszufinden, an diese Schwächen anzuknüpfen, diese Menschen zu kompromittieren, und schließlich die Verpflichtung, für ihn zu arbeiten, von ihnen erpreßt. Wachsam sein heißt seine Aufmerksamkeit in erster Linie auf die Punkte zu konzentrieren, die für den Gegner wichtig sind. Das sind in der Regel dieselben, die auch für uns große Bedeutung haben. Die wichtigsten Agentenzentralen werben nicht planlos, sondern nach Schlüsselpunkten. Die Menschen an den Schlüsselpunkten muß man sich betrachten, ihre politische Vergangenheit, die soziale Herkunft, ihren früheren Beruf, ihre frühere Heimat, ihre ganze Entwicklung, ihre persönlichen Verbindungen. Das alles muß man sich ansehen; das gehört zur Wachsamkeit. Natürlich muß man sich nicht mit allen Menschen an diesen Schlüsselpunkten beschäftigen, sondern nur, wie ich sagte, mit denen, bei denen etwas nicht klar ist. Oft zeigt sich das im Verhalten der Menschen: Sie sind unsicher, oder sie versuchen durch forsches Auftreten Sicherheit vorzutäuschen. Wachsam sein heißt den Menschen in seinen Beziehungen zu anderen Menschen und in seiner Einstellung zur Arbeit zu betrachten und ihn nach den Ergebnissen seiner Arbeit zu beurteilen.

Natürlich gibt es Agenten, die Auftrag haben, sich in wichtige Positionen – insbesondere die politischen Zentren – einzuschleichen, bis zum Erreichen dieser Positionen keine Schädlingsarbeit zu betreiben, um sich dadurch besser zu tarnen. Solche – wie es in der Fachsprache heißt – »auf Perspektive gesetzte Agenten« sind natürlich in der Regel nur zu entlarven durch spezielle Methoden, und mit solchen Agenten müssen die Organe der Staatssicherheit selbst fertig werden. Aber alle anderen Agenten, die aktiv tätig sind, sind auch zu erkennen. Sie können aber nicht allein durch die Organe der Staatssicherheit erkannt werden, sondern das ist nur möglich durch die Wachsamkeit aller Werktätigen, die den Organen der Staatssicherheit Hinweise geben zur Verfolgung bestimmter Spuren. Wie solche Spuren verfolgt und die Verbindungen aufgedeckt werden, ist dann spezielle Aufgabe der Mitarbeiter der Staatssicherheit.

Einen Anknüpfungspunkt finden die feindlichen Agenturen in der Überheblichkeit und Unfähigkeit leitender Staats- und Wirtschaftsfunktionäre. Wer überheblich ist, die Grenzen seiner Fähigkeit nicht erkennt, andere gering einschätzt, infolgedessen auch auf kollektive Beratungen keinen besonderen Wert legt, der hilft damit unbewußt den Feinden, ihre Agenten bei ihm einzubauen. Die Erfahrung zeigt, daß Menschen, die überheblich sind, ihre Mitarbeiter nicht nach ihrem eigentlichen Wert beurteilen, sondern nach ihrer Einstellung zu ihnen selbst. Wenn dann die feindlichen Zentren einen entsprechend gewandten und anpassungsfähigen Halunken finden, dann sitzt der manchmal sehr schnell in einer Funktion, die für den Gegner besonders wichtig ist. Deshalb muß man sich die Umgebung solcher Staats- und Wirtschaftsfunktionäre ansehen, die persönlich überheblich oder sachlich unfähig sind und damit in der Auswahl ihrer engeren Mitarbeiter sehr oft Fehler machen, die der Gegner für sich ausnützt.

Der Kampf gegen feindliche Tätigkeit wird durch bürokratische Arbeitsweise oft in starkem Maße gehemmt. Deshalb ist es notwendig, den Hinweis des Genossen Walter Ulbricht zu beachten, alle Erscheinungen des Bürokratismus zu bekämpfen. Objektiv ist der Bürokrat unbewußt der beste Gehilfe des Agenten; denn infolge bürokratischer Arbeit ist der Agent schwerer festzustellen, hat er bessere Tarnungsmöglichkeiten. Für tätige Agenten ist es dort am sichersten, wo ein Zustand der Verantwortungslosigkeit herrscht, wo die Verantwortungsbereiche nicht genau festgelegt sind, wo nicht genau kontrolliert werden kann, wer hat wann welche Entscheidungen zu treffen, für die er persönlich verantwortlich ist. Wenn ein Zustand des Abschiebens der Verantwortung von einem auf den anderen möglich ist, können feindliche Agenten ihre Schädlingstätigkeit durchführen, ohne Gefahr zu laufen, schnell entdeckt zu werden.

Eine erprobte Methode feindlicher Agenten besteht darin, andere zu verdächtigen, wenn festgestellt wird, daß irgend etwas nicht in Ordnung ist. Diese Verdächtigungen werden aber nicht nur ausgesprochen, um sich selbst zu tarnen, sondern auch manchmal gegen leitende Funktionäre, um deren Autorität herabzusetzen. Wenn jemand solche Verdächtigungen ausspricht, muß man sich ihn genau ansehen und sich die Frage stellen, warum das geschieht. Das darf natürlich nicht dazu führen, daß man wichtige Hinweise als haltlose Verdächtigungen abtut.

Den feindlichen Agenturen wird an einigen Punkten die Arbeit erleichtert durch die Mißachtung der notwendigen Geheimhaltung, insbesondere was den Umgang mit geheimen Schriftstücken betrifft. Man darf es den Agenten nicht leicht machen, sondern so schwer wie möglich. Je schwieriger die Aufgabe für einen Agenten ist, sich in den Besitz eines geheimen Schriftstückes zu setzen, desto leichter ist es, ihn zu entlarven. Deshalb ist die Sicherung der Geheimhaltung ein äußerst wichtiger Beitrag im Kampf gegen feindliche Agenturen.

Eine falsche Auffassung, die mitunter den Agenten von Nutzen ist, besteht darin, daß leitende Genossen manchmal glauben, daß, wenn bei ihnen noch keine feindliche Tätigkeit entdeckt wurde, dann in ihrem Apparat alles in Ordnung sei. Das ist falsch und gefährlich. Nicht dort ist es leicht für den Agenten, wo der Feind entlarvt wurde, sondern dort, wo scheinbar alles in Ordnung ist und der Feind in Ruhe arbeiten kann. Deshalb müssen unsere Genossen in leitenden Stellungen in dem von ihnen geleiteten Apparat alles tun, was zur Entlarvung feindlicher Agenten führen kann.

Genossen! Vergeßt keinen Augenblick: Die feindlichen Agenturen werden sich überall dort einschalten, wo sich bei uns ein Riß zeigt. Es ist dabei nicht das Entscheidende, ob es sich um politische Meinungsverschiedenheiten handelt, um Gegensätze oder um persönliche Rivalität. Die Agenten werden versuchen, sich diese Gegensätze zunutze zu machen. Sie werden sich in jede Maßnahme, die von unserer Partei zur Durchsetzung der richtigen politischen Linie getroffen wird, einschalten, um die Durchsetzung dieser richtigen Linie zu durchkreuzen – oft durch Überspitzungen richtiger Anweisungen –, um durch diese Überspitzungen das Gegenteil von dem zu erreichen, was die Partei will.

Genossen! Parteifeindliche Elemente schätzen unsere Partei immer falsch ein. Das ist ganz klar, weil sie ja nicht mit der Partei verbunden sind. Unsere Partei ist trotz der Schwächen, Mängel und Fehler in der Arbeit stark! Sie ist die siegende Kraft! Unsere Genossen in der Staatssicherheit haben einen besonderen Auftrag; aber das ist ein Parteiauftrag. Unsere Partei – das hat sich auch bei der Entlarvung Zaissers gezeigt – kann sich auf die Genossen in der Staatssicherheit verlassen. Das muß auch so sein (Lebhafter Beifall.), denn die Staatssicherheit soll ein scharfes Schwert sein, mit dem unsere Partei den Feind unerbittlich schlägt, gleichgültig, wo er sich festgesetzt hat! (Erneuter lebhafter Beifall.)

Quelle: *Protokoll der Verhandlungen des IV. Parteitages der Sozialistischen Einheitspartei Deutschlands (30. März bis 6. April 1954), Bd. 2, (Ost-)Berlin 1954, S. 702 ff.*

3

Erich Mielke auf dem V. Parteitag der SED: »Gegen Feindtätigkeit und ideologische Diversion«

Genossinnen und Genossen! Unter Führung unserer Partei erringen die Arbeiterklasse, die werktätigen Bauern und die Angehörigen der Intelligenz große Erfolge auf allen Gebieten des gesellschaftlichen Lebens. Das sozialistische Bewußtsein der Bevölkerung wächst. Die Arbeiter-und-Bauern-Macht festigt sich täglich. Für alle ist verständlich, daß der Aufbau des Sozialismus mit Schwierigkeiten verbunden ist. Der sozialistische Aufbau könnte sich wesentlich schneller vollziehen, wenn nicht die Imperialisten, ihre Geheimdienste, Agentenzentralen und sonstigen Beauftragten ständig versuchten, ihre feindlichen Stützpunkte in der Deutschen Demokratischen Republik zu erhalten und von außen laufend neue Spione, Agenten und Saboteure zu entsenden, um ihre verlorengegangenen Positionen wiederzugewinnen.

Die Festnahme Hunderter von Spionen und Agenten auf dem Gebiet der Deutschen Demokratischen Republik, die Liquidierung von Untergrundgruppen der verschiedensten Art sind ein Beweis dafür, daß die Feindtätigkeit nicht nachgelassen hat und der Klassenkampf unter der Einwirkung der imperialistische Kräfte von Westdeutschland und Westberlin geschürt wird. Zahllose Geheimdienste der Imperialisten, ihre Agenten- und Untergrundzentralen entfalten eine verstärkte verbrecherische Tätigkeit und wenden die vielfältigsten und raffiniertesten Methoden an, um die Deutsche Demokratische Republik zu schädigen.

Die Organe der Staatssicherheit haben unter der Führung der Partei bei der Bekämpfung dieses Abschaumes der Menschheit nicht unwesentliche Erfolge errungen. Sie führen in allen Bezirken und Kreisen mit Unterstützung der Bevölkerung einen wirksamen Kampf.

Der Feind versucht, in alle Stellen des Staates, der Massenorganisationen, der Industrie und der Landwirtschaft einzudringen, sich Kenntnisse über unsere politische, ökonomische und militärische Kraft zu verschaffen zum Zwecke der Ergänzung seiner strategischen Kriegspläne wie auch zur unmittelbaren Organisierung von Bränden, Havarien, Schädlingstätigkeit und Sabotage. Es zeigt sich, daß Spione auch dort spionieren, wo mancher Bürger unserer Deutschen Demokratischen Republik sicherlich sagt, daß das doch keine Bedeutung für die Geheimdienste der Imperialisten haben kann.

Im ersten Halbjahr 1958 hat der sozialistische Sektor in der Landwirtschaft bedeutend zugenommen. Ein großer Aufschwung in der Entwicklung zeigt sich. Neben der faulen Theorie der Liquidierung schwacher LPG, die auch von einzelnen Genossen vertreten wurde, verstärkt der Feind alle Versuche, die sozialistische Entwicklung auf dem Lande zu verhindern oder zu verlangsamen. Besonders aktiv wirkt dabei der in Westberlin ansässige »Deutsche Bauernverband« unter Leitung des Dr. Friedheim, der den Verrat Viewegs an der Deutschen Demokratischen Republik mit organisierte. Dieser »Deutsche Bauernverband« organisiert unter Leitung der verschiedensten Geheimdienste mit Hilfe von republikflüchtigen Großbauern Schädlingstätigkeit auf dem Lande.

So wurde durch verschiedene Großbauern, die alle Mitglieder der ehemaligen NSDAP waren, eine systematische Schädlingstätigkeit in der LPG »Jupp Angenforth« in Zepkow im Bezirk Neubrandenburg durchgeführt. Sie erteilten feindlichen Elementen, die sich die Funktionen des 1. und 2. Vorsitzenden der LPG erschlichen hatten und in verwandtschaftlichen und freundschaftlichen Beziehungen zu diesen ehemaligen Großbauern standen, in Berlin und auch bei ihrem illegalen Auftauchen in der Gemeinde Zepkow selbst Anweisungen, die Schädlingstätigkeit in der LPG zu organisieren.

Unter dem Einfluß der Geheimdienste wird auch zur offenen Diversion übergegangen. So wurde Kurt Härtel, der im Besitz von schußfertigen Waffen, zwei Karabiner und einer Pistole, war, verhaftet, weil er während der Bestellungs- und Erntezeit Bodenbearbeitungsgeräte, Kartoffelroder, Dreschmaschinen, Mähbinder und andere landwirtschaftliche Geräte beschädigte. In seiner Scheune wurden größere Mengen Arsenik gefunden. 1953 wurden die Kleefelder der LPG »Florian Geyer« in Plohn im Bezirk Karl-Marx-Stadt durch Bestäuben mit Arsenik vergiftet. Das Gutachten ergab, daß das vorgefundene Asenik mit dem damals verwendeten Gift identisch ist.

In anderen Kreisen und Bezirken gibt es ähnliche Erscheinungen. Das verlangt, daß unsere Genossenschaftsbauern, die Mitarbeiter der MTS und alle in der Landwirtschaft beschäftigten Menschen größte Wachsamkeit gegen derartige verbrecherische Maßnahmen der Feinde entwickeln, um vorbeugend tätig zu werden und zu verhindern, daß der Feind uns größeren Schaden zufügen kann.

Oft benutzt der Feind klassenfeindliche Elemente, die sich in den Staatsapparat, in die VdgB und andere Stellen und manchmal auch in die Reihen unserer Partei eingeschlichen haben, für seine Verbrechen. Die besonders in den letzten Jahren zunehmenden Havarien und Brände, bei denen es den zuständigen Organen oft nicht gelingt, nachzuweisen, inwieweit der Feind seine Hand im Spiele hat, ob es Schlamperei, Unachtsamkeit oder bewußtes Handeln ohne direkte Verbindung nach dem Westen ist, könnten vermieden werden, wenn die zuständigen verantwortlichen Funktionäre, Dienststellen usw. eine lebendige Kaderarbeit entwickeln würden. Da, wo die Kontrolle und Erziehung der Mitarbeiter vernachlässigt werden, schleicht sich sehr oft der Klassenfeind ein. Es erscheint notwendig, die Kaderfrage, wie sie im Referat von Genossen Walter Ulbricht gestellt wurde, auch von dieser Seite zu beleuchten und ihr ernsthaftere Bedeutung zuzumessen.

Wie wichtig das ist, zeigt die jetzt vor einigen Tagen durchgeführte Festnahme eines Ingenieurs in Magdeburg, eines ehemaligen Mitglieds der NSDAP und Offiziers der faschistischen Wehrmacht, der langjähriger Spion des amerikanischen Geheimdienstes war und sich seine Tätigkeit durch die Erschleichung der Mitgliedschaft in unserer Partei erleichterte. Da keine konkrete Kontrolle seines Verhaltens durchgeführt wurde, gelang es ihm, lange Zeit zersetzend tätig zu sein und eine Reihe von Personen zur Republikflucht zu veranlassen.

Größtes Augenmerk müssen die zuständigen Staats- und Verwaltungsstellen auch den legalen Stützpunkten der Konzerne widmen, die in unserer Republik existieren und die unter der Losung »Um jeden Preis die Position halten« sehr oft ihre Tätigkeit tarnen, indem sich die Betreffenden den Schein eines loyalen Verhaltens zu unserer Republik geben. Andererseits versuchen sie, wichtige Forschungen, Entwicklungen und Patente zu stehlen, Fachleute abzuziehen, selbst dann, wenn in Westdeutschland ein Überhang an solchen Kräften vorhanden ist, nur um damit eine Verlangsamung des Tempos des sozialistischen Aufbaus zu erreichen.

Das alles sind auch Mittel der ideologischen Diversion, um im Bewußtsein dieser Menschen die klare Perspektive des Sozialismus zu verwischen.

Neben der Einschleusung und Anwerbung von Spionen zur Auskundschaftung unseres politischen, ökonomischen und militärischen Potentials nutzen die Geheimdienste auch die aus den verschiedensten Gründen nach Westdeutschland geflüchteten Bürger der Deutschen Demokratischen Republik aus; viele, die die Deutsche Demokratische Republik verlassen haben, kehren zurück, nachdem sie ihre eigenen Erfahrungen mit dem sogenannten Wirtschaftswunder gemacht haben.

In der letzten Zeit gab es auch nicht wenige Fälle, wo Personen, die die Republik verließen, mit Aufträgen der Geheimdienste zurückkamen. Die Erfahrungen zwingen uns daher, größte Aufmerksamkeit jenen Personen zu widmen, die die Republik verlassen und wieder zurückkehren, wie auch solchen, die um Asyl oder Zuzug in die Deutsche Demokratische Republik nachsuchen.

Nur eines von vielen Beispielen: Im Bezirk Leipzig wurde der von Westdeutschland zugezogene Hans Strömer festgenommen; er hatte im Auftrag des amerikanischen Geheimdienstes Brände angelegt, darunter in einer mit Getreide gefüllten Feldscheune.

In der letzten Zeit organisierten die Imperialisten und ihre Beauftragten unter der betrügerischen Flagge der »Behinderung menschlicher Beziehungen« eine große Hetzkampagne gegen unsere Partei und Regierung. In Wirklichkeit handelt es sich bei dieser Aktion um die Verschleierung der brutalen und verbrecherischen Tätigkeit der verschiedensten Geheimdienste und Agentenzentralen, die sie mit einem politischen humanistischen Mantel umgeben, wie das Ostbüro der SPD, das »Kuratorium Unteilbares Deutschland«, das Ministerium für Gesamtdeutsche Fragen usw.

Wie die Kontaktaufnahmen einzuschätzen sind, beweist die Tätigkeit des Ministeriums für Gesamtdeutsche Fragen, das selbst Spezialisten abwirbt und andere

Dienststellen dazu veranlaßt, so die Dienststelle für Jugend und Sport in Westberlin, die Bundesanstalt für Arbeitsvermittlung in Frankfurt am Main, den Stadtjugendring Werner Baumann in Kassel, den Verein Deutscher Ingenieure und andere, die für ihre Abwerbungen vom Ministerium für Gesamtdeutsche Fragen teilweise finanziert werden. Das Ministerium für Gesamtdeutsche Fragen organisiert mit Hilfe von Untergrundorganisationen und anderen getarnten Dienststellen, die sich bescheidenerweise mit der Herausgabe von Informationsblättern befassen, eine unter der Flagge der Herstellung von Kontakten laufende ausgedehnte Spionagetätigkeit, die von dem Gestapoagenten Lemmer dafür finanziert wird. Die Maßnahmen des Bonner Amtes für Verfassungsschutz und des westdeutschen Grenzschutzes liegen alle auf der gleichen Linie.

Jeder Bürger der Deutschen Demokratischen Republik, der nach Westdeutschland reist, wird kontrolliert und beobachtet. Es wird versucht, ihn auszuhorchen und an- oder abzuwerben.

Zu welchem Zweck die abgenommenen Ausweise der Bürger der Deutschen Demokratischen Republik dienen, geht aus der Anweisung an die Meldeämter in Westdeutschland hervor. Ich zitiere: »Ausweise, die bei den Behörden der Bundesrepublik verbleiben, müssen dagegen so aufbewahrt und behandelt werden, daß sie innerhalb ihrer Gültigkeit für spätere Reisen in die SBZ (also in unsere Deutsche Demokratische Republik) verwendet werden können, ohne daß den sowjetzonalen Behörden die vorübergehende Abgabe an westdeutsche Behörden erkennbar wird.«

Ganze Abteilungen des amerikanischen, englischen, französischen und des westdeutschen Geheimdienstes befassen sich mit der Methode der Herstellung »menschlicher Kontakte« und Beziehungen zu Bürgern und Organen in der Deutschen Demokratischen Republik. Dieser Plan der Imperialisten entstand bereits vor dem XX. Parteitag der KPdSU und wurde danach zu einem großen Plan der Aufweichung und ideologischen Diversion gegen die Länder des Sozialismus entwickelt. Trotz aller Tarnungen wurde dieser Plan des Feindes in der Deutschen Demokratischen Republik rechtzeitig erkannt. Die konterrevolutionären Ereignisse in Ungarn waren für unsere Partei eine große Lehre. Wir haben seinerzeit den ideologischen Diversanten rechtzeitig das Handwerk gelegt und einige Genossen, die durch ihr Verhalten die Absichten des Feindes erleichterten, zur Verantwortung gezogen. Genossen, und wir taten recht, daß wir unsere Arbeiter-und-Bauern-Macht festigten und dem Feind nicht gestatteten, seine Provokationen durchzuführen. Die Opfer, die unsere ungarischen Genossen bringen mußten, waren eine heilsame Lehre. Unter Führung des Zentralkomitees und des Ersten Sekretärs, Genossen Walter Ulbricht, hat unsere Partei die richtigen Schlußfolgerungen aus den Beschlüssen des XX. Parteitages der KPdSU gezogen.

Die III. Parteikonferenz und die nachfolgenden Tagungen unseres Zentralkomitees haben unserer Partei eine klare, eine marxistisch-leninistische Linie gegeben. Wie richtig sich unsere Partei, die Organe der Staatssicherheit und die gesamte Bevölkerung auf den Kampf einstellten, beweisen die Beschlüsse der letzten Moskauer Konferenz der Partner des Warschauer Vertrages.

Auf dieser Konferenz hatte Genosse Chruschtschow diesen Plan des Feindes in die klaren, für jedermann verständlichen Worte gekleidet, als er die Politik der USA charakterisierte und erklärte:

»Solche Politiker haben sich das wahnwitzige Ziel gesetzt, den Sozialismus auf dem gesamten Erdenrund auszurotten, und möchten nun diese Aufgabe Schritt für Schritt lösen, da sie nicht mehr über die Mittel verfügen, auch nur im Traume auf mehr rechnen zu können. Zugleich setzen sie ihre Tätigkeit gegen das erste Land des Sozialismus in der Geschichte fort und geben Hunderte Millionen Dollar für die Wühltätigkeit gegen die Sowjetunion aus.«

Das ist eine wichtige Lehre für unsere Partei und für die Deutsche Demokratische Republik, die das am weitesten nach dem Westen vorgeschobene Land des Sozialismus ist und durch deren Hauptstadt unmittelbar die Grenze des Kapitalismus geht.

Die Versuche der Imperialisten, den Sozialismus auszurotten und diese Absicht durch die Methode Schritt für Schritt zu lösen, das ist der wahre Inhalt der Kampagne über die menschlichen Beziehungen und Kontakte.

Hier in der Deutschen Demokratischen Republik hatte jedes Mitglied unserer Partei und hatten die Bürger die Möglichkeit, die Gefährlichkeit der neuen Methode des Feindes an der Tätigkeit der konterrevolutionären Gruppe Harich, Lucht in Halle, Schröder in Leipzig, an den Erscheinungen an der Humboldt-Universität und den anderen Vorgängen praktisch kennenzulernen.

Auf Grund der falschen politischen Linie der Gruppe Schirdewan, Wollweber, Ziller und der Genossen Oelßner und Selbmann erhielt der Feind bestimmte Erleichterungen in seiner Tätigkeit.

Schirdewan erklärte unter anderem: »Der kalte Krieg kommt nicht wieder!« Die Imperialisten aber haben nie daran gedacht, den kalten Krieg einzustellen. Unsere Partei und unsere Republik befanden sich in einer großen Gefahr, aber dank des unversöhnlichen Kampfes gegen die Aufgeweichten aller Schattierungen gelang es dem Feind nicht, ernsthaftere Provokationen in der Deutschen Demokratischen Republik zu organisieren. (Beifall.)

Aber woher nehmen die Genossen sich das Recht, zu glauben, daß der Feind nur mit den alten, bisher üblichen Methoden seinen Kampf gegen die Deutsche Demokratische Republik und das gesamte sozialistische Lager führen wird?

In der Aufweichungspolitik des Gegners spielt besonders das Ostbüro der SPD eine schändliche Rolle. Unter der Losung, die Interessen der Arbeiterklasse zu verteidigen und für den Sozialismus einzutreten, werben sie Agenten in der Deutschen Demokratischen Republik an und schleusen von Westberlin und Westdeutschland aus Agenten in die Deutsche Demokratische Republik ein.

Die ganze Verwerflichkeit der Tätigkeit des Ostbüros der SPD wird deutlich an dem Fall Hoppe. Hoppe hatte bereits eine Zuchthausstrafe verbüßt, nahm nach seiner vorzeitigen Haftentlassung wieder Verbindung zum Ostbüro der SPD auf, flüchtete nach Westberlin und übernahm dort die Befragung der Republikflüchtigen.

Die militärischen, wirtschaftlichen und politischen Informationen, die er sammelte, gab er an das Ostbüro der SPD, an die KgU und UfJ und 14 andere Agentenzentralen weiter. Hoppe kehrte dann mit Aufträgen des Ostbüros der SPD in die Deutsche Demokratische Republik zurück. Er sollte sich in unsere Partei einschleichen, was ihm jedoch nicht gelang.

Er sammelte umfangreiche Nachrichten militärischen Charakters und lieferte sie an das Ostbüro der SPD. Zur Verstärkung der arbeiterfeindlichen Tätigkeit plant das Ostbüro der SPD, eine Abteilung zu schaffen, die sich speziell auf Intellektuelle und Studenten in der Deutschen Demokratischen Republik konzentrieren soll. Unzählige weitere Beweise gibt es, daß das Ostbüro der SPD eine Zubringer- und Zuhälterzentrale für die verschiedensten Geheimdienste der Imperialisten ist.

Das Ostbüro der SPD versucht ebenfalls, seine verbrecherische Tätigkeit mit der Herstellung »menschlicher Kontakte«, die angeblich der Wiedervereinigung dienen sollen, zu decken. Ist das nicht alles Veranlassung für die ehrlichen sozialdemokratischen Arbeiter, Schluß zu machen mit ihrer eigenartigen Kontaktstelle?

Dem Parteivorstand der SPD empfehlen wir, seine Kräfte nützlicher zu verwenden zur Bekämpfung der Tätigkeit des Bonner Amtes für Verfassungsschutz, das seine Spitzel in den Betrieben in Westdeutschland mit dem Auftrag unterhält, jeden ehrlichen progressiven Menschen – nicht nur sozialdemokratische, sondern auch bürgerliche –, der ehrlich Kontakt mit der Deutschen Demokratischen Republik sucht, zu denunzieren. Wir appellieren an die sozialdemokratischen Arbeiter, die Bekämpfung dieser Spitzel in den westdeutschen Betrieben in ihre eigenen Hände zu nehmen. (Beifall.)

Zu einer ehrlichen Verständigung und zu echten Kontakten gehört erstens, Schluß zu machen mit diesen unhumanistischen und schändlichen Methoden, jeden Bürger der Deutschen Demokratischen Republik, der aus familiären, geschäftlichen oder anderen berechtigten Gründen Westberlin oder Westdeutschland aufsucht, durch die Agenten der Geheimdienste aller Schattierungen allen Schikanen bis zur Freiheitsberaubung zu unterwerfen;

zweitens, die Agentenzentralen in Westberlin zu liquidieren;

drittens, die Ministerien und Dienststellen, die sich mit der Durchführung der ideologischen Diversion befassen, aufzulösen.

Es zeigt sich also, Genossen, daß das Geschrei und die ganze verleumderische Kampagne der Beweis dafür sind, daß unsere Maßnahmen richtig sind. Die Erfolge beim Aufbau des Sozialismus haben die Imperialisten und ihre Agentenzentralen in große Unruhe versetzt. Die Organe des Ministeriums für Staatssicherheit stützen sich in ihrem Kampf gegen die verbrecherische Tätigkeit auf das feste Vertrauen und die Hilfe der Arbeiter, der Bauern und der Intelligenz. (Beifall.)

Deshalb achten die Parteiorganisationen und die verantwortlichen Mitarbeiter des Ministeriums für Staatssicherheit streng darauf, daß sich das Vertrauensverhältnis zwischen den Organen der Staatssicherheit und der Bevölkerung ständig weiter festigt. Die Organe der Staatssicherheit wissen sehr wohl, daß die Erfolge in ihrer Arbeit abhängig sind von der Anwendung der Leninschen Prinzipien der Parteilichkeit in der Arbeit, von der strengen Einhaltung der Gesetzlichkeit, von der Anwendung der Gesetze gegen die Feinde; sie wissen, daß sie nicht zulassen dürfen, daß ein Bürger unberechtigt verdächtigt oder festgenommen wird. Eine Verletzung dieser Prinzipien bedeutet eine Schwächung der Arbeiter-und-Bauern-Macht.

Genossen! Unter der Führung unserer Partei, gemeinsam mit der Arbeiterklasse, den Bauern und den Angehörigen der Intelligenz, wollen wir den Kampf gegen die Feinde führen und rufen deshalb alle zur größten Wachsamkeit auf. In unserem konsequenten Kampf um eine internationale Entspannung dürfen wir keineswegs vergessen, daß die friedliche Arbeit der Völker des sozialistischen Lagers gegen alle Anschläge der Aggressionskräfte geschützt werden muß.

Genossen! Wer aus berechtigten Gründen Westberlin und Westdeutschland aufsucht, muß stets daran denken, daß die Feinde ständig versuchen, angefangen von den primitivsten Methoden bis zur ausgeklügeltsten Provokation, Bürger der Deutschen Demokratischen Republik in ihre Hände zu bekommen. Deshalb müssen wir wachsame und standhafte Patrioten der Deutschen Demokratischen Republik sein und alle Bürger dazu erziehen, die Feinde zu hassen und ihre verbrecherische Tätigkeit zu vereiteln. (Beifall.)

Genossen! Wir müssen auch den Kampf gegen die Schwatzhaftigkeit aufnehmen. Ein Schwätzer ist eine Fundgrube für einen Spion. Deshalb darf von unseren Staats- und Parteigeheimnissen nur der Kenntnis bekommen, der sie für die Arbeit benötigt. Es muß eine solche Atmosphäre geschaffen werden, daß die Agenten es nicht wagen, einen Bürger der Deutschen Demokratischen Republik für schmutzige Aufträge zu werben, weil sie Gefahr laufen, sofort den Organen der Staatssicherheit der DDR übergeben zu werden. (Beifall.)

Genossen! Getragen von der Liebe unserer Bevölkerung, versprechen wir als Mitarbeiter der Staatssicherheit, daß wir unser Leben nicht schonen werden im Kampf gegen die Feinde des Friedens, im Kampf für die Sache der Partei, der Arbeiterklasse und des Sozialismus.

Die zehn Gebote, die von Genossen Walter Ulbricht dem Parteitag unterbreitet wurden, werden zur Grundlage der ideologischen, politischen und moralischen Erziehung unserer Mitarbeiter gemacht, um den Kampf gegen die Todfeinde des Friedens und des Sozialismus noch erfolgreicher führen zu können.

Vorwärts zu neuen Erfolgen im Kampf für die Stärkung unserer Arbeiter-und-Bauern-Macht, für den Sieg des Sozialismus! (Starker Beifall.)

Quelle: *Protokoll der Verhandlungen des V. Parteitages der Sozialistischen Einheitspartei Deutschlands (10.–16. Juli 1958)*, Bd. 1, (Ost-)Berlin 1959, S. 547 ff.

4

MfS-Befehl Nr. 13/74: »Höhere Qualität der Ermittlungstätigkeit«

Ministerrat   Berlin, den 20. 5. 1974
der Deutschen Demokratischen Republik
Ministerium für Staatssicherheit
Der Minister

Befehl Nr. 13/74
zur Qualifizierung der Ermittlungstätigkeit der Kreis-/Objektdienststellen des Ministeriums für Staatssicherheit

Die operativen Ermittlungen zur Aufklärung und Überprüfung von Personen und Sachverhalten bilden einen festen Bestandteil der politisch-operativen Tätigkeit des MfS zum zuverlässigen Schutz und zur allseitigen Gewährleistung der inneren Sicherheit der DDR.

Die Realisierung der dabei von den Kreis-/Objektdienststellen zu lösenden Aufgaben ist eine wichtige Voraussetzung für die erfolgreiche Abwehr- und Aufklärungsarbeit: der Organe des MfS und ein wesentlicher Beitrag zur Klärung der Frage »Wer ist wer?« in ihren Verantwortungsbereichen.

Um den erhöhten Anforderungen an die Qualität der Ermittlungsergebnisse gerecht zu werden, die Konspiration bei der Durchführung von Ermittlungen umfassend zu sichern und schrittweise Voraussetzungen für eine weitere Vervollkommnung operativer Beobachtungshandlungen zu schaffen sowie die zunehmenden Aufgaben in den Kreis-/Objektdienststellen mit Sachkenntnis erfüllen zu können, befehle ich:

1. Die Leiter der Kreis-/Objektdienststellen sind verantwortlich, daß die Planung, die rationelle Organisation und die Durchführung der Ermittlungstätigkeit dem Ziel dienen, eine hohe Qualität der Ermittlungsergebnisse zu erreichen und die zur Sicherung und Bearbeitung der politisch-operativen Schwerpunkte eingesetzten operativen Mitarbeiter weitgehend von der Ermittlungstätigkeit zu entlasten.

Sie sind dafür verantwortlich, daß

zur Realisierung der Ermittlungsaufgaben spezielle Ermittler-IM/GMS-Systeme aufgebaut werden.

Nach entsprechender Analysierung der IM/GMS-Systeme der Kreis-/Objektdienststellen sind für die Ermittlungstätigkeit geeignete IM und GMS zum Aufbau der speziellen Ermittler-IM/GMS-Systeme zu übergeben. Zugleich sind geeignete IME und FIM sowie IMS, IMV, IMK und GMS neu zu gewinnen; an die zur Ermittlungstätigkeit einzusetzenden IM/GMS auf Grund der umfangreichen Kenntnisse, die sie über operativ interessierende Personen und Sachverhalte erlangen, hohe Anforderungen in bezug auf ihre Zuverlässigkeit und Ehrlichkeit gestellt werden und ständige Überprüfungen dazu durchgeführt werden;

die speziellen Ermittler-IM/GMS-Systeme im Rahmen des Gesamtprozesses der politisch-operativen Arbeit der Kreis-/Objektdienststellen eingesetzt und allseitig genutzt werden.

2. Die Leiter der Kreis-/Objektdienststellen sind dafür verantwortlich, daß die Realisierung der Ermittlungsaufgaben durch einen zweckmäßig koordinierten Einsatz der speziellen Ermittler-IM/GMS-Systeme sowie der IM/GMS, vor allem der FIM-Systeme, der Kreis-/Objektdienststellen erfolgt.

Dabei ist im Interesse der Erzielung qualifizierter operativer Ermittlungsergebnisse auszugehen von den Einsatzrichtungen der IM/GMS, von ihren operativen Möglichkeiten und der Gewährleistung der Konspiration und von der allseitigen Nutzung der Möglichkeiten der DVP (ABV, Arbeitsrichtung I der Kriminalpolizei mit ihren speziellen Mitteln und Methoden, freiwillige Helfer), der entsprechenden Bereiche von staatlichen und wirtschaftsleitenden Organen, Betrieben, Kombinaten und Einrichtungen sowie gesellschaftlicher Organisationen und Kräfte.

3. Die Leiter der Kreis-/Objektdienststellen sind dafür verantwortlich, daß bei der Schaffung hauptamtlicher IM für die Ermittlungstätigkeit der Kreis-/Objektdienststellen in Abstimmung mit den Leitern der Abteilungen VIII der Bezirksverwaltungen/Verwaltungen alle kaderpolitischen bzw. kaderperspektivischen, arbeitsrechtlichen und sozialen Voraussetzungen gegeben sowie die Legalisation, vor allem die Abdeckung über Institutionen und Einrichtungen des Bezirkes, und konspirative Arbeitsmöglichkeiten vorbereitet werden.

Sie haben die Vorschläge zur Schaffung von hauptamtlichen IM für die Ermittlungstätigkeit, einschließlich der mit ihnen abzuschließenden schriftlichen Vereinbarungen, über die Leiter der Abteilungen VIII der Bezirksverwaltungen/Verwaltungen den in den dienstlichen Bestimmungen und Weisungen festgelegten zuständigen Leitern zur Bestätigung vorzulegen.

4. In den Kreis-/Objektdienststellen des MfS sind zur qualifizierten und termingerechten Erfüllung der im Verantwortungsbereich zu realisierenden Ermittlungsersuchen

der eigenen Diensteinheit und

der Haupt-/selbständigen Abteilungen, Bezirksverwaltungen/Verwaltungen Arbeitsgebiete Ermittlungen zu bilden.

Die Leiter der Kreis-/Objektdienststellen haben dem Leiter der Bezirksverwaltung/Verwaltung Vorschläge für die Unterstellung der Arbeitsgebiete Ermittlungen zur Bestätigung zu unterbreiten.

5. Die Leiter der Bezirksverwaltungen/Verwaltungen haben zu gewährleisten, daß die Arbeitsgebiete Ermittlungen in den Kreis-/Objektdienststellen mit geeigneten operativen Mitarbeitern besetzt werden.

Die Reihenfolge des Aufbaus der Arbeitsgebiete Ermittlungen ist schwerpunkt-mäßig und entsprechend den etappenweise zur Verfügung zu stellenden Planstellen festzulegen.

Dabei haben die Leiter der Bezirksverwaltungen/Verwaltungen verantwor-tungsbewußt zu prüfen, in welchen Kreis-/Objektdienststellen Möglichkeiten vorhanden sind, um Arbeitsgebiete Ermittlungen mit anderen Aufgabengebie-ten der Kreis-/Objektdienststellen zu kombinieren.

Sie haben zu sichern, daß im Mitarbeiterbestand der Arbeitsgebiete Ermittlun-gen der Kreis-/Objektdienststellen eine weitgehende Stabilität erreicht wird.

6. Die Leiter der Bezirksverwaltungen/Verwaltungen haben im Zusammenhang mit dem Aufbau der Arbeitsgebiete Ermittlungen verantwortungsbewußt zu prüfen, in welchen Kreis-/Objektdienststellen schrittweise Voraussetzungen für eine weitere Vervollkommnung operativer Beobachtungshandlungen zu schaf-fen sind, um zur Aufklärung der Bewegung, des Verhaltens und der Verbindun-gen politisch-operativ bedeutsamer Personen sowie von Angriffen gegen gefährdete Objekte beitragen zu können und damit insbesondere die Siche-rung und Bearbeitung der politisch-operativen Schwerpunkte wirksamer zu unterstützen.

7. Die Leiter der Bezirksverwaltungen/Verwaltungen haben zu gewährleisten, daß die Leiter der Abteilungen VIII der Bezirksverwaltungen/Verwaltungen die Leiter der Kreis-/Objektdienststellen beim Aufbau der Arbeitsgebiete Ermittlungen und bei der Organisierung der Ermittlungstätigkeit sachkundig unterstützen, vor allem bei

der Qualifizierung der in den Arbeitsgebieten Ermittlungen eingesetzten operativen Mitarbeiter durch Übermittlung der Erfahrungen bei der Suche, Auswahl und Werbung sowie bei der Ausbildung und Schulung geeigneter IM und der Zusammenarbeit mit diesen;
der Schaffung der entsprechenden Voraussetzungen zum Einsatz von hauptamtlichen IM für die Ermittlungstätigkeit.

Diese Unterstützung hat auch bei der schrittweisen Schaffung der Vorausset-zungen für eine weitere Vervollkommnung operativer Beobachtungshandlun-gen zu erfolgen.

8. Der Leiter der Hauptabteilung VIII hat Voraussetzungen für eine ständige Qualifizierung der operativen Mitarbeiter der Arbeitsgebiete Ermittlungen der Kreis-/Objektdienststellen zu schaffen.

Er hat in Verbindung mit den Leitern der Abteilungen VIII der Bezirksverwaltun-gen/Verwaltungen – vor allem durch die Organisierung von differenzierten Lehrgängen und Erfahrungsaustauschen sowie durch die Herausgabe von Anleitungsmaterial – dazu beizutragen, daß eine einheitliche Arbeitsweise der Arbeitsgebiete Ermittlungen der Kreis-/Objektdienststellen entwickelt und bei der Lösung der Aufgaben eine hohe Qualität erreicht wird.

Der Leiter der Hauptabteilung VIII ist dafür verantwortlich, daß bei der schrittwei-sen Schaffung der Voraussetzungen für eine weitere Vervollkommnung opera-tiver Beobachtungshandlungen in den Kreis-/Objektdienststellen gewonnene Erkenntnisse und Erfahrungen zielgerichtet analysiert und ausgewertet werden.

9. Die Leiter aller operativen Diensteinheiten des MfS haben zu gewährleisten, daß die operative Notwendigkeit von Ermittlungsersuchen an den Kreis-/Objekt-dienststellen in jedem Falle gründlich geprüft wird und im Ermittlungsersuchen ein exakter Informationsbedarf enthalten ist.

Die Ermittlungsersuchen an die Kreis-/Objektdienststellen sowie an die Abtei-lungen VIII der Bezirksverwaltungen/Verwaltungen sind von den Leitern der

Haupt-/selbständigen Abteilungen und der Bezirksverwaltungen/Verwaltungen bzw. ihren Stellvertretern zu bestätigen.

Ermittlungsersuchen, die besonders hohe Anforderungen an die Geheimhaltung stellen bzw. Ermittlungsersuchen zu operativ besonders bedeutsamen Personen und Sachverhalten sind an den Leiter der zuständigen Bezirksverwaltung/Verwaltung ist vom Leiter der Bezirksverwaltung/Verwaltung zu richten.

Die Bestätigung von Ermittlungsersuchen innerhalb der Bezirksverwaltung/Verwaltung in eigener Zuständigkeit festzulegen.

10. Die Leiter der Kreisdienststellen in Bezirksstädten und die Leiter der Abteilungen VIII der Bezirksverwaltungen haben zu gewährleisten, daß die Organisation und Durchführung der Ermittlungstätigkeit in den Bezirksstädten nach folgenden Gesichtspunkten der Arbeitsteilung und des Zusammenwirkens erfolgt:

Die operativen Handlungen in den Wohngebieten der Bezirksstadt (Stadtkreis) sind von der Abteilung VIII zu realisieren.

Die operativen Ermittlungen in den Wohngebieten des Landkreises der Bezirksstädte sind von der Kreisdienststelle in der Bezirksstadt bzw. von der zuständigen Kreisdienststelle Land zu realisieren.

Die operativen Ermittlungen in den Arbeitsbereichen sind von den Kreisdienststellen und den anderen operativen Diensteinheiten der Bezirksverwaltungen entsprechend ihrer Zuständigkeit zu realisieren.

Bei Notwendigkeit sind dazu Koordinierungsfestlegungen zu treffen.

11. Die Organisation und Durchführung der Ermittlungstätigkeit in der Hauptstadt der DDR hat arbeitsteilig im engen Zusammenwirken zwischen der Hauptabteilung VIII, der Abteilung VIII der Verwaltung Groß-Berlin und den Kreisdienststellen der Verwaltung Groß-Berlin nach folgenden Gesichtspunkten zu erfolgen:

Die Arbeitsgebiete Ermittlungen der Kreisdienststellen der Verwaltung Groß-Berlin realisieren die Ermittlungen der eigenen Diensteinheit in den zuständigen Stadtbezirken.

Die Abteilung VIII der Verwaltung Groß-Berlin realisiert die Ermittlungsersuchen der Verwaltung Groß-Berlin sowie der operativen Diensteinheiten der anderen Bezirksverwaltungen/Verwaltungen in der Hauptstadt der DDR.

Die Hauptabteilung VIII realisiert die Ermittlungsersuchen der operativen Linien und Diensteinheiten des MfS Berlin sowie Ermittlungsersuchen entsprechend den spezifischen Anforderungen der Leiter der Bezirksverwaltungen/Verwaltungen in der Hauptstadt der DDR.

Der Leiter der Hauptabteilung VIII hat zu sichern, daß in seinem Verantwortungsbereich die Erfassung aller Personen der Hauptstadt der DDR erfolgt, über die Ermittlungen geführt wurden, um die Effektivität der Ermittlungstätigkeit zu erhöhen und Doppelermittlungen auszuschließen. Zur Organisierung der Arbeitsteilung und des Zusammenwirkens ist zwischen der Hauptabteilung VIII und der Verwaltung Groß-Berlin eine Koordinierungsfestlegung zu treffen.

12. Die Leiter der Objektdienststellen und die Leiter der Kreisdienststellen haben die Arbeitsteilung und das Zusammenwirken bei der Organisation und Durchführung der Ermittlungstätigkeit zu Personen, die im Verantwortungsbereich der Objektdienststellen beschäftigt und im Verantwortungsbereich der Kreisdienststellen wohnhaft sind, nach folgenden Gesichtspunkten zu gestalten:

Die Objektdienststellen realisieren die operativen Ermittlungen in den von ihnen zu sichernden Objekten (einschließlich Werksiedlungen, Wohnheimen u. dgl.).

Die Kreisdienststellen realisieren die operativen Ermittlungen in den Wohngebieten des Kreises.

Zwischen den Objektdienststellen und den betreffenden Kreisdienststellen sind entsprechend den objektmäßigen und territorialen Bedingungen Koordinierungsfestlegungen zur Präzisierung dieser Grundlage zu treffen.

13. Der Leiter der Hauptabteilung Kader und Schulung hat die erforderlichen Planstellen auf der Grundlage der von mir bestätigten Planstellenerweiterung etappenweise zur Verfügung zu stellen.

14. Für die Unterstützung bei der Organisation und Durchführung der Ermittlungstätigkeit wird die »Instruktion zur Ermittlungstätigkeit der Kreis-/Objektdienststellen des Ministeriums für Staatssicherheit« erlassen.

(gez.) *Mielke*
Generaloberst

Quelle: *Geheime Verschlußsache MfS 008 Nr. 472/74*

5

MfS-Richtlinie Nr. 1/76: »Die Bearbeitung Operativer Vorgänge«

Ministerrat   Berlin, Januar 1976
der Deutschen Demokratischen Republik
Ministerium für Staatssicherheit
Der Minister

Richtlinie Nr. 1/76
zur Entwicklung und Bearbeitung
Operativer Vorgänge (OV)

Gliederung
(. . .)
(. . .)

Die weitere Gestaltung der entwickelten sozialistischen Gesellschaft in der DDR, die allseitige Stärkung der sozialistischen Staatengemeinschaft, die weitere Durchsetzung der Prinzipien der friedlichen Koexistenz und der Kampf um die Erhaltung und Sicherung des Friedens erfolgen in harter Klassenauseinandersetzung mit dem Imperialismus.

Der zuverlässige Schutz der gesellschaftlichen Entwicklung und die allseitige Gewährleistung der inneren Sicherheit der DDR erfordern vom Ministerium für Staatssicherheit die zielstrebige, konzentrierte und schwerpunktmäßige vorbeugende Verhinderung, Aufdeckung und Bekämpfung aller subversiven Angriffe des Feindes.

Eine wichtige Voraussetzung für die erfolgreiche Lösung dieser Hauptaufgabe ist die ständige Qualifizierung der Entwicklung und Bearbeitung Operativer Vorgänge auf der Basis einer schwerpunktbezogenen politisch-operativen Grundlagenarbeit zur Gewährleistung der Sicherung und Ordnung im jeweiligen Verantwortungsbereich.

Mit der zielstrebigen Entwicklung und Bearbeitung Operativer Vorgänge ist vor allem vorbeugend ein Wirksamwerden feindlich-negativer Kräfte zu unterbinden, das Eintreten möglicher Schäden, Gefahren oder anderer schwerwiegender Folgen feindlich-negativer Handlungen zu verhindern und damit ein wesentlicher Beitrag zur kontinuierlichen Durchsetzung der Politik der Partei- und Staatsführung zu leisten.

Die Leiter der operativen Diensteinheiten haben ihre Führungs- und Leitungstätigkeit auf die Entwicklung und Bearbeitung Operativer Vorgänge zu konzentrieren und zu gewährleisten, daß die operativen Kräfte und Mittel, insbesondere die IM und GMS, zur Lösung dieser Aufgaben konzentriert eingesetzt und entwickelt werden. Durch die Leiter aller Leitungsebenen sind alle Möglichkeiten zur zielgerichteten politisch-ideologischen Erziehung der operativen Mitarbeiter und zu ihrer tschekistischen Befähigung für eine qualifizierte Entwicklung und Bearbeitung Operativer Vorgänge zu nutzen.

Die Lösung der in dieser Richtlinie festgelegten Aufgaben hat im engen Zusammenhang mit der Durchsetzung der in anderen Grundsatzdokumenten, wie den Richtlinien Nr. 1/68, 2/68, 1/70 und 1/71 sowie in den anderen dienstlichen Bestimmungen festgelegten politisch-operativen Aufgaben zu erfolgen.

Bei der Führungs- und Leitungstätigkeit zur Qualifizierung der Entwicklung und Bearbeitung Operativer Vorgänge, bei der Vorbereitung und Durchführung aller darauf gerichteten politisch-operativen Maßnahmen sowie bei der Führung der Vorgangsakten sind die Festlegungen über die Gewährleistung von Konspiration und Geheimhaltung konsequent durchzusetzen.

1. Die zielstrebige Entwicklung Operativer Vorgänge

1.1 Die systematische, schwerpunktbezogene Erarbeitung von Ausgangsmaterialien für Operative Vorgänge mit hoher sicherheitspolitischer Bedeutung

Zur Verwirklichung der dem MfS von der Partei- und Staatsführung gestellten Aufgaben hat die Entwicklung von Ausgangsmaterialien für Operative Vorgänge vor allem zur Sicherung politisch-operativer Schwerpunktbereiche und zur Bearbeitung politisch-operativer Schwerpunkte zu erfolgen. Das schließt ein, wenn Hinweise auf feindlich-negative Handlungen außerhalb bisher erkannter politisch-operativer Schwerpunktbereiche bekannt werden, diese ebenfalls zielstrebig zu Ausgangsmaterialien für Operative Vorgänge zu entwickeln bzw. anderweitig zu klären. Es ist zu gewährleisten, daß alle Hinweise auf feindlich-negative Handlungen rechtzeitig erkannt und konzentriert bearbeitet werden.

Die Leiter haben zu gewährleisten, daß Ausgangsmaterialien für Operative Vorgänge vor allem dort entwickelt werden, wo

- durch feindliche Angriffe die größten Gefahren für die innere Sicherheit der DDR hervorgerufen werden können;
- der Feind nach unseren Erkenntnissen mit hoher Wahrscheinlichkeit angreifen wird und bedeutende Schäden herbeiführen kann;
- feindlich-negative Handlungen, Einflüsse und Gefahren sowie andere, die gesellschaftliche Entwicklung störende und hemmende Erscheinungen offensiv zu bekämpfen sind;
- begünstigende Bedingungen und Umstände für die Schädigung der DDR bzw. den Mißbrauch, die Ausnutzung und die Einbeziehung von Bürgern der DDR in die Feindtätigkeit vorbeugend zu beseitigen sind.

Die systematische Entwicklung von Ausgangsmaterialien für Operative Vorgänge erfordert die gründliche und allseitige politisch-operative Durchdringung der politisch-operativen Schwerpunktbereiche. Sie hat folgenden Anforderungen gerecht zu werden:

1. Die umfassende Vertiefung der Kenntnisse über die sicherheitspolitische Bedeutung der politisch-operativen Schwerpunktbereiche, insbesondere hinsichtlich ihrer Bedeutung für die Erfüllung der von der Partei- und Staatsführung gestellten Aufgaben und der in der Vergangenheit gegen die politisch-operativen Schwerpunktbereiche gerichteten feindlichen Angriffe bzw. aufgetretenen feindlich-negativen Handlungen.

2. Die Herausarbeitung der Bereiche, Prozesse, Personenkreise und Personen, die innerhalb des politisch-operativen Schwerpunktbereiches bedeutenden Einfluß auf die planmäßige Realisierung der gesellschaftlichen Schwerpunktaufgaben haben, zu denen operativ bedeutsame Hinweise vorliegen und die aus anderen Gründen im Mittelpunkt zu erwartender feindlicher Angriffe stehen.

3. Die Gewährleistung einer ständigen Übersicht über alle im politisch-operativen Schwerpunktbereich vorhandenen operativen Materialien, Personenkontrollakten, Operativen Vorgänge sowie anderen mit dem politisch-operativen Schwerpunktbereich im Zusammenhang stehenden politisch-operativen Arbeitsergebnisse, insbesondere die Ergebnisse der Klärung der Frage »Wer ist wer?« im politisch-operativen Schwerpunktbereich, und deren exakte Analyse.

Der Einsatz der IM und GMS ist bei der politisch-operativen Durchdringung der politisch-operativen Schwerpunktbereiche zu konzentrieren auf das Erkennen und Herausarbeiten von

— Hinweisen auf feindlich-negative Handlungen;
— Personen bzw. Personenkreisen in den politisch-operativen Schwerpunktbereichen, auf die sich der Feind konzentriert und über die er seine Pläne, Absichten und Maßnahmen durchzusetzen versucht, und Möglichkeiten des Feindes (Wege, Verbindungen, Kontakte), auf diese Personenkreise Einfluß zu nehmen und wirksam zu werden;
— begünstigenden Bedingungen und Umständen für die Durchführung und Verschleierung feindlich-negativer Handlungen;
— imperialistischen Geheimdiensten und anderen feindlichen Zentren, Organisationen und Kräften, die gegen den politisch-operativen Schwerpunktbereich wirksam werden;
— Bereichen, Prozessen, Personenkreisen und Personen im politisch-operativen Schwerpunktbereich, die für die Gewährleistung der Sicherheit und Ordnung sowie die Erfüllung der gesellschaftlichen Schwerpunktaufgaben von besonderer Bedeutung sind;
— Hinweisen auf operativ bedeutsame Vorkommnisse, Gefahren und Sachverhalte und damit im Zusammenhang stehende Personen.

Auf der Grundlage der dabei erarbeiteten Informationen haben die Leiter der operativen Diensteinheiten den unterstellten Leitern und operativen Mitarbeitern konkret vorzugeben,

— welche Bereiche, Prozesse, Personenkreise und Personen, die innerhalb des politisch-operativen Schwerpunktbereiches bedeutenden Einfluß auf die Erfüllung der gesellschaftlichen Schwerpunktaufgaben haben, durch den konzentrierten Einsatz der operativen Kräfte und Mittel langfristig und kontinuierlich zu sichern sind;
— wo und wann vorrangig Ausgangsmaterialien über welche Personen oder Sachverhalte zur Abwehr feindlich-negativer Handlungen zu entwickeln sind;
— wo und wann bei Vorliegen von Hinweisen auf die Planung, Vorbereitung und Durchführung von Terror- oder Diversionsverbrechen, von staatsfeindlichem Menschenhandel, ungesetzlichem Verlassen der DDR, Gewaltverbrechen so-

wie schweren Militärstraftaten das Einleiten von Sofortmaßnahmen zu deren rechtzeitigen Verhinderung notwendig ist;
– auf der Grundlage, welcher bereits verdichteter und überprüfter Ausgangsmaterialien ein Operativer Vorgang anzulegen ist;
– wo, wann und wie Informationen an andere Staats- und wirtschaftsleitende Organe, Betriebe, Kombinate und Einrichtungen sowie gesellschaftliche Organisationen und Kräfte zur Einleitung wirksamer vorbeugender Maßnahmen zu übergeben sind.

Die erforderlichen politisch-operativen Aufgaben und Maßnahmen zur Entwicklung Operativer Vorgänge sind entsprechend der Richtlinie Nr. 1/70 in die Arbeitspläne der Diensteinheiten aufzunehmen.

Für die Schaffung von Voraussetzungen zur Entwicklung von Ausgangsmaterialien für Operative Vorgänge ist eine auf die politisch-operativen Schwerpunktbereiche bezogene ständige analytische Einschätzung (Bestandsaufnahme) der Wirksamkeit der operativen Kräfte und Mittel, insbesondere der IM und GMS, vorzunehmen. Dabei ist vorrangig zu erarbeiten:
– welche IM und GMS zur zielstrebigen Entwicklung von Ausgangsmaterialien für Operative Vorgänge zur Verfügung stehen;
– mit welchen Aufträgen die IM und GMS bisher eingesetzt wurden, welche Möglichkeiten vorhanden sind und welche politisch-operativen Ergebnisse bisher durch die IM und GMS erzielt wurden;
– welcher konkrete Stand bei der planmäßigen Qualifizierung der IM und GMS zur Entwicklung von Ausgangsmaterialien für Operative Vorgänge erreicht wurde.

Die Leiter der operativen Diensteinheiten haben auf der Grundlage dieser Einschätzungen festzulegen,
– wie die operativen Kräfte und Mittel, insbesondere die IM und GMS, zur vorbeugenden Verhinderung und Aufdeckung von feindlich-negativen Handlungen einzusetzen sind;
– welche Maßnahmen zur weiteren Qualifizierung und Profilierung der IM und GMS eingeleitet werden müssen;
– wie bestehende Lücken bei der Sicherung der politisch-operativen Schwerpunktbereiche, insbesondere durch zielgerichtete Gewinnung geeigneter IM und GMS, zu schließen sind;
– wie vorhandene Möglichkeiten für die Entwicklung Operativer Vorgänge zu erschließen sind.

Diese Festlegungen sind in die Arbeitspläne und die Bearbeitungskonzeptionen für die politisch-operativen Schwerpunktbereiche aufzunehmen und haben die erforderlichen Verantwortlichkeiten und Termine zu enthalten.

1.2. Der qualifizierte Einsatz der IM und GMS zur Entwicklung von Ausgangsmaterialien für Operative Vorgänge

1.2.1. Die Einsatzrichtungen der IM und GMS zur Entwicklung von Ausgangsmaterialien für Operative Vorgänge

Die Leiter der operativen Diensteinheiten und die operativen Mitarbeiter haben entsprechend ihrer Verantwortlichkeit auf der Grundlage der Ergebnisse der politisch-operativen Durchdringung der politisch-operativen Schwerpunktbereiche den weiteren personen- und sachbezogenen Einsatz der IM und GMS festzulegen, zu organisieren und zu kontrollieren.

Der Einsatz der IM und GMS ist auf die Erarbeitung und Dokumentierung solcher

Informationen und Beweise zu orientieren, die Hinweise auf feindlich-negative Handlungen enthalten. Gleichzeitig sind vorbeugende und schadensverhütende Maßnahmen zu realisieren.

Generelle Einsatzrichtungen der IM und GMS sind:

1. Feststellung und Aufklärung von Hinweisen auf Erscheinungsformen und Auswirkungen der politisch-ideologischen Diversion, der feindlichen Kontaktpolitik/Kontakttätigkeit und der feindlichen Stützpunkttätigkeit

Zur Feststellung und Aufklärung der politisch-ideologischen Diversion ist mit den IM und GMS vor allem zu erarbeiten,
- welche Mittel und Methoden angewandt werden;
- über welche Kanäle sie wirksam wird;
- wer zu den Trägern und Verbreitern gehört;
- welche nachweisbaren Auswirkungen, insbesondere unter den Zielgruppen, es gibt;
- welche begünstigenden Bedingungen und Umstände vorhanden sind und wie sie überwunden werden können.

Zur Feststellung und Aufklärung der feindlichen Kontaktpolitik/Kontakttätigkeit ist mit dem IM und GMS vor allem zu erarbeiten,
- wie operativ bedeutsame Kontakte hergestellt, aufrechterhalten und ausgebaut und welche Personen hierzu eingesetzt werden;
- welche Personen bereits operativ bedeutsame Kontakte haben bzw. bei welchen Hinweise dazu vorliegen;
- in welchen Bereichen sich operativ bedeutsame Kontakte konzentrieren;
- welche Auswirkungen eingetreten sind;
- welche imperialistischen Geheimdienste, anderen feindlichen Zentren, Organisationen und Kräfte besondere Aktivitäten entwickeln und welche Methoden sie dabei anwenden;
- welche Rückverbindungen zur feindlichen Kontakttätigkeit genutzt werden;
- welche Kontaktaktivitäten von den bevorrechteten Personen ausgehen.

Zur Feststellung und Aufklärung der feindlichen Stützpunkttätigkeit ist mit dem IM und GMS vor allem zu erarbeiten,
- welche imperialistischen Geheimdienste, anderen feindlichen Zentren, Organisationen und Kräfte bestrebt sind, feindliche Stützpunkte (Einzelpersonen oder Gruppen) zu schaffen;
- welche Mittel und Methoden sie dabei anwenden und wie sich das stufenweise Vorgehen vollzieht;
- an welchen Personen besonderes Interesse besteht und wo es Anzeichen für die Wirksamkeit feindlichen Vorgehens gibt;
- welche Merkmale diese Personen aufweisen, wie z. B. eine feindlich-negative Einstellung zur DDR; bestimmte Persönlichkeitseigenschaften wie Karrierismus, Egoismus, Bestechlichkeit; eine berufliche Stellung und Qualifikation, die Möglichkeiten beinhaltet, Entscheidungen zum Schaden der DDR herbeizuführen; dienstliche oder private Verbindungen zu Personen in Konzernen und anderen Einrichtungen der verschiedenen gesellschaftlichen Bereiche der BRD, anderer nichtsozialistischer Staaten und Westberlins sowie zu Personen in staatlichen Einrichtungen dieser Länder bzw. im Senat von Westberlin, die als Organisatoren der feindlichen Stützpunkttätigkeit in der DDR auftreten.

Zur Aufdeckung der verbrecherischen Tätigkeit der imperialistischen Geheimdienste in ihrer gesamten Breite sind die IM und GMS im Rahmen dieser Einsatzrichtung zielgerichtet zu beauftragen und zu instruieren. Die Möglichkeiten der IM und GMS sind darüber hinaus zielgerichtet zur Erarbeitung von Einschätzungen über Veränderungen im Vorgehen des Feindes, seine Ziele und Interessen und damit zur Vervollständigung des Feindbildes zu nutzen.

2. Feststellung und Aufklärung von Hinweisen auf beabsichtigte vorbereitete, versuchte oder bereits durchgeführte staatsfeindliche Handlungen und angrenzende schwere Straftaten der allgemeinen Kriminalität sowie andere feindlich-negative Handlungen

Dabei sind solche feindlich-negative Handlungen zu beachten, die vom Feind bewußt unterhalb der Grenze strafrechtlicher Relevanz gehalten werden.

Mit den IM und GMS sind Informationen und Beweise zu erarbeiten, aus denen sich Hinweise auf die Verletzung konkreter Straftatbestände ergeben, wie

- Landesverratsverbrechen und Geheimnisverratsdelikte;
- staatsfeindlicher Menschenhandel, ungesetzliches Verlassen der DDR;
- Sabotage- oder Diversionsverbrechen, Vertrauensmißbrauch, Untreue zum Nachteil des sozialistischen Eigentums, Bestechung, Straftaten gegen die allgemeine Sicherheit;
- Terrorverbrechen, Waffendelikte, Straftaten gegen Leben oder Gesundheit;
- staatsfeindliche Hetze, staatsfeindliche Gruppenbildung sowie andere kriminelle Personenzusammenschlüsse, schwerwiegende Straftaten gegen die staatliche und öffentliche Ordnung, wie insbesondere Rowdytum, Zusammenrottungen.

3. Feststellung und Aufklärung operativ bedeutsamer Vorkommnisse

Die IM und GMS sind in Verbindung mit kriminal- und operativ-technischen und anderen Mitteln und Methoden vorrangig einzusetzen zur

- Feststellung der Ursachen;
- Feststellung von Hinweisen auf feindlich-negative Handlungen;
- Feststellung eingetretener Schäden und Auswirkungen sowie des Eintretens einer Gefährdung der inneren Sicherheit der DDR;
- Feststellung der Personenbewegung und Überprüfung operativ bedeutsamer Personen;
- Personen- und Sachfahndung;
- Beschaffung von Beweisen bzw. von Vergleichsmaterial;
- Mitarbeit in Expertenkommissionen

4. Feststellung und Aufklärung operativ bedeutsamer Verletzungen von Sicherheit, Ordnung und Disziplin

Die IM und GMS sind vorrangig einzusetzen zur

- Personifizierung der Verursacher;
- Aufklärung der Persönlichkeit der Verursacher bzw. verdächtiger Personen sowie ihrer Motive und Zielstellungen.

5. Feststellung und Aufklärung von Hinweisen auf Organisatoren und Inspiratoren staatsfeindlicher Tätigkeit im Operationsgebiet, die gegen den Verantwortungsbereich wirksam werden

Mit geeigneten IM ist eine aufgaben- und vorgangsbezogene politisch-operative Arbeit im bzw. nach dem Operationsgebiet zu gewährleisten.

Durch einen differenzierten und zielgerichteten, mit der Hauptverwaltung Aufklärung bzw. der jeweils zuständigen Hauptabteilung abgestimmten Einsatz dieser IM, deren ständiger gründlicher Überprüfung besondere Bedeutung beizumessen ist, sind vorrangig Informationen zu gewinnen über

- Pläne, Absichten, Maßnahmen, Mittel und Methoden der imperialistischen Geheimdienste, anderer feindlicher Zentren, Organisationen und Kräfte, die gegen den Verantwortungsbereich gerichtet sind;
- Personen, die zur Verwirklichung der feindlichen Pläne und Absichten der

imperialistischen Geheimdienste, anderer feindlicher Zentren, Organisationen und Kräfte eingesetzt werden sowie der Möglichkeiten (Wege, Verbindungen, Kontakte u. a.), die dazu mißbraucht bzw. benutzt werden;
– Methoden und Bedingungen zur Verschleierung der Feindtätigkeit.

Auf der Grundlage dieser generellen Einsatzrichtungen ist unter Berücksichtigung der konkreten politisch-operativen Lage im Verantwortungsbereich sowie der Möglichkeiten und Fähigkeiten der IM und GMS festzulegen, in welchen konkreten Einsatzrichtungen der jeweilige IM bzw. GMS einzusetzen ist.

1.2.2. Die Intensivierung des Einsatzes der IM u. GMS und die Gewinnung von IM

Zur Entwicklung perspektivvoller Ausgangsmaterialien für Operative Vorgänge ist die Intensivierung des Einsatzes der IM und GMS zu konzentrieren auf
– die ständige Herausarbeitung sowie die personen- und sachbezogene Nutzung aller den IM und GMS zur Verfügung stehenden operativen Möglichkeiten sowie die zielgerichtete Schaffung neuer operativer Möglichkeiten;
– die zielgerichtete politisch-operative Qualifizierung der IM und GMS und ihre personen- und sachbezogene Auftragserteilung und Instrumentierung;
– die Entwicklung und den Einsatz von sachkundigen IM (Experten-IM), die bei komplizierten Sachverhalten zur Ursachenfeststellung und weiteren Aufklärung beitragen können;
– die Befähigung der IM, insbesondere zum
Aufspüren und Erkennen operativ bedeutsamer Hinweise und Sachverhalte,
selbständigen und richtigen Reagieren in allen politisch-operativen Situationen,
Anwenden und Beherrschen qualifizierter, entwicklungsfähiger operativer Legenden,
Aufspüren und Sichern von Beweisen,
unmittelbaren persönlichen Einsatz zur vorbeugenden Verhinderung von Schäden, Gefahren oder anderen schwerwiegenden Folgen feindlich-negativer Handlungen.

Für IM, die zur Entwicklung von Ausgangsmaterialien für Operative Vorgänge eingesetzt werden können, sind in den Plandokumenten, den Bearbeitungskonzeptionen für die politisch-operativen Schwerpunktbereiche und in den jährlichen Einschätzungen der IM gemäß der Richtlinie Nr. 1/68 der konkrete Einsatz und die zur Realisierung notwendigen grundsätzlichen politisch-operativen Aufgaben und Maßnahmen festzulegen.

Ausgehend von den Ergebnissen der Bestandsaufnahme sind zur weiteren Qualifizierung der Arbeit am Feind und zur Schließung der erkannten Lücken insbesondere solche IM zu gewinnen, die günstige Voraussetzungen haben,
– in die Konspiration des Feindes einzudringen, feindlich-negative und schwankende Personen bzw. Personenkreise aufzuklären, deren Vertrauen zu erringen sowie sie unter wirksamer Kontrolle zu halten;
– feindlich-negative Handlungen aufzudecken;
– komplizierte Vorkommnisse, Sachverhalte und Prozesse zu erkennen, operativ richtig einzuschätzen und zu ihrer Klärung wirksam beizutragen.

Die Leiter der operativen Diensteinheiten haben zu gewährleisten, daß
– konkret festgelegt wird, wo und zur Lösung welcher Aufgaben welche IM zu gewinnen sind;
– die operativen Mitarbeiter sich bei der Suche, Auswahl und Gewinnung auf Personen konzentrieren, die den festgelegten Anforderungen entsprechen;

- die Möglichkeiten der Diensteinheit zur qualifizierten Gewinnung von IM allseitig und ideenreich genutzt werden;
- die Methoden für die Gewinnung von IM angewandt werden, die entsprechend den Aufklärungsergebnissen notwendig sind.

1.3. Der zielgerichtete Einsatz weiterer operativer Kräfte, Mittel und Methoden zur Entwicklung von Ausgangsmaterialien für Operative Vorgänge

Zur zielstrebigen Entwicklung von Ausgangsmaterialien für Operative Vorgänge sind im Zusammenhang mit dem zielgerichteten Einsatz der IM und GMS alle anderen operativen Kräfte, Mittel und Methoden den politisch-operativen Erfordernissen entsprechend zweckmäßig und sinnvoll einzusetzen.
Das betrifft insbesondere:
- operative Ermittlungen und Beobachtungen zur Feststellung und Überprüfung von Hinweisen auf feindlich-negative Handlungen;
- operative Fahndungsmaßnahmen, vor allem im grenzüberschreitenden Verkehr;
- die Möglichkeiten der Abteilungen M, Postzollfahndung und 26 zur Feststellung und Aufklärung feindlich-negativer Verbindungen;
- operativ-technische und kriminal-technische Mittel und Methoden;
- die Informationsspeicher der Abteilungen M und Postzollfahndung, der Diensteinheiten der Linie VI über den grenzüberschreitenden Verkehr sowie die Informationsspeicher anderer Diensteinheiten;
- die Möglichkeiten der Hauptabteilung IX bzw. der Abteilungen IX der Bezirksverwaltungen/Verwaltungen im Rahmen
  von Ermittlungsverfahren,
  von Vorkommnisuntersuchungen,
  von Prüfungshandlungen nach § 95 (2) (StPO),
  der Mitwirkung an der operativen Vorgangsbearbeitung,
  der Nutzung spezieller Möglichkeiten der Untersuchungsarbeit.

Der Einsatz dieser Kräfte, Mittel und Methoden zur Entwicklung von Ausgangsmaterialien für Operative Vorgänge ist mit dem Einsatz der IM und GMS zweckmäßig zu kombinieren bzw. hat Voraussetzungen für den zielgerichteten Einsatz der IM und GMS zu schaffen.
Des weiteren sind damit Informationen der IM und GMS zu überprüfen, zu vervollständigen und zu verdichten sowie Beweise zu erarbeiten.

1.4. Die ständige politisch-operative Einschätzung, zielgerichtete Überprüfung und analytische Verarbeitung der gewonnenen Informationen

Alle Informationen, die im Ergebnis des Einsatzes der IM und GMS und weiterer operativer Kräfte, Mittel und Methoden zur politisch-operativen Durchdringung des Verantwortungsbereiches erarbeitet werden, sind ständig auf ihre politisch-operative und rechtliche Bedeutsamkeit einzuschätzen, zu überprüfen und durch eine qualifizierte analytische, insbesondere Vergleichsarbeit, weiter zu verdichten. Dabei sind alle Hinweise einzubeziehen, die bei Vorkommnisuntersuchungen, operativen Ermittlungen, politisch-operativen Sicherheitsüberprüfungen zu Personen, operative Beobachtungen und der Durchführung operativer Aktionen erarbeitet werden.

1.4.1. Aufgaben bei der Durchführung der Treffs

Die politisch-operative Einschätzung, Überprüfung, Analyse und Verdichtung der vorliegenden und zu erarbeitenden Informationen erfordert:

1. die Bewertung der politisch-operativen und rechtlichen Bedeutsamkeit
Beim Treff ist herauszuarbeiten, ob die gewonnenen Informationen Hinweise auf feindlich-negative Handlungen oder andere, die innere Sicherheit der DDR gefährdende Handlungen enthalten.
Herauszuarbeiten ist insbesondere, inwieweit die erarbeiteten Informationen Hinweise enthalten über
- Personen oder Personenkreise, die eine feindlich-negative Tätigkeit ausüben, eine feindlich-negative Einstellung haben oder auf die sich der Feind konzentriert bzw. konzentrieren könnte;
- imperialistische Geheimdienste, andere feindliche Zentren, Organisationen und Kräfte, die vorrangig gegen den Verantwortungsbereich tätig werden;
- Personen in den politisch-operativen Schwerpunktbereichen, die für die Gewährleistung der Sicherheit und Ordnung und die Erfüllung der Aufgaben besonders bedeutsam sind, und Möglichkeiten des Feindes, auf diese Personenkreise Einfluß zu nehmen und wirksam zu werden;
- begünstigende Bedingungen und Umstände für die Durchführung und Verschleierung feindlich-negativer Handlungen;
- Personen, die unter Nutzung ihrer Möglichkeiten durch ihre Handlungen einschließlich der Nichterfüllung von Pflichten, Sicherheit und Ordnung entscheidend gefährden;

2. die Prüfung der Vollständigkeit und politisch-operative Maßnahmen zur Komplettierung
Beim Treff sind alle Möglichkeiten der IM und GMS zu nutzen, um möglichst vollständige Informationen zu gewinnen bzw. Hinweise zu erarbeiten, mit welchen politisch-operativen Maßnahmen die spätere Komplettierung erfolgen kann. Die tiefgründige und umfassende Abschöpfung der IM und GMS unter besonderer Beachtung einer objektiven Berichterstattung verlangt eine qualifizierte Entgegennahme und Verarbeitung der Informationen durch den operativen Mitarbeiter. Ein wichtiges Hilfsmittel dabei sind die 8 W-Fragen (wann, wo, was, wie, womit, warum, wer, wen);

3. die Überprüfung auf Wahrheitsgehalt und auf Möglichkeiten zur Schaffung von Beweisen
Durch gezielte Befragung der IM und GMS ist vor allem zu klären,
wie sie in den Besitz der Informationen gelangt sind;
welche Beziehungen zwischen den IM und GMS und den Personen bzw. Sachverhalten, die in der Information genannt werden, bestehen;
- wer noch vom Gegenstand der Information Kenntnis hat;
- wer befragt werden könnte;
- welche Möglichkeiten zur Schaffung von Beweisen genutzt werden könnten;
- die Festlegung weiterer politisch-operativer Maßnahmen
Auf der Grundlage der Einschätzung der gewonnenen Informationen ist – soweit erforderlich und möglich – zu entscheiden, welche weiteren Aufträge und Instruktionen den IM und GMS zu erteilen bzw. welche Sofortmaßnahmen einzuleiten sind, z. B. bei Hinweisen auf ungesetzliches Verlassen der DDR, auf staatsfeindlichen Menschenhandel, auf terroristische Anschläge und Handlungen und bedeutende Gefahrenzustände.

1.4.2. Aufgaben der operativen Mitarbeiter und Leiter bei der Auswertung der Treffs

Bei der Auswertung der Treffs ist zu prüfen und zu dokumentieren, ob der Auftrag durchgeführt wurde und welche weiteren politisch-operativen Maßnahmen, insbesondere zur Auftragserteilung und Instruierung der IM und GMS, festzulegen sind. Dabei ist zu sichern
- das Vergleichen der erarbeiteten Informationen und ihre weitere Überprüfung. Es ist zu prüfen, ob die erarbeiteten Informationen dem Auftrag und dem Informationsbedarf entsprechen und ob bereits zur Person/Sache Informationen vorliegen.
  Es ist zu gewährleisten, daß dazu vor allem die VSH-Kartei und die Kerblochkartei der Diensteinheit, soweit erforderlich, die zentralen Informationsspeicher des MfS sowie die Informationsspeicher der anderen staatlichen Organe genutzt werden;
- die Einleitung der erforderlichen politisch-operativen Maßnahmen zur Realisierung der Sofortmeldepflicht bei operativ besonders bedeutsamen Informationen entsprechend den geltenden dienstlichen Bestimmungen und Weisungen;
- die Entscheidung über die Verwertung der Informationen.
  Es ist zu sichern, daß alle operativ bedeutsamen Informationen erfaßt und so aufbereitet werden, daß die Speicherung und kontinuierliche Verdichtung ermöglicht wird;
- die Entscheidung über einzuleitende politisch-operative Maßnahmen.
  Es ist festzulegen, wie die in den Informationen enthaltenen Hinweise zu klären und welche politisch-operativen Maßnahmen dazu notwendig sind. Diese Entscheidung bezieht sich insbesondere auf den Einsatz der operativen Kräfte, Mittel und Methoden, die Einleitung der operativen Personenkontrolle (OPK), das Anlegen Operativer Vorgänge, die Einleitung von vorbeugenden, schadensverhütenden Maßnahmen und die Erarbeitung von Informationen an leitende Partei- und Staatsfunktionäre.

1.4.3. Aufgaben der Auswerter

Durch die Auswerter ist zu sichern:
- der ständige Vergleich aller neu gewonnenen mit den in der Diensteinheit bereits gespeicherten Informationen, insbesondere zu Tatbestandsmerkmalen, Verbindungen und Angaben zu Personen, mit dem Ziel der Herausarbeitung von Ausgangsmaterialien für Operative Vorgänge;
- die lückenlose Erfassung und Speicherung aller gewonnenen Informationen zu Personen und Sachverhalten;
- die systematische analytische Arbeit mit den gespeicherten Informationen entsprechend den aktuellen politisch-operativen Erfordernissen;
- die Übergabe der im Ergebnis der analytischen Arbeit gewonnenen Informationen, die Grundlage für die Entwicklung von Ausgangsmaterialien für Operative Vorgänge sein können, mit konkreten Vorschlägen für die weitere Bearbeitung an den zuständigen Leiter;
- die Führung der Übersicht über die Ergebnisse der weiteren politisch-operativen Arbeit zur Entwicklung von Ausgangsmaterialien und die ständige Information des Leiters der Diensteinheit über den erreichten Stand der Bearbeitung.

1.5. Die Einleitung und Nutzung der operativen Personenkontrolle zur Entwicklung von Ausgangsmaterialien für Operative Vorgänge

Die Leiter der operativen Diensteinheiten haben zu sichern, daß die OPK zielstrebig zur Entwicklung von Ausgangsmaterialien für Operative Vorgänge genutzt bzw. angewandt und in diesen Prozeß eingeordnet wird.

Ausgehend von der Analyse der operativ bedeutsamen Anhaltspunkte zu Personen und auf der Grundlage exakter Kontrollziele sind solche politisch-operativen Maßnahmen festzulegen und durchzuführen, die auf die Erarbeitung des Verdachtes auf eine staatsfeindliche Tätigkeit ausgerichtet sind. Bereits im Verlaufe der Bearbeitung der OPK sind vorbeugende und schadensverhütende Maßnahmen zu realisieren. Die Leiter und Mitarbeiter haben zur konsequenten Nutzung der Möglichkeiten der OPK für die Entwicklung von Ausgangsmaterialien für Operative Vorgänge folgende Aufgaben zu lösen:

1. Die OPK ist auf die operativ bedeutsamen Personen und Personenkreise, vorrangig in den politisch-operativen Schwerpunktbereichen, zu konzentrieren.

Dazu sind die in den dienstlichen Bestimmungen und Weisungen gegebenen Orientierungen auf Personen bzw. Personenkreise entsprechend der konkreten politisch-operativen Lage im Verantwortungsbereich durch die Leiter umzusetzen und zu präzisieren.

Durch exakte Vorgaben ist zu gewährleisten, daß mit dem Ziel der Entwicklung von Ausgangsmaterialien für Operative Vorgänge solche Personen kontrolliert werden, bei denen tatsächlich operativ bedeutsame Anhaltspunkte auf feindlich-negative Handlungen vorliegen.

2. Die IM und GMS sind zielstrebig zur Klärung der operativ bedeutsamen Anhaltspunkte zu Personen einzusetzen.

Zur zielstrebigen Bearbeitung der OPK und zur Klärung der operativ bedeutsamen Anhaltspunkte sind die IM offensiv einzusetzen, vorrangig über den Weg der Herstellung vertraulicher Beziehungen.

Die IM und GMS haben – ausgehend vom konkreten Inhalt und Charakter der tatsächlich vorliegenden operativ bedeutsamen Anhaltspunkte – zu erarbeiten:
- Informationen zur Aufklärung von Handlungen und des Verhaltens der Personen in den Arbeits-, Wohn- und Freizeitbereichen, aus denen sich weitere Anhaltspunkte für eine mögliche feindliche Tätigkeit ergeben, z. B.
  über konkrete Rechts- bzw. Pflichtverletzungen,
  über Äußerungen und Reaktionen, die auf feindlich-negative Einstellungen und Zielstellungen hinweisen,
  über die Verbreitung revisionistischer und antisozialistischer Theorien,
  über den wiederholten Anfall an militärischen Objekten,
  über das erkennbare Interesse an geheimzuhaltenden Tatsachen, Gegenständen, Forschungsergebnissen oder an der Art und Weise der Grenzsicherung;
- Informationen zur Aufklärung des Umfangs und des Inhaltes operativ bedeutsamer Verbindungen und Kontakte, insbesondere
  zu Personen aus nichtsozialistischen Staaten und Westberlin,
  zu solchen Personen, die Verbindungen und Kontakte nach nichtsozialistischen Staaten und Westberlin unterhalten,
  zu bevorrechteten Personen, die sich in der DDR aufhalten,
  zu operativ bedeutsamen Personen, zu denen Verbindungen und Kontakte während dienstlicher oder privater Auslandsreisen aufgenommen wurden,
  zu feindlich negativ eingestellten Personen oder Personengruppen innerhalb der DDR;

– Informationen über die Entwicklung der Persönlichkeit und ihrer politischen Einstellung, vor allem hinsichtlich ihrer Bedeutsamkeit und Wirksamkeit für das aktuelle oder zu erwartende Handeln bzw. Verhalten dieser Personen, z. B. über die Herkunft und Entwicklung sowie über die Einstellung der Personen zur sozialistischen Staats- und Gesellschaftsordnung,
das Verhalten während politischer Höhepunkte und in Spannungssituationen,
das widersprüchliche Auftreten der Personen in den Arbeits-, Wohn- und Freizeitbereichen und deren Ursachen,
die konkrete Einstellung zur Wahrnehmung übertragener Aufgaben und Rechtspflichten,
die Charakter- und Willenseigenschaften, die einen fördernden oder hemmenden Einfluß auf die Entscheidung zu einem nicht gesellschaftsmäßigen Verhalten haben können sowie
den Umgangskreis vor allem hinsichtlich seines Einflusses auf die Entwicklung der Persönlichkeit und ihrer politischen Einstellung sowie auf die Verhaltensweisen der Person.

Die Leiter der operativen Diensteinheiten haben – ausgehend von den Kontrollzielen – eine ständige Kontrolle über die Ergebnisse der OPK zu gewährleisten und sind verantwortlich, daß beim Vorliegen der entsprechenden Voraussetzungen rechtzeitig die erforderlichen Entscheidungen zum Anlegen Operativer Vorgänge getroffen werden.

1.6. Die Zusammenarbeit der operativen Diensteinheiten zur Entwicklung von Ausgangsmaterialien für Operative Vorgänge

Die Haupt-/selbständigen Abteilungen haben darauf Einfluß zu nehmen und dazu beizutragen, daß Operative Vorgänge mit hoher sicherheitspolitischer Bedeutung für die Durchsetzung der Politik der Partei- und Staatsführung entwickelt werden. Dazu hat die Zusammenarbeit der operativen Diensteinheiten des MfS nach folgenden Grundsätzen zu erfolgen:
1. Auf der Grundlage meiner dienstlichen Bestimmungen und Weisungen sowie der meiner Stellvertreter haben die Leiter der Haupt-/selbständigen Abteilungen und die Leiter der Bezirksverwaltungen/Verwaltungen insbesondere in den Planorientierungen bzw. Planvorgaben vorzugeben,
– wo sich aktuelle bzw. perspektivische Sicherheitsbedürfnisse entwickeln;
– wo in den politisch-operativen Schwerpunktbereichen bzw. zur Bearbeitung welcher politisch-operativer Schwerpunkte Operative Vorgänge zu entwickeln sind;
– auf welchen konkreten feindlichen Angriffe sowie Mittel und Methoden der Feindtätigkeit die politisch-operative Arbeit vorrangig zu konzentrieren ist;
– wo welche operativen Kräfte und Mittel vorrangig einzusetzen und zu schaffen sind;
– welche operativen Methoden zur Entwicklung Operativer Vorgänge mit hoher sicherheitspolitischer Bedeutung anzuwenden sind.
2. Entsprechend meinem Befehl Nr. 299/65 haben die Haupt-/selbständigen Abteilungen Rückflußinformationen zu erarbeiten und nach entsprechender Bestätigung an die Bezirksverwaltungen/Verwaltungen und – soweit erforderlich – an andere Haupt-/selbständige Abteilungen zu geben.
Mit diesen Rückflußinformationen ist insbesondere zu orientieren auf
– neue Pläne, Absichten und Maßnahmen der imperialistischen Geheimdienste und anderen feindlichen Zentren, Organisationen und Kräfte;

- neue und zu erwartende Angriffsrichtungen sowie Mittel und Methoden der Feindtätigkeit;
- neue Möglichkeiten und Ansatzpunkte, die vom Gegner zur Organisierung von Feindtätigkeit genutzt werden;
- bewährte operative Kräfte, Mittel und Methoden zur Entwicklung von Ausgangsmaterialien für Operative Vorgänge.

3. Die Haupt-/selbständigen Abteilungen haben die unmittelbare praktische Unterstützung gegenüber den Bezirksverwaltungen/Verwaltungen bei der Entwicklung Operativer Vorgänge zu konzentrieren auf:
- die Bestimmung und politisch-operative Durchdringung der politisch-operativen Schwerpunktbereiche und die Bestimmung der >politisch-operativen Schwerpunkte;
- die Entwicklung und Qualifizierung der politisch-operativen Grundlagenarbeit in den politisch-operativen Schwerpunktbereichen;
- die politisch-operative und strafrechtliche Einschätzung von Ausgangsmaterialien für Operative Vorgänge mit hoher sicherheitspolitischer Bedeutung;
- die Abstimmung von politisch-operativen Maßnahmen, den Einsatz und die Schaffung geeigneter operativer Kräfte und Mittel sowie die Erarbeitung gemeinsamer Konzeptionen zur Entwicklung von Ausgangsmaterialien und zur Bearbeitung Operativer Vorgänge, die eine hohe sicherheitspolitische Bedeutung besitzen;
- die Anwendung operativer Methoden, insbesondere operativer Legenden und Kombinationen;
- die Qualifizierung der analytischen und Vergleichsarbeit in den politisch-operativen Schwerpunktbereichen;
- die Koordinierung des Zusammenwirkens mit zentralen staatlichen Organen und Einrichtungen, insbesondere mit den Organen des MdI und der Zollverwaltung der DDR.

4. Diese für die Haupt-/selbständigen Abteilungen festgelegten politisch-operativen Aufgaben und Maßnahmen sind von den Fachabteilungen der Bezirksverwaltungen/Verwaltungen entsprechend der konkreten Lage im Verantwortungsbereich umzusetzen und in der Zusammenarbeit mit den Kreis-/Objektdienststellen zu realisieren.

5. Zwischen den operativen Diensteinheiten ist entsprechend den konkret festgelegten Verantwortlichkeiten und operativen Möglichkeiten die Gewinnung von Informationen über operativ bedeutsame Personen und Sachverhalte zur Entwicklung von Ausgangsmaterialien für Operative Vorgänge planmäßig abzustimmen. Die gewonnenen Informationen sind bei den zuständigen Diensteinheiten zur rechtzeitigen Entwicklung von Ausgangsmaterialien zusammenzuführen. Die Festlegung der Zusammenarbeit hat – soweit erforderlich – in Koordinierungsfestlegungen zu erfolgen. Die Leiter der Haupt-/selbständigen Abteilungen und Bezirksverwaltungen/Verwaltungen haben zu gewährleisten, daß dafür die notwendigen leitungsmäßigen Voraussetzungen vorhanden sind und alle operativen Möglichkeiten allseitig genutzt werden.

6. Die Hauptabteilung IX bzw. die Abteilungen IX der Bezirksverwaltungen/Verwaltungen sind unter voller Wahrung der Verantwortlichkeit der betreffenden operativen Diensteinheit bei der Entwicklung von Ausgangsmaterialien für Operative Vorgänge einzubeziehen, wenn rechtlich komplizierte Probleme, insbesondere auf Grund neuer Formen der Feindtätigkeit, vorliegen.
Die Hauptabteilung IX bzw. die Abteilungen IX der Bezirksverwaltungen/Verwaltungen haben den operativen Diensteinheiten differenzierte Hinweise für die politisch-

operative und strafrechtliche Einschätzung der Ausgangsmaterialien sowie für das Anlegen und die weitere Bearbeitung Operativer Vorgänge, vor allem für die Erarbeitung erforderlicher Beweise, zu geben.

7. Die Diensteinheiten der Linien VI und VIII sowie die Abteilungen M. Postzollfahndung, 26 und die Spezialfunkdienste des MfS haben alle vorhandenen Möglichkeiten entsprechend ihrer Verantwortlichkeit und dem von anderen operativen Diensteinheiten vorgegebenen spezifischen Informationsbedarf zur Entwicklung von Ausgangsmaterialien für Operative Vorgänge zielgerichtet und konsequent zu nutzen. Der dazu erforderliche Informationsfluß ist zwischen den o. g. Diensteinheiten und anderen operativen Diensteinheiten planmäßig zu organisieren.

8. Die für die Realisierung der Zusammenarbeit der operativen Diensteinheiten des MfS zur Entwicklung von Ausgangsmaterialien für Operative Vorgänge erforderlichen Maßnahmen sind in die betreffenden Plandokumente aufzunehmen.

1.7. Die Nutzung der Möglichkeiten der DVP und anderer Organe des MdI sowie anderer Staats- und wirtschaftsleitender Organe, Betriebe, Kombinate und Einrichtungen sowie gesellschaftlicher Organisationen und Kräfte für die Entwicklung von Ausgangsmaterialien für Operative Vorgänge

1.7.1. Nutzung der Möglichkeiten der Dienstzweige der DVP und der anderen Organe des MdI für die Entwicklung von Ausgangsmaterialien für Operative Vorgänge

Unter Beachtung der in den Dienstzweigen der DVP und den anderen Organen des MdI geltenden dienstlichen Bestimmungen ist das operative Zusammenwirken und die gegenseitige Unterstützung nach folgenden Grundsätzen durchzusetzen:

1. Die für die Abwehrarbeit in der DVP und in den anderen Organen des MdI zuständigen operativen Diensteinheiten des MfS sowie die Diensteinheiten der Linie IX haben zu gewährleisten, daß ständig und rechtzeitig alle Informationen über feindlich-negative Handlungen den zuständigen Diensteinheiten des MfS zugänglich gemacht werden. Entsprechend den politisch-operativen Notwendigkeiten sind geeignete Maßnahmen innerhalb des MfS sowie im operativen Zusammenwirken mit der DVP und den anderen Organen des MdI zur weiteren Bearbeitung bzw. Klärung einzuleiten.

2. Durch die für die Abwehrarbeit in der DVP und in den anderen Organen des MdI zuständigen operativen Diensteinheiten des MfS ist auf den gezielten Einsatz der Kräfte, Mittel und Methoden der DVP und der anderen Organe des MdI zur Feststellung von Hinweisen auf feindlich-negative Handlungen Einfluß zu nehmen. Insbesondere bei der

– Untersuchung von Straftaten der allgemeinen Kriminalität;
– Kontrolle ausgewählter Personenkreise;
– Bearbeitung von Anträgen auf Entlassung aus der Staatsbürgerschaft der DDR, Übersiedlung in nichtsozialistische Staaten und nach Westberlin sowie Eheschließung mit Personen aus nichtsozialistischen Staaten und Westberlin;
– Sicherung volkswirtschaftlich bedeutsamer Objekte;
– Sicherung von Schußwaffen, wesentlichen Teilen von Schußwaffen, Munition, Sprengmitteln, Giften und radioaktiven Materialien;
– Sicherung der Grenzgebiete an der Staatsgrenze zur BRD und zu Westberlin;
– Gewährleistung der Sicherheit und Ordnung auf und an den Transitwegen;
– Abwicklung des Antrags- und Genehmigungsverfahrens für Aus- und Einreisen

und der Kontrolle der Einreisen von Personen aus nichtsozialistischen Staaten und Westberlin und ihres Aufenthaltes in der DDR und der in diesem Zusammenhang aufgenommenen Kontakte.

3. Bei der Untersuchung von Vorkommnissen, insbesondere bei anonymen und pseudonymen Gewaltandrohungen, Gewaltverbrechen, Bränden, Havarien und Störungen, ist ein abgestimmtes Vorgehen zur Erarbeitung von Ausgangsmaterialien für Operative Vorgänge zu gewährleisten.

1.7.2. Nutzung der Möglichkeiten anderer Staats- und wirtschaftsleitender Organe, Betriebe, Kombinate und Einrichtungen sowie gesellschaftlicher Organisationen und Kräfte

Zur Nutzung der Möglichkeiten anderer Staats- und wirtschaftsleitender Organe, Betriebe, Kombinate und Einrichtungen sowie gesellschaftlicher Organisationen und Kräfte für die Entwicklung von Ausgangsmaterialien für Operative Vorgänge hat eine wirksame gegenseitige Unterstützung zwischen diesen und den zuständigen operativen Diensteinheiten zur Lösung der ihnen gestellten spezifischen Aufgaben zu erfolgen.

Das ist zu gewährleisten durch

1. die Unterstützung der Leiter bzw. zuständigen Funktionäre von Staats- und wirtschaftsleitenden Organen, Betrieben, Kombinaten und Einrichtungen sowie gesellschaftlichen Organisationen bei der Gewährleistung von Sicherheit, Ordnung und Disziplin, der Entwicklung des sozialistischen Bewußtseins der Werktätigen und der weiteren Hebung der Massenwachsamkeit. Dazu sind ihnen durch die operativen Diensteinheiten entsprechend meinen grundsätzlichen Weisungen zur Informationstätigkeit des MfS an leitende Partei- und Staatsfunktionäre unter Wahrung der Konspiration und Geheimhaltung Informationen über

- neue bzw. zu erwartende feindliche Angriffe sowie Grundkenntnisse des Feindbildes entsprechend den politisch-operativen Erfordernissen;
- Einflüsse und Wirkungen der politisch-ideologischen Diversion, der feindlichen Kontaktpolitik/Kontakttätigkeit und feindlichen Stützpunkttätigkeit;
- vorhandene begünstigende Bedingungen und Umstände für die Gefährdung von Sicherheit und Ordnung;
- bestehende Gefahren und eingetretene Schäden;
- die gesellschaftliche Entwicklung insgesamt hemmende Faktoren und Erscheinungen

unter Beachtung der angewiesenen Formen zu übermitteln. Diese Informationen müssen u. a. geeignet sein, erforderliche Maßnahmen zur Erhöhung der Sicherheit, Ordnung und Disziplin einleiten und durchführen zu können. Darüber hinaus sind entsprechend der politisch-operativen Lage gezielte Maßnahmen der Öffentlichkeitsarbeit unter Wahrung der Konspiration und Geheimhaltung durchzuführen;

2. die ständige Erschließung und Nutzung der Möglichkeiten der Staats- und wirtschaftsleitenden Organe, Betriebe, Kombinate und Einrichtungen sowie gesellschaftlichen Organisationen und Kräfte zur Entwicklung von Ausgangsmaterialien für Operative Vorgänge durch die zuständigen operativen Diensteinheiten, insbesondere

- bei der Beschaffung und Sicherung von Informationen und Beweisen zu operativ bedeutsamen Personen, Vorkommnissen und Sachverhalten;
- für die sicherheitspolitische Einschätzung komplizierter Prozesse und Sachverhalte, insbesondere durch die zielgerichtete Einbeziehung der Experten- und Gutachtertätigkeit;

- zur Schaffung strafprozessual verwertbarer Beweismittel auf der Grundlage von inoffiziellen Informationen und Beweisen;
- zur Aufdeckung, Einschränkung und Beseitigung straftatbegünstigender Bedingungen und Umstände, von Gefahren und Schäden bzw. Schadensursachen; Herausarbeitung von Möglichkeiten feindlich-negativer Kräfte (Wege, Verbindungen, Kontakte) zur Realisierung feindlich-negativer Handlungen;
- zur Schaffung einer höheren Effektivität des Einsatzes der IM und GMS, insbesondere durch die Anwendung von operativen Legenden und Kombinationen sowie anderer operativer Mittel und Methoden.

3. die Ausnutzung und Erweiterung der spezifischen Möglichkeiten der Sicherheitsbeauftragten, Offiziere im besonderen Einsatz und IM in Schlüsselpositionen zur aktiven Einflußnahme auf die Realisierung des Zusammenwirkens zur Entwicklung von Ausgangsmaterialien für Operative Vorgänge.

1.8. Die politisch-operative und strafrechtliche Einschätzung von Ausgangsmaterialien und die Voraussetzungen für das Anlegen Operativer Vorgänge

Durch die politisch-operative und strafrechtliche Einschätzung von Ausgangsmaterialien sind Voraussetzungen für begründete Entscheidungen zum Anlegen Operativer Vorgänge einschließlich der Festlegung erforderlicher Maßnahmen zu schaffen. Auf der Grundlage der erarbeiteten Informationen und Beweise ist bei der politisch-operativen und strafrechtlichen Einschätzung stets davon auszugehen, daß mit dem Anlegen der Bearbeitung und dem Abschluß Operativer Vorgänge ein offensiver Beitrag zur Durchsetzung der Politik von Partei und Regierung in der Klassenauseinandersetzung mit dem Imperialismus zu leisten, ein hoher sicherheitspolitischer Nutzeffekt zu erreichen und die politisch-operative Lage im Verantwortungsbereich positiv zu verändern ist. Die politisch-operative und strafrechtliche Einschätzung ist deshalb stets als Einheit zu realisieren.

1.8.1. Anforderungen an die politisch-operative und strafrechtliche Einschätzung von Ausgangsmaterialien für Operative Vorgänge

1. Ausgangsmaterialien sind zur Herausarbeitung ihrer politisch-operativen Bedeutung nach folgenden Fragestellungen einzuschätzen:
- Welche Ziele werden mit den vermutlich feindlichen Handlungen verfolgt? In welcher Weise werden Sicherheit und Ordnung im Verantwortungsbereich gefährdet?
- Worin besteht die Bedeutung der angegriffenen Bereiche, Prozesse, Personenkreise und Personen für die Entwicklung der DDR und die sozialistische Integration?
- Welche Pläne, Absichten und Maßnahmen der imperialistischen Geheimdienste, anderer feindlicher Zentren, Organisationen und Kräfte sind erkennbar, und welche neuen Aspekte werden insgesamt dabei sichtbar?
- Sind die Ausgangsmaterialien in den politisch-operativen Schwerpunktbereichen bzw. zur Bearbeitung politisch-operativer Schwerpunkte entwickelt worden, welche konkreten Beziehungen bestehen zu diesen?
- Ergeben sich aus den Ausgangsmaterialien neue politisch-operative Schwerpunkte bzw. die Notwendigkeit der Präzisierung erkannter politisch-operativer Schwerpunkte?
- Wie werden im Verantwortungsbereich die Klassenkampfsituation und die

konkrete politisch-operative Lage durch die vermutlich feindlichen Handlungen beeinflußt?
- Welche Stellung und welchen Einfluß haben die verdächtigen Personen, über welche Möglichkeiten zur Herbeiführung von Schäden und Gefahren verfügen sie?
- Welche Verbindungen und Kontakte unterhalten sie zu operativ bedeutsamen Personen innerhalb und außerhalb der DDR?
- Welche Mittel und Methoden der Tatdurchführung und Verschleierung werden von den verdächtigen Personen angewandt?

2. Ausgangsmaterialien sind hinsichtlich der strafrechtlichen Verantwortlichkeit nach folgenden Fragestellungen einzuschätzen:
- Durch welche Handlungen der verdächtigen Personen wurden welche Straftatbestände möglicherweise verletzt?
- Welche Informationen und Beweise liegen zu den objektiven und subjektiven Anforderungen der verletzten Straftatbestände vor? (Was ist bereits bewiesen, was noch nicht?)
- Welches Entwicklungsstadium und welche Beteiligungsformen sind gegeben?
- Kann die bearbeitete Person die vermutliche Straftat begangen haben?
- Welche Strafaufhebungs- bzw. Strafausschließungsgründe liegen möglicherweise vor?

3. Zur weiteren zielstrebigen Bearbeitung des Ausgangsmaterials ist zu prüfen:
- Welche operativen Kräfte und Mittel stehen für die weitere Bearbeitung zur Verfügung, werden benötigt bzw. sind zu schaffen?
- Mit welchen anderen Diensteinheiten des MfS und welchen staatlichen und wirtschaftsleitenden Organen, Betrieben, Kombinaten und Einrichtungen sowie gesellschaftlichen Organisationen und Kräften ist zu welchem Zweck zusammenzuarbeiten bzw. zusammenzuwirken?
- Welche weiteren Informationsquellen und -speicher sind für die weitere Bearbeitung zu nutzen?
- Welche Sofortmaßnahmen sind insbesondere für die Beweissicherung, Verhinderung von Schäden und zur Veränderung der politisch-operativen Lage notwendig?

4. Die Hauptabteilung IX bzw. die Abteilungen IX der Bezirksverwaltungen/Verwaltungen sind einzubeziehen, wenn die Ausschöpfung der Sachkunde oder der Mittel und Möglichkeiten der Untersuchungsarbeit von Beginn an erforderlich ist, z. B.
- bei rechtlich komplizierten Problemen;
- bei der Notwendigkeit der Durchführung strafprozessualer Maßnahmen und der Mitwirkung des Staatsanwaltes;
- bei spezifischen Problemen in der Beweisführung wie Spurensicherung, Festlegungen für Dokumentierungen u. a.;
- wenn von Beginn an komplizierte, in der Untersuchung fortzuführende Probleme des Herauslösens von IM auftreten;
- wenn der Sachverhalt Informationen und Beweise für geplante oder vorbereitete Gewaltverbrechen wie Attentate, Geiselnahmen, Entführungen oder Terrorverbrechen enthält;
- bei spezifischen Delikten wie Schleusungen im Transitverkehr;
- wenn an der Begehung der Straftat Diplomaten oder andere bevorrechtete Personen oder Personen in bedeutenden beruflichen oder gesellschaftlichen Stellungen beteiligt sind bzw. sein können.

1.8.2. Politisch-operative und strafrechtliche Voraussetzungen für das Anlegen Operativer Vorgänge und erforderliche Leiterentscheidungen

Operative Vorgänge sind anzulegen, wenn der Verdacht der Begehung von Verbrechen gemäß erstem oder zweitem Kapitel des StGB – Besonderer Teil – oder einer Straftat der allgemeinen Kriminalität, die einen hohen Grad an Gesellschaftsgefährlichkeit hat und in enger Beziehung zu den Staatsverbrechen steht bzw. für deren Bearbeitung entsprechend meinen dienstlichen Bestimmungen und Weisungen des MfS zuständig ist, durch eine oder mehrere bekannte oder unbekannte Personen vorliegt.

Der Verdacht auf eine der o. g. Straftaten liegt vor, wenn aus überprüften inoffiziellen bzw. offiziellen Informationen und Beweisen auf Grund einer objektiven, sachlichen, kritischen und tatbestandsbezogenen Einschätzung mit Wahrscheinlichkeit auf die Verletzung eines Straftatbestandes oder mehrerer Straftatbestände geschlossen werden kann.

Das Vorliegen des Verdachtes ist aus der Gesamtheit aller überprüften Informationen und Beweise zu den objektiven und subjektiven Tatumständen einschließlich der Täterpersönlichkeit abzuleiten. Dabei sind alle be- und entlastenden Hinweise zu berücksichtigen.

Zur Herausarbeitung des Verdachtes der Verletzung objektiver Tatbestandsmerkmale müssen in der Regel insbesondere überprüfte Informationen und Beweise zu solchen objektiven Umständen der Straftat vorliegen, aus denen Erkenntnisse abgeleitet werden können

- zur möglichen Angriffsrichtung, zu den angegriffenen Objekten und Bereichen, gesellschaftlichen Verhältnissen, Erscheinungen und Prozessen,
- zur Art und Weise der Begehung, den dabei zur Anwendung gelangten Mitteln und Methoden der Tatdurchführung und -verschleierung,
- zu den mit der Handlung herbeigeführten oder angestrebten Folgen wie materiellen und ideellen Schäden bzw. Gefahrenzuständen,
- zum kausalen Zusammenhang zwischen Handlung und herbeigeführten Folgen,
- zu Ort und Zeit der Tatdurchführung, unter besonderer Berücksichtigung der Klassenkampfsituation und der politisch-operativen Lage,
- zu Kontakten und Verbindungen der Verdächtigen zu imperialistischen Geheimdiensten, anderen feindlichen Zentren, Organisationen und Kräften, insbesondere bei Staatsverbrechen.

Zur Herausarbeitung der subjektiven Tatbestandsmerkmale müssen in der Regel insbesondere überprüfte Informationen und Beweise vorhanden sein, aus denen auf das Vorliegen solcher subjektiver Umstände der Straftat geschlossen werden kann wie:

- schuldhaftes Handeln in der Form des Vorsatzes oder der Fahrlässigkeit;
- schuldhaftes Verletzen von Rechtspflichten;
- schuldhaftes Herbeiführen von Folgen;
- auf die der Tat zugrunde liegenden Motive und die mit der Handlung verfolgten Ziele;
- Zurechnungsfähigkeit des Verdächtigen bzw. Schuldfähigkeit bei verdächtigen Jugendlichen.

Zur Herausarbeitung des Verdachtes müssen in der Regel wesentliche Seiten der Persönlichkeit der Verdächtigen und deren Entwicklung aufgeklärt sein, insbesondere:

110

- feindliche oder negative Einstellung zur sozialistischen Staats- und Gesellschaftsordnung;
- berufliche oder gesellschaftliche Stellung und Qualifikation;
- Persönlichkeitseigenschaften wie Habsucht, Schwatzhaftigkeit, Karrierismus u. a., die Anknüpfungspunkte für imperialistische Geheimdienste, andere feindliche Zentren, Organisationen und Kräfte sein können;
- Abweichen vom gesellschaftsgemäßen Verhalten bzw. von allgemein üblichen gesellschaftlichen oder individuellen Verhaltensweisen oder Gewohnheiten;
- Verbindungen, Kontakte und Beziehungen zu anderen Personen innerhalb und außerhalb der DDR, die negativen Einfluß auf die Persönlichkeitsentwicklung und damit auf die Begehung der Straftat haben können.

Zum Zeitpunkt der Entscheidung über das Anlegen eines Operativen Vorganges ist es nicht erforderlich, daß zu allen objektiven und subjektiven Umständen der Straftat überprüfte Informationen und Beweise vorliegen. Erforderlich sind überprüfte Informationen und Beweise, aus denen tatbestandsbezogene Erkenntnisse über den Verdacht der Begehung einer Straftat gewonnen werden können.
Besonders geeignete Informationen und Beweise sind u. a.

qualifizierte und überprüfte IM-, Beobachtungs- und Ermittlungsberichte; Informationen der Abteilungen M, PZF und 26 sowie der Spezialfunkdienste; sichergestellte bzw. kopierte operativ bedeutsame Dokumente, Tatortbefundsberichte oder kriminalistisch gesicherte Spuren bzw. Tatwerkzeuge; Aussagen Inhaftierter, Strafgefangener und Zeugen; Befragungsprotokolle; gutachterliche Einschätzungen; Hinweise, Mitteilungen und Anzeigen von Staats- und wirtschaftsleitenden Organen, Betrieben, Kombinaten und Einrichtungen, gesellschaftlichen Organisationen und Kräften sowie von Bürgern der DDR und anderer Staaten.

Bei der politisch-operativen und strafrechtlichen Einschätzung der Ausgangsmaterialien und der dabei erfolgenden Prüfung der politisch-operativen und strafrechtlichen Voraussetzungen für das Anlegen Operativer Vorgänge sind die gesicherten Kenntnisse und Erfahrungen über Angriffsrichtungen und -objekte, Pläne, Absichten und Maßnahmen sowie Kräfte, Mittel und Methoden des Feindes, spezifische Begehungsweisen, insbesondere solche der Tarnung und Verschleierung, sowie Informationen zur politisch-operativen Lage im Verantwortungsbereich und zur Persönlichkeit der Verdächtigen gründlich analytisch zu verarbeiten und für eine politisch-operativ begründete Entscheidung mit den im Ausgangsmaterial enthaltenen Tatsachen in Beziehung zu setzen.
Die Entscheidung über das Anlegen Operativer Vorgänge trifft
in den Haupt-/selbständigen Abteilungen der Leiter/Stellvertreter,
in den Bezirksverwaltungen/Verwaltungen der Leiter/Stellvertreter Operativ.
Für die Bestätigung zum Anlegen eines Operativen Vorganges ist dem zuständigen Leiter vorzulegen:
- der Beschluß zum Anlegen,
- der Eröffnungsbericht,
- der erste Operativplan.

Der Eröffnungsbericht hat zu enthalten:
- die Ergebnisse der politisch-operativen und strafrechtlichen Einschätzung des Ausgangsmaterials,
- die Begründung der politisch-operativen sowie strafrechtlichen Voraussetzungen für das Anlegen,
- die im operativen Vorgang zu erreichenden Ziele.

Zur Bearbeitung von Personen fremder Staatsangehörigkeit bzw. von Bürgern der

DDR in besonderen Stellungen und Funktionen ist die Zustimmung einzuholen:
- bei bevorrechtigten Personen und dem Personal ausländischer Vertretungen in der DDR sowie akkreditierten Korrespondenten vom Leiter der Hauptabteilung II,
- bei Bürgern befreundeter sozialistischer Staaten von den Sicherheitsorganen dieser Staaten über die zuständigen Hauptabteilungen durch die Abteilung X,
- bei Bürgern der DDR in besonderen Stellungen oder Funktionen, wie Abgeordneten der Volkskammer, der Bezirks- und Kreistage, Nomenklaturkadern des Staatsapparates, der Partei und anderer gesellschaftlicher Organisationen entsprechend der Nomenklatur, von mir, meinen zuständigen Stellvertretern oder vom Leiter der Bezirksverwaltung/Verwaltung bzw. der zuständigen Hauptabteilung.

Zentrale Operative Vorgänge (ZOV) und dazugehörige Teilvorgänge (TV) sind anzulegen, wenn die angegriffenen Bereiche, Prozesse oder Personen und die verdächtigen Personen zum Verantwortungsbereich mehrerer Haupt-/selbständigen Abteilungen, Bezirksverwaltungen/Verwaltungen oder mehrerer Diensteinheiten einer Haupt-/selbständigen Abteilung, Bezirksverwaltung/Verwaltung gehören und deshalb die Zusammenarbeit dieser Diensteinheiten erforderlich wird bzw. infolge des Umfangs und der Komplexität der Feindtätigkeit die Konzentration operativer Kräfte und Mittel mehrerer Diensteinheiten erforderlich ist.

Entscheidungen zum Anlegen von Zentralen Operativen Vorgängen und Teilvorgängen werden durch mich bzw. meine zuständigen Stellvertreter getroffen.

Über das Anlegen weiterer Teilvorgänge zu bereits vorhandenen Zentralen Operativen Vorgängen ist in Abstimmung zwischen dem Leiter der den Zentralen Vorgang führenden Haupt-/selbständigen Abteilung bzw. Bezirksverwaltung/Verwaltung und dem Leiter der Haupt-/selbständigen Abteilung bzw. Bezirksverwaltung/Verwaltung, in dessen Verantwortungsbereich der Teilvorgang geführt werden soll, zu entscheiden.

Über das Anlegen von Zentralen Operativen Vorgängen und Teilvorgängen, die ausschließlich im Verantwortungsbereich einer Haupt-/selbständigen Abteilung bzw. Bezirksverwaltung/Verwaltung zu führen sind, entscheidet deren Leiter.

2. Die zielstrebige Bearbeitung und der Abschluß Operativer Vorgänge

2.1. Die politisch-operativen Zielstellungen der Bearbeitung Operativer Vorgänge

Die politisch-operativen Zielstellungen der Bearbeitung Operativer Vorgänge bestehen darin:
- durch eine offensive, konzentrierte und tatbestandsbezogene Bearbeitung die erforderlichen Beweise für den Nachweis des dringenden Verdachtes eines oder mehrerer Staatsverbrechen bzw. einer Straftat der allgemeinen Kriminalität zu erbringen;
- beginnend mit und im Verlauf der gesamten Bearbeitung rechtzeitig die erkannten oder zu erwartenden gesellschaftsschädigenden Auswirkungen der staatsfeindlichen Tätigkeit bzw. anderer Straftaten weitestgehend einzuschränken oder zu verhindern;
- bereits während der Bearbeitung die eine staatsfeindliche Tätigkeit oder andere Straftaten auslösenden oder begünstigenden Bedingungen und Umstände festzustellen, zu beweisen und weitestgehend einzuschränken oder zu beseitigen;

– die Pläne, Absichten und Maßnahmen imperialistischer Geheimdienste, anderer feindlicher Zentren, Organisationen und Kräfte umfassend und ständig aufzuklären und durch entsprechend gezielte politisch-operative Maßnahmen ihre Realisierung rechtzeitig und wirkungsvoll zu verhindern.

Es ist zu sichern, daß diese generellen politisch-operativen Zielstellungen in den Operativen Vorgängen realisiert werden. Dazu sind für jeden Operativen Vorgang im Eröffnungsbericht und in den Operativplänen konkrete, tatbestandsbezogene und realisierbare Ziele festzulegen.

2.2. Die Arbeit mit Operativplänen

Der Operativplan ist das grundlegende und verbindliche Dokument für die rationelle, effektive sowie konzentrierte Leitung und Durchführung der Bearbeitung Operativer Vorgänge.

Die Erarbeitung des Operativplanes hat auf der Grundlage der konkreten politisch-operativen und strafrechtlichen Einschätzung der Ausgangsmaterialien bzw. Operativen Vorgänge und der dabei aufgestellten Versionen zu erfolgen.

Die Operativpläne haben Festlegungen zu enthalten über:

– die im Operativen Vorgang zu erreichenden Ziele und die daraus abgeleiteten Etappenziele;
– die vor allem zum Nachweis des dringenden Verdachts zu gewinnenden notwendigen Informationen und Beweise sowie die zu ihrer Erarbeitung erforderlichen politisch-operativen Aufgaben und Maßnahmen;
– die dazu legendiert einzusetzenden operativen Kräfte – insbesondere inoffizielle Mitarbeiter – sowie operativen Mittel;
– das zweckmäßigste operativ-taktische Vorgehen und Verhalten der operativen Kräfte zur Beweisführung, wobei ein gut aufeinander abgestimmter und kombinierter Einsatz der operativen Kräfte, Mittel und Methoden in realisierbar- und kontrollierbarer Weise gesichert werden muß und solche bewährten politisch-operativen Maßnahmen den Vorrang haben wie Einführung von IM, Herausbrechen von IM-Kandidaten, operative Legenden und Kombinationen;
– politisch-operative Maßnahmen zur wirksamen Einschränkung der feindlich-negativen Handlungen, zur weitgehenden Beseitigung begünstigender Bedingungen und Umstände sowie zur Schadensverhütung;
– die effektive Zusammenarbeit mit anderen operativen Diensteinheiten bzw. das evtl. erforderliche Zusammenwirken mit staatlichen und wirtschaftsleitenden Organen, Betrieben, Kombinaten und Einrichtungen sowie gesellschaftlichen Organisationen und Kräften;
– den evtl. erforderlichen Einsatz zeitweiliger Arbeitsgruppen;
– die Termine und Verantwortlichkeiten für die Realisierung und Kontrolle der politisch-operativen Maßnahmen.

Die Leiter haben zu bewährleisten, daß jeder Operative Vorgang auf der Grundlage eines dem aktuellen Stand der Bearbeitung entsprechenden Operativplanes bewarbeitet wird. Die operativen Mitarbeiter sind bei der Erarbeitung von Operativplänen anzuleiten und zu kontrollieren.

Die Leiter haben die inhaltliche und terminliche Realisierung der festgelegten politisch-operativen Maßnahmen, die ständige politisch-operative und strafrechtliche Bewertung der gewonnenen Informationen, die Erarbeitung von Zwischeneinschätzungen (Sachstandsberichten) und der sich daraus ergebenden politisch-operativen Aufgaben und Maßnahmen zu sichern.

Bei neuen Erkenntnissen über die feindlich-negativen Handlungen oder veränder-

ten Bedingungen in der Bearbeitung von Operativen Vorgängen sind rechtzeitig neue Operativpläne auszuarbeiten bzw. die vorhandenen zu präzisieren.
Operativpläne sind zu bestätigen:
- in den Hauptabteilungen
  durch die Leiter der Abteilungen bzw. deren Stellvertreter;
- in den selbständigen Abteilungen
  durch die Leiter der Unterabteilungen/Referate bzw. deren Stellvertreter;
- in den Bezirksverwaltungen/Verwaltungen
  durch die Leiter der Abteilungen, Kreis-Objektdienststellen bzw. deren Stellvertreter.

Bei Operativen Vorgängen, die von einem übergeordneten Leiter persönlich angeleitet und kontrolliert werden, sind die Operativpläne von diesem zu bestätigen.

2.3. Die Arbeit mit IM

Die Hauptkräfte für die Bearbeitung Operativer Vorgänge sind die IM, da sie am umfassendsten in die Konspiration des Feindes eindringen, diese weitgehend enttarnen, zielgerichtet auf die verdächtigen Personen einwirken und solche Informationen und Beweise gewinnen können, die eine offensive, tatbestandsbezogene Bearbeitung Operativer Vorgänge gewährleisten. Mit dem gezielten Einsatz der IM sind Voraussetzungen für die effektive Nutzung der operativen Mittel und Methoden zu schaffen.
Die ständige Qualifizierung der Arbeit mit IM entsprechend der Richtlinie Nr. 1/68 ist die entscheidende Voraussetzung für die erfolgreiche Bearbeitung Operativer Vorgänge.
Die Möglichkeiten der GMS sind im Rahmen der in der Richtlinie Nr. 1/68 für sie festgelegten grundsätzlichen Aufgaben zielgerichtet zur Lösung der im folgenden für die Arbeit mit IM gestellten Aufgaben zu nutzen.

2.3.1. Die Einsatzrichtungen der IM für eine erfolgreiche, qualifizierte und offensive Bearbeitung Operativer Vorgänge

Generelle Einsatzrichtungen sind:
1. Erarbeitung von Informationen und Beweisen zum Nachweis des dringenden Verdachtes von Straftaten
Durch die IM sind Informationen und Beweise (be- und entlastende) zu erarbeiten
- zu den objektiven Tatbestandsmerkmalen wie Verhaltensweisen, der Art und Weise der Tatausführung, Mitteln und Methoden der Vorbereitung, Durchführung und Verschleierung, dem Ort und der Zeit der Handlungen (Tatort, Fundort, Eintrittsort der Folgen), den schädigenden Auswirkungen, der Kausalität zwischen Handlung und eingetretenen Folgen, weiteren geplanten bzw. bereits vorbereiteten Straftaten;
- zu den subjektiven Tatbestandsmerkmalen wie schuldhafte Nichteinhaltung von Rechtspflichten, Einstellungen und Haltungen der verdächtigen Personen zu ihren Pflichtverletzungen, Motive für das Handeln, angestrebte Ziele, Einstellungen zu den schädigenden Auswirkungen, Umstände, die schuldhaftes Handeln ausschließen bzw. beeinträchtigen könnten;
- zur allseitigen Aufklärung der Persönlichkeit, insbesondere ihrer politischen Entwicklung, Einstellung zum sozialistischen Staat in Vergangenheit und Gegenwart, zu ihrem Auftreten in der Öffentlichkeit und in den Arbeits-, Wohn- und

114

Freizeitbereichen, ihrer beruflichen Qualifikation und Stellung, ihren Verbindungen zu anderen Personen in und außerhalb der DDR, Lebensgewohnheiten und Charaktereigenschaften.

2. Einschätzung und Begutachtung komplizierter Sachverhalte durch sachkundige IM (Experten-IM), insbesondere zur Erarbeitung und Beurteilung von Beweisen

Sachkundige IM (Experten-IM) sind zur Prüfung, sachkundigen Einschätzung und Begutachtung operativer Informationen und Materialien, insbesondere hinsichtlich ihres Beweiswertes, einzusetzen. Ihr Einsatz kann bei Notwendigkeit auch in Expertenkommissionen erfolgen. Insbesondere haben sie Informationen zu erarbeiten und Beweise festzustellen und zu beurteilen, die Auskunft geben über

– Ursachen von Vorkommnissen, den Umfang der schädigenden Auswirkungen, den Kausalzusammenhang zwischen Handlungen und Folgen, die Qualifikation der verdächtigen Personen, die herbeigeführten Gefahren und noch zu erwartende schädigende Auswirkungen;
– Rechtspflichten, ihre Verletzung durch die verdächtigen Personen und die objektiven Möglichkeiten zu ihrer Einhaltung.

3. Einleitung und Realisierung schadensverhütender und vorbeugender Maßnahmen

Die IM sind einzusetzen zur

– Gewinnung von Informationen über die vorhandenen begünstigenden Bedingungen und Umstände für feindlich-negative Handlungen und deren Ausnutzung durch den Feind sowie durch feindlich-negative Handlungen verursachte bzw. zu erwartende Schäden und Auswirkungen;
– unmittelbaren Verhinderung feindlich-negativer Handlungen, insbesondere solcher mit großer Gesellschaftsgefährlichkeit wie Terrorhandlungen und andere Gewaltverbrechen;
– Vorbereitung konkreter Maßnahmen zur Wiederherstellung bzw. Aufrechterhaltung von Sicherheit und Ordnung sowie zur Einleitung schadensverhütender und vorbeugender Maßnahmen entsprechend ihren Möglichkeiten unter Wahrung der Konspiration;
– politisch-operativen Kontrolle der Wirksamkeit der durch die anderen Sicherheitsorgane oder betreffenden Staats- und wirtschaftsleitenden Organe, Betriebe, Kombinate, Einrichtungen sowie gesellschaftlichen Organisationen und Kräfte eingeleiteten Maßnahmen, zur Feststellung der Reaktion verdächtiger Personen und zur Sicherstellung möglicher Beweise.

4. Aufklärung imperialistischer Geheimdienste, anderer feindlicher Zentren, Organisationen und Kräfte

Geeignete IM sind zur Aufklärung erkannter bzw. möglicher Verbindungen der verdächtigen Personen zu imperialistischen Geheimdiensten, anderen feindlichen Zentren, Organisationen und Kräften einzusetzen.

Der Einsatz dieser IM hat vor allem zu erfolgen zur

– Nachweisführung der feindlichen Tätigkeit – Schaffung und Sicherung von inoffiziellen und offiziellen Beweismitteln;
– möglichst umfassenden Identifizierung und Aufklärung der imperialistischen Geheimdienste, anderer feindliche Zentren, Organisationen und Kräfte, ihrer Pläne, Absichten, Maßnahmen, Mittel und Methoden sowie der Personen, die von ihnen in die feindliche Tätigkeit einbezogenen werden bzw. deren Einbeziehung beabsichtigt ist;
– Einschränkung und Beseitigung der feindlichen Einwirkungsmöglichkeiten und der sie begünstigenden Bedingungen und Umstände, insbesondere in politisch-operativen Schwerpunktbereichen.

5. Realisierung anderer erforderlicher politisch-operativer Maßnahmen zur Bearbeitung Operativer Vorgänge

Der Einsatz der IM hat zur Lösung der zur Bearbeitung Operativer Vorgänge erforderlichen vielfältigen Aufgaben zu erfolgen, wie zur

- umfassenden Kontrolle der verdächtigen Personen in ihren Bewegungsräumen (Arbeits-, Wohn- und Freizeitbereiche);
- Schaffung von Voraussetzungen für die Einführung von IM bzw. das Herausbrechen von Personen aus feindlichen Gruppen, für operative Legenden und Kombinationen;
- Ermöglichung des Einsatzes der operativen Technik, der kriminaltechnischen Mittel und Methoden, der operativen Beobachtung, der konspirativen Durchsuchung;
- Vorbereitung des Einsatzes von Expertenkommissionen, Beschaffung von Schriftstücken und anderen Dokumenten zu Beweiszwecken aus den verschiedensten Einrichtungen und Institutionen.

Auf der Grundlage dieser generellen Einsatzrichtungen sind die konkreten Einsatzrichtungen der jeweiligen IM zur Bearbeitung des Operativen Vorganges festzulegen. Dabei sind die spezifischen Einsatzbedingungen und das zur Lösung der politisch-operativen Aufgaben erforderliche Verhältnis der IM zu den verdächtigen Personen zu berücksichtigen.

2.3.2. Die Erarbeitung des Anforderungsbildes für die zur Bearbeitung Operativer Vorgänge einzusetzenden IM

Zur erfolgreichen Bearbeitung Operativer Vorgänge sind an die einzusetzenden IM hohe Anforderungen zu stellen.

Die IM müssen

- eine solche berufliche oder gesellschaftliche Position aufweisen und über solche spezifische Persönlichkeitsmerkmale verfügen, die für die zu bearbeitenden Personen von Interesse sind;
- in der Lage sein, sich unauffällig ins Blickfeld der zu bearbeitenden Personen zu bringen, zu ihnen Kontakt herzustellen und ihr Vertrauen zu erwerben;
- den zu bearbeitenden Personen möglichst geistig ebenbürtig oder überlegen sein;
- zuverlässig, ehrlich, mit Eigeninitiative und Ausdauer die ihnen übertragenen Aufgaben lösen;
- ausreichende und konkrete Kenntnisse über das Feindbild sowie über wesentliche Anforderungen an die zu klärenden Straftatbestände haben;
- mit den Grundregeln der Konspiration zur Bekämpfung des Feindes vertraut sein, die qualifizierte Arbeit mit operativen Legenden beherrschen und auf Überprüfungsmaßnahmen des Feindes richtig reagieren;
- ein solches Einschätzungs- und Reaktionsvermögen besitzen, daß sie in bestimmten Situationen ·operativ richtig und schnell im Rahmen ihres Auftrages und ihrer Verhaltenslinie entscheiden können;
- sich durch Mut, Standhaftigkeit, Einsatzbereitschaft, Treue und feste Bindungen an das MfS auszeichnen, um die Aufgaben der Feindbekämpfung erfolgreich zu lösen und gegen feindlich-negative Einflüsse gewappnet zu sein;
- im erforderlichen Maße – entsprechend der Deliktspezifik – über Spezialkenntnisse verfügen.

Diesen Anforderungen entsprechend ist für jeden zur Bearbeitung eines Operativen Vorganges auszuwählenden und einzusetzenden IM ein reales Anforderungsbild zu erarbeiten. Das hat unter Berücksichtigung der vorgesehenen Einsatzrichtung, der zu beschaffenden Informationen und Beweise, der Deliktspezifik, des erforderlichen Verhältnisses zur verdächtigen Person, ihrer Persönlichkeit sowie der spezifischen Einsatzbedingungen zu erfolgen.

Das Anforderungsbild ist Grundlage für die Auswahl der IM bzw. IM-Kandidaten und ihre vorgangsbezogene politisch-ideologische und politisch-operative Erziehung und Befähigung.

Bei der Auswahl und dem Einsatz der IM ist festzulegen, über welche wesentlichen Voraussetzungen sie unbedingt verfügen müssen und welche ihnen in der Vorbereitung auf ihren Einsatz sowie in der Zusammenarbeit zur Lösung konkreter Aufgaben im Operativen Vorgang anzuerziehen sind.

Es sind vor allem die IM in die engere Auswahl einzubeziehen, die das Ausgangsmaterial erarbeitet haben, die bereits Kontakte oder Berührungspunkte zu den verdächtigen Personen besitzen, und solche IM, die bereits erfolgreich überörtlich eingesetzt wurden.

2.3.3. Die Einführung von IM in die Bearbeitung Operativer Vorgänge

Die Einführung von IM in die Bearbeitung Operativer Vorgänge ist darauf zu richten, qualifizierte, überprüfte, für die im jeweiligen Operativen Vorgang zu lösenden politisch-operativen Aufgaben geeignete IM an die verdächtigen Personen mit der Zielstellung heranzuführen, deren Vertrauen zu gewinnen, um Informationen und Beweise über geplante, vorbereitete oder durchgeführte feindlich-negative Handlungen sowie Mittel und Methoden des Vorgehens der verdächtigen Personen und ihrer Hintermänner rechtzeitig zu erarbeiten und Voraussetzungen für die vorbeugende Verhinderung bzw. Einschränkung der feindlich-negativen Handlungen zu schaffen.

Bei der Einführung vom IM ist von folgenden Grundsätzen auszugehen:

- Die Einführung von IM ist bereits zu Beginn der Bearbeitung Operativer Vorgänge sorgfältig vorzubereiten;
- Die Anzahl der in die Bearbeitung eines Operativen Vorganges einzuführenden IM ist stets in Abhängigkeit von den konkreten politisch-operativen Erfordernissen und Bedingungen des Nachweises der feindlichen Tätigkeit, der Qualität der zur Verfügung stehenden IM und im Interesse der erfolgreichen Arbeit sowie der Gewährleistung der Konspiration und Geheimhaltung festzulegen;
- Die Herstellung des Kontaktes und die Festigung der Beziehungen hat so zu erfolgen, daß die Interessen, insbesondere die staatsfeindlichen Interessen, so angesprochen werden, daß die Initiativen zur Aufrechterhaltung und Festigung der Beziehungen von den verdächtigen Personen ergriffen werden und die eingeführten IM durch ihr auf diese Personen abgestimmtes, taktisch kluges, natürliches, glaubhaft motiviertes Verhalten deren Vertrauen gewinnen.
- Die Einführung der IM ist erst dann als erfolgreich zu betrachten, wenn konkrete Ergebnisse zur Realisierung der Zielstellung der Operativen Vorgänge erarbeitet werden konnten, wie z. B. Informationen und Beweise über
  geplante, vorbereitete oder bereits durchgeführte Straftaten,
  Verbindungen der verdächtigen Personen zu imperialistischen Geheimdiensten, anderen feindlichen Zentren, Organisationen und Kräften im Operationsgebiet,
  feindlich-negative Einstellungen, Ziele und Motive, die den operativ bedeutsamen Handlungen und Unterlassungen der verdächtigen Personen zugrunde liegen.

Bei der Vorbereitung und Realisierung der Einführung von IM ist vor allem zu sichern:

– die sorgfältige Auswahl der für die Einführung geeigneten IM, die dem erarbeiteten Anforderungsbild entsprechende Voraussetzungen und Fähigkeiten haben bzw. bei denen diese kurzfristig geschaffen werden können;

– die Erarbeitung von ausbau- und entwicklungsfähigen operativen Legenden, die es den einzuführenden IM ermöglichen, offensiv auf die verdächtigen Personen einzuwirken, sowie der erforderlichen Verhaltenslinien und der für die Herstellung und Festigung der Kontakte erforderlichen operativen Kombinationen;

– die sorgfältige Vorbereitung der ausgewählten IM, insbesondere das Einstellen auf die Persönlichkeit sowie die Denk-und Verhaltensweisen der verdächtigen Personen, auf die konkreten Einsatzbedingungen, die Aneignung der operativen Legenden und erforderlichen Verhaltenslinien, die Vermittlung erforderlicher Kenntnisse über das konkrete Feindbild, die Deliktspezifik und die möglichen Begehungsweisen, die Vorbereitung auf Überprüfungen durch die verdächtigen Personen;

– die Schaffung erforderlicher Voraussetzungen für die Einführung der IM, wie z. B. die zeitweilige Freistellung von beruflichen oder gesellschaftlichen Aufgaben, die Schaffung von geeigneten Situationen und Möglichkeiten für die Kontaktaufnahme, die Beschaffung und Abdeckung von Dokumenten, Materialien u. dgl.

Nach der Erreichung konkreter politisch-operativer Ergebnisse ist weiterhin intensiv auf die Festigung des Vertrauens der verdächtigen Personen zu den eingeführten IM hinzuwirken. Durch das Verhalten der IM und die Anwendung geeigneter operativer Legenden und Kombinationen sind gegenüber den verdächtigen Personen Fakten zu schaffen, die diese in ihrem Sinne als Zuverlässigkeits- und Vertrauensbeweise werten.

Bei der Auswahl der IM, im Prozeß der Einführung und der Arbeit am Operativen Vorgang sind die Möglichkeiten ihres späteren Herauslösens ständig zu beachten und planmäßig zu schaffen.

Die Leiter der operativen Diensteinheiten haben die operativen Mitarbeiter bei der Auswahl der einzuführenden IM sowie bei der Vorbereitung und Durchführung der zur Einführung erforderlichen politisch-operativen Maßnahmen anzuleiten und aktiv zu unterstützen.

2.3.4. Das Herausbrechen von Personen aus feindlichen Gruppen

Das Herausbrechen ist darauf zu richten, Personen aus feindlichen Gruppen für eine inoffizielle Zusammenarbeit zu werben, um dadurch in die Konspiration der Gruppe einzudringen und Informationen und Beweise über geplante, vorbereitete oder durchgeführte feindliche Handlungen sowie Mittel und Methoden ihres Vorgehens zu erarbeiten, Anknüpfungspunkte und Voraussetzungen für eine notwendige Paralysierung und Einschränkung der feindlichen Handlungen bzw. zur Auflösung der Gruppen zu schaffen.

Das Herausbrechen als offensive Methode ist insbesondere dann erforderlich bzw. zu prüfen, wenn

– wegen des Verdachtes der Begehung einer Straftat mit hoher Gesellschaftsgefährlichkeit eine kurzfristige Aufklärung unbedingt erforderlich ist,

– für die Einführung von IM keine bzw. nur geringe Erfolgsaussichten bestehen;

– zwischen den Verdächtigen Widersprüche oder Differenzen vorhanden sind

118

oder geschaffen werden können, die günstige Bedingungen für eine Werbung bieten.

Das Herausbrechen ist gründlich vorzubereiten. Dazu ist vor allem erforderlich:

– die Analyse des Operativen Vorganges, insbesondere
der Gruppenstruktur, wie der Positionen der einzelnen Gruppenmitglieder und ihrer Aktivität, der Intensität und des Umfangs der gegenseitigen Beziehungen der Gruppenmitglieder, der Bestrebungen von Verdächtigen, sich aus der Gruppe zurückzuziehen und der Motive hierfür, des Charakters der persönlichen Beziehungen,
des Umfangs und der Intensität der Straftaten sowie der dazu vorhandenen Beweise.
Dabei sind bei Berücksichtigung aller Risikofaktoren die Personen festzustellen, die objektiv in der Lage sind, die erforderlichen Informationen und Beweise zu erarbeiten und bei denen günstige Möglichkeiten der konspirativen Kontaktaufnahme, Werbung und inoffiziellen Zusammenarbeit bestehen;

– die weitere Aufklärung und Überprüfung von Personen, die in die engere Auswahl für das Herausbrechen kommen, insbesondere hinsichtlich ihrer Eignung für eine inoffizielle Zusammenarbeit. Dabei haben im Vordergrund zu stehen
ideologische, moralische und charakterliche Grundeinstellungen, die handlungsbestimmend sind, wie die Einstellung zur sozialistischen Gesellschaft, die Einstellung zur Tätigkeit des MfS, die Einstellung zur feindlichen Tätigkeit, die Einstellung zu bzw. die Bindung an Personen und Personengruppen;
Persönlichkeitseigenschaften wie Wille, Zuverlässigkeit, Disziplin u. a., die mitbestimmend sind für typische Reaktionsweisen;
Persönlichkeitseigenschaften, von denen auf die Wirksamkeit des vorhandenen kompromittierenden Materials geschlossen werden kann bzw. die Grundlage und Ausgangspunkt für die Schaffung von wirkungsvollem kompromittierendem Material durch operative Kombinationen sein können;

– die Auswahl der herauszubrechenden Person;
sie hat im Ergebnis der gewissenhaften und sachkundigen Analyse des Operativen Vorganges und der weiteren gezielten Aufklärung und Überprüfung zu erfolgen. Es ist diejenige Person als Kandidat auszuwählen, mit der die größte politisch-operative Wirksamkeit entsprechend den konkreten Zielstellungen des jeweiligen Operativen Vorganges, unter Berücksichtigung eines vertretbaren Risikos erreicht werden kann und die die entsprechenden Voraussetzungen für eine Zusammenarbeit mit dem MfS bietet.

Die für die Kontaktaufnahme bzw. die Werbung erforderlichen politisch-operativen Maßnahmen und das operativ-taktische Vorgehen sind im Vorschlag zum Herausbrechen festzulegen. Dieser hat zu enthalten:

– die in der Bearbeitung erreichten Ergebnisse und die Einschätzung der politisch-operativen Situation im Operativen Vorgang;

– die Notwendigkeit und die Zielstellung des Herausbrechens;

– den Plan der Werbung – Ort und Zeit, Art und Weise der Werbung, Anwendung von kompromittierendem Material, Versionen über Reaktionen des Kandidaten und die entsprechenden Entscheidungsvarianten des MfS. Überprüfungsmaßnahmen während der Werbung, gezielte Kontrollmaßnahmen unmittelbar nach der Werbung, Rückzugslegenden, erste Auftragserteilung und Instruierung, Verantwortlichkeit;

– die Risikofaktoren und die sich daraus ergebenden politisch-operativen Maßnahmen zur weiteren Bearbeitung des Operativen Vorganges.

Bei Personen, denen bereits Straftaten nachgewiesen werden können bzw. bei denen im Verlauf der Befragung der dringende Verdacht erarbeitet wird, Straftaten begangen zu haben, ist vor der Werbung die zuständige Untersuchungsabteilung zu konsultieren.

Der Vorschlag zum Herausbrechen ist durch die Leiter/Stellvertreter der Haupt-/ selbständigen Abteilungen bzw. der Bezirksverwaltungen/Verwaltungen zu bestätigen. Die Vorbereitung und Durchführung des Herausbrechens ist von den Leitern der operativen Diensteinheiten besonders zu unterstützen.

Der Kandidat kann nach erfolgter Bestätigung des Vorschlages konspirativ zur Befragung zugeführt werden. Diese ist so zu gestalten, daß bis zur Verpflichtung die Möglichkeit der Durchführung anderer politisch-operativer Maßnahmen einschließlich der strafrechtlichen Verfolgung offenbleibt. Dazu erforderliche Entscheidungen sind vom bestätigungsberechtigten Leiter einzuholen.

Entsprechend den politisch-operativen Erfordernissen ist es auch möglich, die Werbung unter geeigneten operativen Legenden durchzuführen, die sichern, daß der Kandidat die eigentlichen Absichten und Ziele des MfS nicht erkennt. Nach entsprechender Bewährung und Überprüfung des unter Legende geworbenen IM ist der IM zur Bearbeitung des Operativen Vorganges einzusetzen.

Nach dem erfolgten Herausbrechen sind verstärkt politisch-operative Maßnahmen zur Überprüfung der IM durchzuführen. Feindlich-negative Einstellungen sind systematisch, zielstrebig und individuell differenziert abzubauen.

Die Grundsätze des Herausbrechens aus feindlichen Gruppen sind bei der Werbung von Personen, die selbst nicht feindlich tätig sind, jedoch unmittelbare enge persönliche Beziehungen zu Verdächtigen unterhalten, oder bei Personen aus negativen Gruppierungen analog anzuwenden.

Zur wirksamen Bearbeitung Operativer Vorgänge, in denen feindliche Gruppen bearbeitet werden, die ihre Feindtätigkeit im Auftrage von Geheimdiensten, anderen feindlichen Zentren, Organisationen und Kräften durchführen, sind entsprechend den Möglichkeiten Überwerbungen durchzuführen. Damit sind gleichzeitig im Rahmen der Bearbeitung Operativer Vorgänge Voraussetzungen für die offensive Bearbeitung der imperialistischen Geheimdienste, anderen feindlichen Zentren, Organisationen und Kräfte zu schaffen.

2.3.5. Grundfragen der Zusammenarbeit mit den IM während ihres Einsatzes zur Bearbeitung Operativer Vorgänge

Die qualifizierte Zusammenarbeit mit den IM, insbesondere die konkrete personen- und sachbezogene Auftragserteilung, Instruierung, Berichterstattung und Auswertung der Berichte, muß ständig auf die offensive Realisierung der politisch-operativen Ziele der Operativen Vorgänge gerichtet sein.

Bei der Auftragserteilung und Instruierung sind folgende Grundsätze zu beachten:
- Die Auftragserteilung an die eingesetzten IM hat insbesondere auf der Grundlage der für sie festgelegten konkreten Einsatzrichtungen zu erfolgen.
- Die eingesetzten IM haben die für die Erfüllung ihrer Aufträge erforderlichen Informationen bei Gewährleistung der Konspiration und Geheimhaltung zu erhalten. Entsprechend den politisch-operativen Erfordernissen ist gegenüber den IM das Ziel ihres Einsatzes zu legendieren, insbesondere gegenüber IM, deren Zuverlässigkeit noch nicht in vollem Umfang erwiesen ist.
- Die IM haben für die Erfüllung der Aufträge Verhaltenslinien zu erhalten, die es ihnen gestatten, im Interesse der Erzielung optimaler Ergebnisse relativ selbständig und situationsgemäß zu reagieren. Sie sind mit operativen Legenden

auszurüsten, die die zielgerichtete Erfüllung der erteilten Aufträge und den erforderlichen Spielraum für die Anpassung an nicht vorhergesehene Situationen bzw. Reaktionen der verdächtigen Personen ermöglichen.

- Die IM müssen die konkreten Bedingungen, unter denen sie die Aufträge zu realisieren haben, möglichst genau kennen.
- Die IM müssen die Gewißheit haben, daß vom MfS alles getan wird, um ihre Sicherheit und die Konspiration zu gewährleisten.
- Die Aufträge, Verhaltenslinien und operativen Legenden für die in einem Operativen Vorgang eingesetzten IM sind sorgfältig aufeinander abzustimmen, um eine hohe politisch-operative Wirksamkeit aller IM zu erreichen, ihre Überprüfung zu ermöglichen und die Gefahr der Dekonspiration der IM gegenüber den verdächtigen Personen bzw. der IM untereinander auszuschließen.
- Die Aufträge, Verhaltenslinien und operativen Legenden sind so zu gestalten, daß das Herauslösen der IM jederzeit möglich ist. Die sozialistische Gesetzlichkeit ist konsequent einzuhalten. Die IM dürfen nicht provozieren bzw. nicht zu Straftaten anregen. Die scheinbare Beteiligung an Straftaten verdächtiger Personen darf nur soweit erfolgen, wie es zur Realisierung der Ziele der Bearbeitung unumgänglich ist. Sie bedarf einer gründlichen Prüfung und der Bestätigung des Leiters der Diensteinheit.
- Zu den im Operativen Vorgang eingesetzten IM ist eine stabile Verbindung zu gewährleisten, die den spezifischen Erfordernissen der Bearbeitung des jeweiligen Operativen Vorganges entspricht und den IM die sofortige Verbindungsaufnahme zum MfS ermöglicht.

Über die Durchführung der den IM erteilten Aufträge und die erreichten politisch-operativen Ergebnisse ist eine konkrete, wahrheitsgemäße, alle für die Bearbeitung des Operativen Vorganges bedeutsamen Details erfassende Berichterstattung zu gewährleisten.

Nach den Treffs hat sofort die weitere und gründliche Auswertung der gewonnenen Informationen zu erfolgen.

Dabei ist vor allem herauszuarbeiten:

- Gibt es Hinweise auf feindlich-negative Handlungen, die sofortmeldepflichtig sind bzw. die Einleitung von Sofortmaßnahmen erfordern?
- Was ist möglicherweise als Beweis zu verwenden, bzw. welche Hinweise sind vorhanden, wo und unter welchen Umständen Beweise gesichert werden könnten?
- Welche politisch-operativen Maßnahmen ergeben sich aus den Informationen des IM für die weitere Bearbeitung des Operativen Vorganges bzw. für die Auftragserteilung und Instruierung?
- Gibt es Anzeichen für die Verletzung von Konspiration und Geheimhaltung, und welche Konsequenzen ergeben sich daraus für die Bearbeitung des Operativen Vorganges?
- Gibt es Widersprüche in den Informationen des IM in bezug auf Personen, Personenbeschreibungen, Situationsschilderungen, Erfolge oder Mißerfolge, erzielte Ergebnisse, Reaktionen verdächtiger oder anderer Personen bzw. Widersprüche zu bereits vorliegenden Informationen, und was können die Ursachen dafür sein?

2.4. Die Arbeit mit operativen Legenden und operativen Kombinationen

2.4.1. Grundsätze der Ausarbeitung und Anwendung operativer Legenden zur Bearbeitung Operativer Vorgänge

Ziel der Anwendung operativer Legenden ist der wirksame Einsatz der IM sowie anderer Kräfte, Mittel und Methoden zur offensiven Bearbeitung Operativer Vorgänge, insbesondere
- das Eindringen in die Konspiration des Feindes, indem verdächtige Personen durch vorgegebene Motive, Begründungen, Erklärungen und Aussagen veranlaßt werden, Hinweise auf ihre feindlich-negativen Absichten, Handlungen und Verbindungen preiszugeben;
- die Gewährleistung der Konspiration und Geheimhaltung der Ziele, Absichten und Maßnahmen sowie Kräfte, Mittel und Methoden des MfS.

Die Leiter der operativen Diensteinheiten haben zu gewährleisten, daß die schöpferische Arbeit mit operativen Legenden zur Lösung der vielfältigen politisch-operativen Aufgaben zur Bearbeitung Operativer Vorgänge in ihrem Verantwortungsbereich ständig und systematisch qualifiziert wird.

Bei der Ausarbeitung und Anwendung operativer Legenden ist insbesondere von folgenden Grundsätzen auszugehen:
- Grundlagen für die Ausarbeitung operativer Legenden sind die konkrete, mit der Anwendung der operativen Legenden verfolgte Zielstellung, die Analyse des Operativen Vorganges sowie die gründliche Kenntnis der Persönlichkeit der Zielpersonen, einschließlich ihrer Besonderheiten, Eigenarten und Gepflogenheiten.
- Operative Legenden müssen geeignet sein, die verhaltensbestimmenden Interessen der Zielpersonen anzusprechen, um dadurch verhaltenswirksam zu werden.
- Operative Legenden müssen weitgehend auf natürlichen und überprüfbaren Grundlagen aufbauen, den üblichen Gepflogenheiten des Lebens entsprechen, möglichst unkompliziert und glaubhaft sein.
- Die wirksame Anwendung operativer Legenden setzt die gründliche Kenntnis der Möglichkeiten, Fähigkeiten, Eigenschaften und politisch-operativen Erfahrungen der IM bzw. der Personen, die mit den operativen Legenden arbeiten sollen, voraus. Sie müssen für ihren jeweiligen Träger paßfähig sowie entwicklungs- und ausbaufähig sei. Vor ihrer Anwendung sind sie mit den einzusetzenden IM zu beraten und auf dieser Grundlage gegebenenfalls zu präzisieren.
- Die Anwendung operativer Legenden, die damit erreichten Ergebnisse sowie dabei aufgetretene Komplikationen sind exakt zu dokumentieren.
- Die schematische und wiederholte Anwendung operativer Legenden ist zu vermeiden.

2.4.2. Grundsätze der Ausarbeitung und Anwendung operativer Kombinationen zur Bearbeitung Operativer Vorgänge

Ziel der Anwendung operativer Kombinationen ist die offensive, beschleunigte Bearbeitung Operativer Vorgänge, insbesondere
- die Einwirkung mit komplexen, sich gegenseitig bedingenden und ergänzenden sowie aufeinander abgestimmten politisch-operativen Maßnahmen auf die verdächtigen Personen, um sie zu Reaktionen zu veranlassen, die Rückschlüs-

se auf durchgeführte oder geplante staatsfeindliche Tätigkeit zulassen und die Sicherung bzw. Dokumentierung entsprechender Beweise ermöglichen;

- die beschleunigte und effektive Lösung anderer komplizierter politisch-operativer Aufgaben bei Wahrung der Konspiration über die Ziele, Absichten und Maßnahmen, Kräfte, Mittel und Methoden des MfS.

Die Leiter der operativen Diensteinheiten haben darauf Einfluß zu nehmen, daß durch zielgerichtete Anwendung qualifizierter operativer Kombinationen eine höhere Qualität der Bearbeitung Operativer Vorgänge in ihrem Verantwortungsbereich erreicht wird. Sie haben den operativen Mitarbeitern bei der Erarbeitung und Durchführung operativer Kombinationen die erforderliche Anleitung und Unterstützung zu geben.

Operative Kombinationen sind insbesondere anzuwenden:

- bei komplizierten Werbungen, zur Heranführung von IM an die bearbeiteten Personen, zur Einführung von IM in die Bearbeitung Operativer Vorgänge, zum Herausbrechen von Personen aus feindlichen Gruppen, zur Zusammenführung von IM, zur Überprüfung eingesetzter IM sowie zum Herauslösen von IM aus der Bearbeitung Operativer Vorgänge;
- zum Erlangen von kompromittierendem oder anderweitig bedeutsamem operativem Material einschließlich der Beschaffung und Dokumentation notwendiger Vergleichsmaterialien;
- zur Vorbereitung der Anwendung und zur Anwendung operativ-technischer und kriminaltechnischer Mittel und Methoden;
- zur Sicherung strafprozessual verwertbarer Beweise bzw. zu deren Schaffung auf der Grundlage inoffizieller Beweise und Informationen;
- zur Verhinderung geplanter Straftaten;
- zur Identifizierung unbekannter Täter;
- zur Gewährleistung konspirativer Festnahmen und Durchsuchungen;
- zur Desinformation des Gegners.

Bei der Ausarbeitung und Anwendung operativer Kombinationen ist insbesondere von folgenden Grundsätzen auszugehen:

- Voraussetzung für die Durchführung operativer Kombinationen ist das Vorliegen ausreichender und überprüfter Informationen über den Sachverhalt bzw. die verdächtigen Personen und deren gründliche Analyse.

Darauf aufbauend hat die Erarbeitung der jeweiligen operativen Kombination einschließlich der Zielstellung sowie Bestimmung des richtigen Zeitpunktes für ihre Durchführung zu erfolgen. Dabei sind begründete Versionen zu den möglichen Reaktionen der Verdächtigen auf die Maßnahmen des MfS zu erarbeiten und politisch-operativ zu bewerten.

- Die operativen Kombinationen einschließlich der Zielstellung sind durch die zuständigen Leiter und operativen Mitarbeiter zu beraten. Die schematische und wiederholte Anwendung operativer Kombinationen ist zu vermeiden. Es ist ein vertretbares Verhältnis zwischen Aufwand und zu erwartendem Nutzen zu sichern und davon auszugehen, daß die Ergebnisse das entscheidende Kriterium für den Wert operativer Kombinationen sind.
- Hauptbestandteil der operativen Kombinationen hat der zielgerichtete, legendierte Einsatz zuverlässiger, bewährter, erfahrener und für die Lösung der vorgesehenen Aufgaben geeigneter IM, der mit der Anwendung anderer operativer Mittel und Methoden exakt abzustimmen ist, zu sein.

Die Auswahl, Vorbereitung und der Einsatz der IM hat entsprechend den Grundsätzen und Regelungen des Abschnittes 2.3. dieser Richtlinie zu erfolgen.

– Operative Kombinationen sind weitgehend auf natürlichen Umständen und Bedingungen aufzubauen. Die künstlich herbeigeführten Umstände müssen den tatsächlichen Gegebenheiten angepaßt sein, auf diesen aufbauen und wie natürliche wirken sowie möglichen Überprüfungen standhalten. Diese Anforderungen sind analog auch an die im Rahmen operativer Kombinationen anzuwendenden operativen Legenden zu stellen..

Die unmittelbare Vorbereitung und Durchführung der operativen Kombinationen hat auf der Grundlage des zu erarbeitenden Planes zu erfolgen.

Der entsprechend der logischen Folge des Ablaufs aufgebaute und mit den beteiligten Diensteinheiten abzustimmende Plan hat zu enthalten:
– das Ziel der operativen Kombination;
– die kurze Darstellung des zum Verständnis der operativen Kombination notwendigen Sachverhaltes;
– die konkreten politisch-operativen Aufgaben und Maßnahmen;
– das komplexe, zeitlich aufeinander abgestimmte Zusammenwirken der politisch-operativen Maßnahmen;
– Festlegungen zum Einsatz der IM, ihre Aufträge und Verhaltenslinien, Festlegungen zum Verbindungssystem;
– die Verantwortlichkeiten und Termine.

Er ist zu bestätigen:
– in den Hauptabteilungen
  durch die Leiter der Abteilungen bzw. deren Stellvertreter;
– in den selbständigen Abteilungen
  durch die Leiter der Unterabteilungen/Referate bzw. deren Stellvertreter
– in den Bezirksverwaltungen/Verwaltungen
  durch die Leiter der Abteilungen, Kreis-/Objektdienststellen bzw. deren Stellvertreter.

Bei Operativen Vorgängen, die von einem übergeordneten Leiter persönlich angeleitet und kontrolliert werden, sind die Pläne von diesem zu bestätigen.

In politisch-operativ besonders bedeutsamen Fällen sind die Pläne mir bzw. meinem jeweils zuständigen Stellvertreter zur Bestätigung vorzulegen.

Durch die straffe, einheitliche Leitung der Durchführung der operativen Kombinationen sind die ständige Einschätzung des Standes der Durchführung der jeweiligen operativen Kombination, das ständige, effektive und reibungslose Zusammenwirken der beteiligten Kräfte und angewandten Mittel sowie die sichere Bewältigung evtl. auftretender Komplikationen zu gewährleisten.

Die Ergebnisse der operativen Kombinationen sind gründlich auszuwerten. Es ist zu sichern, daß entstandene günstige Bedingungen zielstrebig und offensiv zur weiteren operativen Bearbeitung der verdächtigen Personen genutzt, Ursachen für Mißerfolge umfassend aufgedeckt und die erforderlichen Maßnahmen zu deren Überwindung durchgeführt werden.

2.5. Der zielgerichtete Einsatz weiterer operativer Kräfte, Mittel und Methoden

sowie die Einbeziehung von Kräften anderer Staats- und wirtschaftsleitender Organe, Betriebe, Kombinate und Einrichtungen sowie gesellschaftlicher Organisationen und Kräfte zur Bearbeitung Operativer Vorgänge

Die zielstrebige Bearbeitung Operativer Vorgänge erfordert im Zusammenhang mit dem Einsatz der IM und der Arbeit mit operativen Legenden und Kombinationen den zweckmäßigen Einsatz aller anderen, dem MfS zur Verfügung stehenden Kräfte, Mittel und Methoden sowie die Nutzung der Möglichkeiten anderer Staats-

und wirtschaftsleitender Organe, Betriebe, Kombinate und Einrichtungen sowie gesellschaftlicher Organisationen und Kräfte.

Ihr differenzierter Einsatz ist zweckmäßig mit dem Einsatz der IM zu kombinieren und besonders darauf zu richten,

- Voraussetzungen für den zielgerichteten und wirksamen Einsatz der IM zu schaffen;
- die von IM und mit anderen operativen Kräften, Mitteln und Methoden erarbeiteten Informationen zu überprüfen und zu vervollständigen;
- Beweise für die feindlichen Handlungen verdächtiger Personen zu erarbeiten.

Bei Entscheidungen über ihren Einsatz ist auszugehen:

- von den politisch-operativen Erfordernissen unter Beachtung des Aufwandes im Verhältnis zu den zu erwartenden Ergebnissen;
- von den für den Einsatz dieser Kräfte, Mittel und Methoden jeweils geltenden dienstlichen Bestimmungen und Weisungen.

Zur Bearbeitung Operativer Vorgänge sind insbesondere folgende Kräfte, Mittel und Methoden einzusetzen:

- operative Ermittlungen und Beobachtungen durch Kräfte der Diensteinheiten der Linie VIII und der vorgangsbearbeitenden Diensteinheit;
- operative Fahndungen nach Personen und Gegenständen unter Einbeziehung der Fahndungsführungsgruppe bzw. der Möglichkeiten der Diensteinheiten der Linie VI, der DVP und der Organe der Zollverwaltung der DDR;
- konspirative Durchsuchungen, insbesondere zur Feststellung und Dokumentation von Beweisen;
- operative Mittel der Abteilungen M, Postzollfahndung und 26, insbesondere zur Feststellung, Aufklärung und Dokumentation von feindlich-negativen Verbindungen sowie nachrichtendienstlichen Mitteln und Methoden;
- operative Mittel und Methoden der Diensteinheiten der Linie IX sowie anderer Linien, wie z. B. der Spezialisten für Schriftenfahndung und der Spezialisten der Diensteinheiten der Linie XVIII für die Bearbeitung von Bränden und Störungen;
- Möglichkeiten der Spezialfunkdienste des MfS;
- operativ-technische Mittel zur Überwachung von Personen und Einrichtungen sowie von Nachrichtenverbindungen;
- kriminaltechnische Mittel und Methoden;
- spezielle operativ-technische Mittel und Methoden des Operativ-Technischen Sektors, z. B. zur Erarbeitung von Untersuchungsberichten, Expertisen und Gutachten;
- Nutzung der Informationsspeicher der Diensteinheiten der Linie VI über den grenzüberschreitenden Verkehr sowie der Informationsspeicher anderer Diensteinheiten.

Zur Gewinnung von erforderlichen Informationen für die Bearbeitung Operativer Vorgänge sind auch die Möglichkeiten der DVP, der Zollverwaltung der DDR, anderer Staats- und wirtschaftsleitender Organe, Betriebe, Kombinate und Einrichtungen sowie gesellschaftlicher Organisationen und Kräfte zielstrebig zu nutzen.

2.6. Die Anwendung von Maßnahmen der Zersetzung

2.6.1. Zielstellung und Anwendungsbereiche von Maßnahmen der Zersetzung

Maßnahmen der Zersetzung sind auf das Hervorrufen sowie die Ausnutzung und Verstärkung solcher Widersprüche bzw. Differenzen zwischen feindlich-negativen

Kräften zu richten, durch die sie zersplittert, gelähmt, desorganisiert und isoliert und ihre feindlich-negativen Handlungen einschließlich deren Auswirkungen vorbeugend verhindert, wesentlich eingeschränkt oder gänzlich unterbunden werden.

In Abhängigkeit von der konkreten Lage unter feindlich-negativen Kräften ist auf die Einstellung bestimmter Personen, bei denen entsprechende Anknüpfungspunkte vorhanden sind, dahingehend einzuwirken, daß sie ihre feindlich-negativen Positionen aufgeben und eine weitere positive Beeinflussung möglich ist.

Zersetzungsmaßnahmen können sich sowohl gegen Gruppen, Gruppierungen und Organisationen als auch gegen einzelne Personen richten und als relativ selbständige Art des Abschlusses Operativer Vorgänge oder im Zusammenhang mit anderen Abschlußarten angewandt werden.

Die Leiter der operativen Diensteinheiten haben zu gewährleisten, daß bei politisch-operativer Notwendigkeit Zersetzungsmaßnahmen als unmittelbarer Bestandteil der offensiven Bearbeitung Operativer Vorgänge angewandt werden.

Zersetzungsmaßnahmen sind insbesondere anzuwenden:
- wenn in der Bearbeitung Operativer Vorgänge die erforderlichen Beweise für das Vorliegen eines Staatsverbrechens oder einer anderen Straftat erarbeitet wurden und der jeweilige Operative Vorgang aus politischen und politisch-operativen Gründen im Interesse der Realisierung eines höheren gesellschaftlichen Nutzens nicht mit strafrechtlichen Maßnahmen abgeschlossen werden soll;
- im Zusammenhang mit der Durchführung strafrechtlicher Maßnahmen, insbesondere zur Zerschlagung feindlicher Gruppen sowie zur Einschränkung bzw. Unterbindung der Massenwirksamkeit feindlich-negativer Handlungen;
- zur wirksamen vorbeugenden Bekämpfung staatsfeindlicher Tätigkeit und anderer feindlich-negativer Handlungen, wie z. B.
  zur Verhinderung des staatsfeindlichen Wirksamwerdens negativer Gruppierungen,
  zur Einschränkung der Wirksamkeit politisch zersetzender Auffassungen bzw. von schadensverursachenden Handlungen,
  gegen Organisationen und Hintermänner staatsfeindlicher Tätigkeit im Operationsgebiet;
- gegen Personen, Personengruppen und Organisationen, von denen Aktivitäten zur Verbreitung bzw. Forcierung der politisch-ideologischen Diversion und anderer subversiver Maßnahmen gegen die DDR ausgehen.

2.6.2. Formen, Mittel und Methoden der Zersetzung

Die Festlegung der durchzuführenden Zersetzungsmaßnahmen hat auf der Grundlage der exakten Einschätzung der erreichten Ergebnisse der Bearbeitung des jeweiligen Operativen Vorganges, insbesondere der erarbeiteten Ansatzpunkte sowie der Individualität der bearbeiteten Personen und in Abhängigkeit von der jeweils zu erreichenden Zielstellung zu erfolgen.

Bewährte anzuwendende Formen der Zersetzung sind:
- systematische Diskreditierung des öffentlichen Rufes, des Ansehens und des Prestiges auf der Grundlage miteinander verbundener wahrer, überprüfbarer und diskreditierender sowie unwahrer, glaubhafter, nicht widerlegbarer und damit ebenfalls diskreditierender Angaben;
- systematische Organisierung beruflicher und gesellschaftlicher Mißerfolge zur Untergrabung des Selbstvertrauens einzelner Personen;
- zielstrebige Untergrabung von Überzeugungen im Zusammenhang mit be-

stimmten Idealen, Vorbildern usw. und die Erzeugung von Zweifeln an der persönlichen Perspektive;
- Erzeugen von Mißtrauen und gegenseitigen Verdächtigungen innerhalb von Gruppen, Gruppierungen und Organisationen;
- Erzeugen bzw. Ausnutzen und Verstärken von Rivalitäten innerhalb von Gruppen, Gruppierungen und Organisationen durch zielgerichtete Ausnutzung persönlicher Schwächen einzelner Mitglieder;
- Beschäftigung von Gruppen, Gruppierungen und Organisationen mit ihren internen Problemen mit dem Ziel der Einschränkung ihrer feindlich-negativen Handlungen;
- örtliches und zeitliches Unterbinden bzw. Einschränken der gegenseitigen Beziehungen der Mitglieder einer Gruppe, Gruppierung oder Organisation auf der Grundlage geltender gesetzlicher Bestimmungen, z. B. durch Arbeitsplatzbindungen, Zuweisung örtlich entfernt liegender Arbeitsplätze usw.

Bei der Durchführung von Zersetzungsmaßnahmen sind vorrangig zuverlässige, bewährte, für die Lösung dieser Aufgaben geeignete IM einzusetzen.
Bewährte Mittel und Methoden der Zersetzung sind:
- das Heranführen bzw. der Einsatz von IM, legendiert als Kuriere der Zentrale, Vertrauenspersonen des Leiters der Gruppe, übergeordnete Personen, Beauftragte von zuständigen Stellen aus dem Operationsgebiet, andere Verbindungsgruppen usw.;
- die Verwendung anonymer oder pseudonymer Briefe, Telegramme, Telefonanrufe usw.; kompromittierender Fotos, z. B. von stattgefundenen oder vorgetäuschten Begegnungen;
- die gezielte Verbreitung von Gerüchten über bestimmte Personen einer Gruppe, Gruppierung oder Organisation;
- gezielte Indiskretionen bzw. das Vortäuschen einer Dekonspiration von Abwehrmaßnahmen des MfS;
- die Vorladung von Personen zu staatlichen Diensteinheiten oder gesellschaftlichen Organisationen mit glaubhafter oder unglaubhafter Begründung.
Diese Mittel und Methoden sind entsprechend den konkreten Bedingungen des jeweiligen Operativen Vorganges schöpferisch und differenziert anzuwenden, auszubauen und weiterzuentwickeln.

2.6.3. Das Vorgehen bei der Ausarbeitung und Durchführung von Zersetzungsmaßnahmen

Voraussetzung und Grundlage für die Ausarbeitung wirksamer Zersetzungsmaßnahmen ist die gründliche Analyse des Operativen Vorganges, insbesondere zur Herausarbeitung geeigneter Anknüpfungspunkte, wie vorhandener Widersprüche, Differenzen bzw. von kompromittierendem Material.
Auf der Grundlage der Ergebnisse der Analyse hat die exakte Festlegung der konkreten Zielstellung der Zersetzung zu erfolgen.
Entsprechend der festgelegten Zielstellung hat die gründliche Vorbereitung und Planung der Zersetzungsmaßnahmen zu erfolgen. In die Vorbereitung sind – soweit notwendig – unter Wahrung der Konspiration die zur Bearbeitung des jeweiligen Operativen Vorganges eingesetzten bzw. einzusetzenden IM einzubeziehen.
Die Pläne zur Durchführung von Zersetzungsmaßnahmen bedürfen der Bestätigung durch den Leiter der jeweiligen Haupt-/selbständigen Abteilung bzw. Bezirksverwaltung/Verwaltung.

Pläne zur Durchführung von Zersetzungsmaßnahmen gegen
Organisationen, Gruppen, Gruppierungen oder einzelne Personen im Operations-
gebiet,
Personen in bedeutsamen zentralen gesellschaftlichen Positionen bzw. mit interna-
tionalem oder Masseneinfluß,
sowie in anderen politisch-operativ besonders bedeutsamen Fällen sind mir bzw.
meinem jeweils zuständigen Stellvertreter zur Bestätigung vorzulegen.
Die Durchführung der Zersetzungsmaßnahmen ist einheitlich und straff zu leiten.
Dazu gehört die ständige inoffizielle Kontrolle ihrer Ergebnisse und Wirkung. Die
Ergebnisse sind exakt zu dokumentieren.
Entsprechend der politisch-operativen Notwendigkeit sind weitere politisch-operative Kontrollmaßnahmen festzulegen und durchzuführen.

2.7.   Das Herauslösen der IM aus der Bearbeitung Operativer Vorgänge

2.7.1. Ziele und Grundsätze des Herauslösens

Mit dem Herauslösen ist zu sichern, daß
- die Konspiration der im Operativen Vorgang eingesetzten IM gewährleistet wird
  und sie für die weitere Arbeit am Feind erhalten bzw. dafür noch bessere
  Möglichkeiten geschaffen werden;
- durch die Nutzung und Schaffung günstiger Umstände, Bedingungen oder
  Situationen der Feind nachhaltig von den IM abgelenkt wird und die Ursachen
  für die Entlarvung in vom MfS angestrebten Zusammenhängen sucht und findet;
- die Tatsache sowie die Art und Weise des Einsatzes der IM gegenüber den
  bearbeiteten Personen, ihrer Umgebung, den feindlichen Stellen sowie der
  Öffentlichkeit konspiriert und geheimgehalten wird und dadurch die persönliche Sicherheit der IM gewährleistet ist sowie ihr Vertrauen zum MfS weiter
  gefestigt wird.
Das Herauslösen der IM ist in allen Operativen Vorgängen als eine ständige und
offensive Aufgabenstellung anzusehen und durchzusetzen. Es ist so früh wie
möglich vorzubereiten und zu planen.
Entsprechend dem Bearbeitungsstand ist das Herauslösen kontinuierlich und
zielstrebig, vor allem durch eine gut durchdachte Auftragserteilung, Instruierung
und Legendierung der IM zu verwirklichen. Auf der Grundlage der exakten
Berichterstattung der IM sind alle Hinweise, die für das Herauslösen Bedeutung
haben oder haben können, herauszuarbeiten und sorgfältig zu nutzen. Ausgehend
von der Spezifik des Operativen Vorganges ist einzuschätzen bzw. festzulegen:
- der weitere politisch-operative Einsatz und die wesentlichsten Aufgabenstellungen der herauszulösenden IM;
- der Charakter, konkrete Inhalte sowie die Tiefe des Vertrauensverhältnisses
  zwischen den IM und den verdächtigen Personen, die Umstände und Bedingungen, unter denen die IM die operativ bedeutsamen Informationen und
  Beweise einer staatsfeindlichen Tätigkeit oder anderen Straftat erarbeitet haben, Art und Umfang der scheinbaren Beteiligung der IM an Straftaten;
- der Charakter und der Beweiswert der erarbeiteten Beweise und damit die
  Beweislage insgesamt;
- die mögliche Nutzung dritter Personen bzw. die Schaffung günstiger Umstände, um von den herauszulösenden IM abzulenken.
Die Leiter haben zu sichern, daß im Verlauf der Bearbeitung und des Abschlusses
Operativer Vorgänge das Herauslösen der eingesetzten IM gewährleistet wird.

Varianten des Herauslösens

Bewährte Varianten des Herauslösens sind:
- das Organisieren des scheinbar zufälligen Auffindens oder Entdeckens von Beweismitteln;
- der Einsatz von IM, um Zeugen strafbarer Handlungen zu einer Anzeige oder Mitteilung bei den Schutz- und Sicherheitsorganen bzw. zuverlässigen offiziellen Kräften zu bewegen;
- das Einleiten von strafprozessualen Maßnahmen wegen der Begehung von Straftaten der allgemeinen Kriminalität sowie die Ausnutzung von Kenntnissen über die Verletzung von Rechtsnormen außerhalb des Strafrechts, um dadurch zu Beweisen für eine staatsfeindliche Tätigkeit zu gelangen;
- die Anwendung der Zersetzung, um nachhaltig von herauszulösenden IM abzulenken;
- die Verbreitung von Beweistatsachen in einem größeren Personenkreis;
- die Befragung Verdächtiger gemäß § 95 (2) StPO;
- die Festnahme bearbeiteter Personen nach einer vorangegangenen Vernehmung Dritter.

Diese Varianten sind, ausgehend von den konkreten Bedingungen des jeweiligen Operativen Vorganges, einzeln oder kombiniert schöpferisch anzuwenden.

Die Bestätigung des konkreten Vorgehens zum Herauslösen und der dazu erforderlichen politisch-operativen Maßnahmen obliegt den zuständigen Leitern. Sie haben zu sichern, daß die dazu notwendigen Abstimmungen mit der Untersuchungsabteilung und anderen Fachabteilungen erfolgen.

2.8.   Der Abschluß der Bearbeitung Operativer Vorgänge

2.8.1.   Das Ziel des Abschlusses Operativer Vorgänge und die Abschlußarten

Der Abschluß Operativer Vorgänge hat stets den politischen Interessen der DDR zu dienen. Die dafür erforderlichen politisch-operativen Voraussetzungen sind in der Bearbeitung und beim Abschluß zu schaffen bzw. maximal zu nutzen. Die Leiter haben zu sichern, daß bereits während der Bearbeitung Operativer Vorgänge alle Möglichkeiten zur Stärkung der DDR, z. B. zur Unterstützung von Maßnahmen in der Außenpolitik, im Außenhandel, auf ökonomischem und wissenschaftlich-technischem Gebiet rechtzeitig erkannt und zielstrebig genutzt werden.

Das Ziel des Abschlusses muß darin bestehen:
- die vorliegende und bereits erkannte staatsfeindliche Tätigkeit bzw. andere Straftaten möglichst umfassend zu beweisen und zu unterbinden;
- ihre konkreten Ursachen, begünstigenden Bedingungen und Umstände durch Einflußnahme auf die dafür zuständigen Staats- und wirtschaftsleitenden Organe, Betriebe, Kombinate und Einrichtungen sowie gesellschaftlichen Organisationen weitgehend auszuräumen;
- weitere feindlich-negative Handlungen wirkungsvoll vorbeugend zu verhindern und Maßnahmen zur Gewährleistung oder Wiederherstellung von Sicherheit und Ordnung im jeweiligen Bereich einzuleiten bzw. diese zu erhöhen;
- die innere Sicherheit im Verantwortungsbereich maximal zu gewährleisten und damit die Politik von Partei und Regierung insgesamt durchsetzen zu helfen.

Arten des Abschlusses Operativer Vorgänge sind insbesondere:
- Einleitung eines Ermittlungsverfahrens mit bzw. ohne Haft,
- Überwerbung,
- Anwendung von Maßnahmen der Zersetzung,

- Anwerbung,
- Verwendung des Vorgangsmaterials als kompromittierendes Material gegen-
  über Konzernen, Betrieben, Institutionen, staatlichen Organen der BRD, ande-
  rer nichtsozialistischer Staaten bzw. Westberlins,
- Einleitung spezifischer Maßnahmen gegen bevorrechtete Personen,
- Übergabe von Material über Straftaten der allgemeinen Kriminalität an andere
  Schutz- und Sicherheitsorgane,
- öffentliche Auswertung bzw. Übergabe von Material an leitende Partei- und
  Staatsfunktionäre, verbunden mit Vorschlägen für vorbeugende Maßnahmen
  zur Gewährleistung von Sicherheit und Ordnung.

Bei jedem Vorgangsabschluß sind jene Abschlußarten bzw. auch Teilabschlüsse
festzulegen, die den größten sicherheitspolitischen Nutzen erbringen.

Die Leiter haben bei der Anleitung und Kontrolle der Bearbeitung von operativen
Vorgängen unter Berücksichtigung der geltenden gesetzlichen Bestimmungen
ständig zu prüfen, ob die politisch-operativen Zielvorstellungen mit der notwendigen Qualität und im notwendigen Umfang, insbesondere durch den Nachweis des
dringenden Verdachts einer Straftat, realisiert wurden bzw. vorhandene oder
drohende Gefahrenzustände, wie geplante Terrorverbrechen, gewaltsame Grenz-
durchbrüche, Geiselnahmen, den Abschluß notwendig machen.

Die Hauptabteilungen bzw. Abteilungen der Bezirksverwaltungen/Verwaltungen
haben die vorgangsbearbeitenden Diensteinheiten beim Abschluß von Operativen
Vorgängen zu unterstützen. Das hat insbesondere durch aktive Mitwirkung bei der
Erarbeitung von Beweisen, beim Einsatz der operativen Kräfte und Mittel sowie
durch gemeinsame Festlegung und Realisierung der politisch-operativ zweckmä-
ßigsten Abschlußart zu erfolgen.

2.8.2. Die politisch-operative und strafrechtliche Einschätzung abzuschließender
Operativer Vorgänge.

Im Stadium des Abschlusses Operativer Vorgänge ist eine konzentrierte Prüfung
und Bewertung des gesamten Materials nach politisch-operativen, strafrechtlichen
und strafprozessualen Gesichtspunkten vorzunehmen, um die Voraussetzungen
für den Abschluß zu beurteilen und die Art des Abschlusses festzulegen.

Dazu ist es – insbesondere unter Beachtung der konkreten Klassenkampfsituation
bzw. politisch-operativen Lage – erforderlich:
- das Vorgangsmaterial analytisch zu durchdringen, um seine politisch-operative
  und strafrechtliche Bedeutsamkeit festzustellen;
- die Tatbestandsmäßigkeit des im Operativen Vorgang erarbeiteten Materials,
  den Charakter und Umfang der Straftat, ihre gesellschaftsschädigenden Folgen, die Mittel und Methoden ihrer Begehung und Verschleierung sowie die mit
  der Tat angestrebten Ziele herauszuarbeiten (objektive und subjektive Anforderungen, Beteiligungsformen, Entwicklungsstadien);
- die Beweislage in be- und entlastender Hinsicht einzuschätzen (strafprozessual
  verwertbare und inoffizielle, direkte und indirekte Beweise, Beweiswert, Beweis-
  führungsmöglichkeiten);
- Möglichkeiten der Herauslösung der IM bzw. den Stand der dazu bereits
  eingeleiteten politisch-operativen Maßnahmen zu prüfen;
- den Verdächtigen möglichst allseitig sowie den Inhalt und Umfang seiner
  Verbindungen zu beurteilen.

Im Ergebnis dieser Einschätzung ist durch die Leiter vorzuschlagen bzw. zu
entscheiden, mit welcher Zielstellung der konkrete Operative Vorgang abzuschlie-

ßen ist, welche Abschlußart die größte gesellschaftliche Wirksamkeit hat bzw. welcher politisch-operative Nutzeffekt mit ihr für die weitere Arbeit am Feind sowie die ideologische Offensive der Partei erzielt werden kann.

Beim Abschluß Operativer Vorgänge ist durch die vorgangsbearbeitende Diensteinheit – in Abstimmung mit den zuständigen Fachabteilungen – ein Abschlußbericht zu fertigen. Dieser muß die erreichten wesentlichen politisch-operativen und strafrechtlichen Ergebnisse, insbesondere die geschaffenen Beweise und den erreichten Stand bei der Klärung der Verdachtsgründe und der Herauslösung der IM ausweisen sowie den Vorschlag zum Abschluß und die zu wählende Abschlußart begründen.

Im Abschlußbericht müssen vorgesehene weitere politisch-operative Maßnahmen, wie Einleitung der OPK, Reisesperren u. a., zu den im Operativen Vorgang erfaßten Personen ersichtlich sein. Der Abschlußbericht muß eine rationelle Wiedergewinnung erarbeiteter Informationen für die künftige politisch-operative Arbeit ermöglichen.

Die Bestätigung des Abschlußberichtes und der darin enthaltenen Vorschläge erfolgt

in den Hauptabteilungen/selbständigen Abteilungen

durch die Leiter oder deren Stellvertreter,

in den Bezirksverwaltungen/Verwaltungen

durch die Leiter der Bezirksverwaltungen/Verwaltungen oder deren Stellvertreter Operativ.

2.8.3. Die Realisierung des Abschlusses Operativer Vorgänge und die Durchführung politisch-operativer Maßnahmen nach dem Vorgangsabschluß

Der Abschluß von Operativen Vorgängen ist so vorzubereiten und durchzuführen, daß die vorgesehene Zielstellung mit hoher Qualität erreicht wird. Das dazu erforderliche operativ-taktische Vorgehen, insbesondere zur Erarbeitung weiterer Beweismittel, zur Schadensverhütung, zur Ausräumung begünstigender Bedingungen und Umstände ist festzulegen und durch die Leiter zu bestätigen.

Die Einleitung von Ermittlungsverfahren ist dem Leiter der Haupt-/selbständigen Abteilung bzw. Bezirksverwaltung/Verwaltung durch die Untersuchungsabteilungen vorzuschlagen und zu begründen. Angeordnet wird die Einleitung von Ermittlungsverfahren durch den Leiter der Hauptabteilung IX bzw. der Bezirksverwaltung/Verwaltung.

Die Durchführung von Ermittlungsverfahren obliegt der Untersuchungsabteilung und hat unter strikter Einhaltung der dafür geltenden gesetzlichen Bestimmungen, insbesondere der StPO, zu erfolgen. Die vorgangsbearbeitenden Diensteinheiten und zuständigen Fachabteilungen haben mit der Untersuchungsabteilung bei Einleitung von Ermittlungsverfahren insbesondere festzulegen:

- Art und Weise der Verhaftung oder Festnahme sowie der Durchsuchung und Beschlagnahme;
- politisch-operativ zu beachtende Umstände in der Erstvernehmung, um eine schnelle Aussagebereitschaft zu erreichen;
- erforderliche politisch-operative Maßnahmen zur Kontrolle der verdächtigen Personen bei Ermittlungsverfahren ohne Haft;
- die unverzügliche Überprüfung von Aussagen und andere Maßnahmen zur Erarbeitung und Sicherung weiterer strafprozessual verwertbarer Beweise sowie den Informationsfluß über alle das Ermittlungsverfahren betreffenden Personen;

– die Weiterführung des Herauslösens der IM;
– politisch-operative Maßnahmen zur Schadensverhütung sowie zur Feststellung von Reaktionen der imperialistischen Geheimdienste, anderer feindlicher Zentren, Organisationen und Kräfte, der Hintermänner, Inspiratoren, Mittäter, Angehörigen usw.

Soweit erforderlich, sind solche Entscheidungen auch bei anderen Abschlußarten zu treffen.

Bei allen Abschlußarten sind grundsätzlich Konsultationen mit der Untersuchungsabteilung vorzunehmen. Die mit und nach dem Abschluß Operativer Vorgänge arbeitsteilig zu lösenden Aufgaben zur Gewährleistung von Sicherheit und Ordnung sowie zur Ausräumung begünstigender Bedingungen und Umstände haben dabei im Mittelpunkt zu stehen. Die Leiter der vorgangsbearbeitenden Diensteinheiten haben dazu gemeinsam mit den zuständigen Leitungen der Partei und den staatlichen Leitern entsprechende Festlegungen zu treffen sowie darauf Einfluß zu nehmen, daß die notwendigen Maßnahmen ausgearbeitet und durchgeführt werden.

Die eingeleiteten Maßnahmen sind durch den Einsatz operativer Kräfte und Mittel zu kontrollieren bzw. zu unterstützen, um auch nach dem Vorgangsabschluß die Realisierung der angestrebten Ziele zu gewährleisten.

Die Durchführung strafprozessualer Maßnahmen oder rechtlicher Sanktionen sowie die verstärkte Einschaltung des Staatsanwaltes im Rahmen der Gesetzlichkeitsaufsicht obliegt der Untersuchungsabteilung oder wird von ihr veranlaßt. Die Übergabe von Materialien an andere Schutz- und Sicherheitsorgane, andere Staats- und wirtschaftsleitende Organe, Betriebe, Kombinate und Einrichtungen sowie gesellschaftlicher Organisationen hat entsprechend meinen grundsätzlichen Weisungen zur Informationstätigkeit des MfS an leitende Partei- und Staatsfunktionäre zu erfolgen.

Alle Materialien aus den Bereichen der Haupt-/selbständigen Abteilungen und besonders bedeutsame operative Materialien aus den Bereichen der Bezirksverwaltungen/Verwaltungen sind mir zur Entscheidung vorzulegen.

Die Ergebnisse wichtiger politisch-operativer Maßnahmen im Zusammenhang mit dem Abschluß Operativer Vorgänge sind in den Operativen Vorgängen zu dokumentieren.

2.8.4. Politisch-operative und strafrechtliche Gründe für das Einstellen der Bearbeitung Operativer Vorgänge

Die Bearbeitung Operativer Vorgänge ist einzustellen, wenn
– die Verdachtsgründe, die zum Anlegen des Operativen Vorganges führten, eindeutig und nachweisbar widerlegt und somit weder Straftaten noch andere Rechtsverletzungen begangen wurden bzw. die Voraussetzungen für eine Strafverfolgung nicht mehr gegeben sind (wie Verjährung, Tod des Verdächtigen, Zurechnungsunfähigkeit) oder
– zur Zeit objektiv keine Möglichkeiten vorhanden sind, die Verdachtsgründe zu klären.

Die Leiter der die Operativen Vorgänge führenden Diensteinheiten haben zu sichern, daß die Gründe für das Einstellen von Operativen Vorgängen gewissenhaft geprüft, notwendige vorbeugende oder der Einhaltung/Wiederherstellung der Gesetzlichkeit dienende Maßnahmen eingeleitet bzw. veranlaßt und Abschlußberichte gefertigt werden. Die Entscheidung über das Einstellen treffen die für das Anlegen und den Abschluß Operativer Vorgänge entscheidungsberechtigten

Leiter. Durch sie ist gleichzeitig zu prüfen, ob zu festgestellten Rechtsverletzungen, Mängeln, Mißständen usw. eine öffentliche Auswertung bzw. die Übergabe von Material an leitende Partei- und Staatsfunktionäre erfolgen soll.

Abgelegte Operative Vorgänge sind, insbesondere beim Bekanntwerden neuer operativ bedeutsamer Tatsachen zur Person und zum Sachverhalt, bei Veränderungen der politisch-operativen Lage sowie daraus resultierenden Sicherheitserfordernissen durch die Diensteinheit, die den jeweiligen Operativen Vorgang bearbeitete oder in deren Zuständigkeitsbereich die Person anfällt, erneut einzuschätzen und auf die Notwendigkeit einer Wiederaufnahme der Bearbeitung zu überprüfen.

3. Grundsätzliche Aufgaben der Leiter zur Qualifizierung der Entwicklung und Bearbeitung Operativer Vorgänge

3.1. Analysierung der Entwicklung und Bearbeitung Operativer Vorgänge im Verantwortungsbereich sowie die Festlegung erforderlicher Maßnahmen

Die bei der Entwicklung und Bearbeitung Operativer Vorgänge im Verantwortungsbereich erzielten Ergebnisse sind ständig und im Zusammenhang mit der Erarbeitung der Jahresanalyse einzuschätzen.

Die Ziele und Aufgaben der Qualifizierung der Entwicklung und Bearbeitung Operativer Vorgänge sind entsprechend der Richtlinie Nr. 1/70 in die Arbeitspläne der Leiter aufzunehmen.

Durch die analytische Tätigkeit sind insbesondere zu bewerten:

- die Erarbeitung von Ausgangsmaterialien für Operative Vorgänge und deren sicherheitspolitische Bedeutung;
- die Qualität der Beweisführung, insbesondere der politisch-operative Wert und die Verwendbarkeit der gewonnenen inoffiziellen und offiziellen Beweismittel für eine wirksame Feindbekämpfung;
- erfolgreiche Abschlüsse Operativer Vorgänge entsprechend den im Abschnitt 2.8. angeführten Abschlußarten und die damit erzielte sicherheitspolitische Wirkung;
- erreichte Aufklärungsergebnisse über die Geheimdienste, andere feindliche Zentren, Organisationen und Kräfte sowie deren Pläne, Absichten, Maßnahmen, Mittel und Methoden;
- erzielte Ergebnisse bei der vorbeugenden Abwehr bzw. Einschränkung geplanter feindlich-negativer Handlungen sowie bei der Schadensverhinderung und Aufrechterhaltung bzw. Wiederherstellung von Sicherheit und Ordnung;
- die Effektivität des Einsatzes der operativen Kräfte, Mittel und Methoden sowie die aufgewandte Bearbeitungszeit im Verhältnis zum erzielten gesellschaftlichen Nutzen;
- die Gründe für das Einstellen Operativer Vorgänge;
- erkannte Schwächen bei der Bearbeitung Operativer Vorgänge, bei der vorbeugenden Verhinderung von Schäden und Gefahren und erkannte Ursachen für die Nichtrealisierung festgelegter Zielstellungen für die Entwicklung und Bearbeitung Operativer Vorgänge;
- die Veränderungen im Bestand und in der sicherheitspolitischen Bedeutung Operativer Vorgänge;
- die Wirksamkeit durchgeführter Maßnahmen zur Qualifizierung der Bearbeitung Operativer Vorgänge;

– die von den Leitern und operativen Mitarbeitern bei der Entwicklung und Bearbeitung Operativer Vorgänge geleistete Arbeit, Ergebnisse der Zusammenarbeit mit anderen Diensteinheiten sowie das Zusammenwirken mit anderen Organen.

Die bei der Entwicklung und Bearbeitung Operativer Vorgänge sowie durch gründliche Auswertung abgeschlossener Operativer Vorgänge gewonnenen Erkenntnisse und Erfahrungen sind sorgfältig zu speichern und für die Planung und Organisierung der politisch-operativen Arbeit, insbesondere für

die weitere Qualifizierung der Entwicklung und Bearbeitung Operativer Vorgänge sowie

die systematische, vorgangsbezogene Qualifizierung und Entwicklung der operativen Mitarbeiter

ständig zu nutzen.

Jeder abgeschlossene Operative Vorgang ist hinsichtlich seiner Eignung zur Schulung der operativen Mitarbeiter einzuschätzen.

Für die zentrale Aufbereitung geeigneter Operativer Vorgänge für Schulungszwecke sind – bei Gewährleistung der erforderlichen Abstimmungen – die operativen Haupt-/selbständigen Abteilungen in enger Zusammenarbeit mit der Hauptabteilung Kader und Schulung und der Juristischen Hochschule Potsdam verantwortlich.

Hervorragende Leistungen operativer Mitarbeiter bei der Entwicklung und Bearbeitung Operativer Vorgänge und wertvolle Beiträge anderer Diensteinheiten sind entsprechend zu würdigen.

3.2. Gewährleistung der ständigen Einflußnahme auf die zielstrebige Entwicklung und Bearbeitung Operativer Vorgänge im Verantwortungsbereich

Die Leiter haben ständig zu sichern, daß die Entwicklung von perspektivvollen Ausgangsmaterialien vorrangig in den politisch-operativen Schwerpunktbereichen und zur Bearbeitung politisch-operativer Schwerpunkte erfolgt und die Operativen Vorgänge – insbesondere die mit hoher sicherheitspolitischer Bedeutung – zügig und mit hoher Qualität bearbeitet werden.

Dazu ist insbesondere erforderlich:
– Gewährleistung der Kontrolle und Übersicht über die Entwicklung von Ausgangsmaterialien für Operative Vorgänge;
– Differenzierung der Operativen Vorgänge im Verantwortungsbereich nach ihrer sicherheitspolitischen Bedeutung;
– Bestimmung des Einsatzes der operativen Kräfte, Konzentration der qualifiziertesten operativen Kräfte auf die Operativen Vorgänge mit hoher sicherheitspolitischer Bedeutung,
Einsatz zeitweiliger Arbeitsgruppen entsprechend den politisch-operativen Erfordernissen;
– Festlegung der Verantwortlichkeit für die Anleitung und Kontrolle der für die Bearbeitung der Operativen Vorgänge verantwortlichen operativen Mitarbeiter, Festlegung der persönlichen Kontrolle und Anleitung bei Operativen Vorgängen mit hoher sicherheitspolitischer Bedeutung;
– rechtzeitige und sorgfältige Entscheidungen über das Anlegen, über erforderliche Maßnahmen zur zügigen Bearbeitung und zum Abschluß Operativer Vorgänge;
– exakte Kontrolle der qualitäts- und termingerechten Durchführung der in den Operativplänen festgelegten politisch-operativen Maßnahmen;

- Unterstützung der operativen Mitarbeiter bei der Auswahl und beim Einsatz der IM sowie der Ausarbeitung und Anwendung operativer Legenden und Kombinationen;
- Organisierung der Zusammenarbeit sowie der erforderlichen Konsultationen mit den Diensteinheiten der Linie IX;
- Organisierung der erforderlichen Zusammenarbeit mit anderen Diensteinheiten und des Zusammenwirkens mit anderen Organen;
- Gewährleistung der ständigen Auswertung der im Prozeß der Entwicklung und Bearbeitung Operativer Vorgänge erarbeiteten Informationen über das Vorgehen des Gegners, insbesondere über neue Pläne, Absichten, Mittel und Methoden und Angriffsobjekte, sowie über entstehende Gefahren und Auswirkungen. Sofortige Informierung der zuständigen Diensteinheiten und der zuständigen Partei- und Staatsorgane sowie Einleitung der erforderlichen Vorbeugungsmaßnahmen;
- Gewährleistung der Durchführung erforderlicher politisch-operativer Maßnahmen nach dem Abschluß Operativer Vorgänge wie z. B. die Gewährleistung der Sicherheit der IM, die Kontrolle der Durchführung von Maßnahmen zur Beseitigung begünstigender Bedingungen und Umstände, die weitere Kontrolle von Verbindungen der im Operativen Vorgang bearbeiteten Personen u. dgl.

Die Leiter der Haupt-/selbständigen Abteilungen und Bezirksverwaltungen/Verwaltungen haben auf ihrer Linie bzw. in ihrem Verantwortungsbereich die operativen Diensteinheiten bei der Bearbeitung von Operativen Vorgängen mit hoher sicherheitspolitischer Bedeutung wirksam zu unterstützen, insbesondere durch

- die ständige Anleitung und Kontrolle der Bearbeitung;
- den Einsatz qualifizierter erfahrener operativer Mitarbeiter und IM;
- den Einsatz spezieller Kräfte und Mittel.

Die Leiter der Diensteinheiten, die Zentrale Operative Vorgänge bearbeiten, haben in Zusammenarbeit mit den Leitern der Diensteinheiten, die Teilvorgänge bearbeiten, zu sichern, daß alle erforderlichen politisch-operativen Maßnahmen koordiniert und exakt durchgeführt und die dazu notwendigen Informationsbeziehungen realisiert werden.

3.3. Organisation des Zusammenwirkens mit den Sicherheitsorganen der befreundeten sozialistischen Staaten

Sofern bei der Entwicklung und Bearbeitung Operativer Vorgänge ein Zusammenwirken mit den Sicherheitsorganen der befreundeten sozialistischen Staaten erforderlich ist, haben die Leiter der operative Diensteinheiten Ersuchen an die Sicherheitsorgane der befreundeten sozialistischen Staaten

- zur Durchführung politisch-operativer Maßnahmen durch die Sicherheitsorgane der befreundeten sozialistischen Staaten;
- um Zustimmung dieser Sicherheitsorgane zur Einbeziehung von Bürgern dieser Staaten in die Bearbeitung Operativer Vorgänge bzw. in die inoffizielle und offizielle Zusammenarbeit

nach Abstimmung mit dem Leiter der jeweils federführenden Diensteinheit an die Abteilung X zu richten.

Die Übergabe im Prozeß der Entwicklung und Bearbeitung Operativer Vorgänge erarbeiteter politisch-operativer Hinweise zu Personen und Sachverhalten, für deren weitere Auswertung und Bearbeitung die Sicherheitsorgane der befreundeten sozialistischen Staaten zuständig sind, hat analog zu erfolgen.

Ersuchen um Rechtshilfe an die Sicherheitsorgane befreundeter sozialistischer

Staaten (Festnahme, Durchsuchung, Vernehmung, Suche und Sicherung anderer strafprozessualer Beweise) sind rechtzeitig mit der Hauptabteilung IX abzustimmen.

Fahndungsersuchen sind nach Abstimmung mit der Hauptabteilung IX über die Fahndungsführungsgruppe einzuleiten und der Abteilung X zu übergeben.

Festnahmeersuchen bedürfen meiner Bestätigung.

Den Einsatz operativer Technik oder die operative Beobachtung durch die Sicherheitsorgane befreundeter sozialistischer Staaten betreffende Ersuchen sowie Ersuchen in anderen politisch-operativ besonders bedeutsamen Fällen bedürfen der Bestätigung durch mich bzw. meinen jeweils zuständigen Stellvertreter.

4. Schlußbestimmungen

4.1. Die Registrierung Operativer Vorgänge, die Erfassung von Personen und Objekten auf der Grundlage Operativer Vorgänge und die Führung der Vorgangsakten haben entsprechend der 1. Durchführungsbestimmung zu dieser Richtlinie zu erfolgen.

4.2. Diese Richtlinie ist von den Leitern der operativen Diensteinheiten persönlich aufzubewahren. Über die Einsichtnahme ist Nachweis zu führen.

4.3. Diese Richtlinie tritt mit Wirkung vom 1. 1. 1976 in Kraft.

Mielke
Generaloberst

Quelle: *Geheime Verschlußsache MfS 008 Nr. 100/76*

6

Erich Mielke an der Parteihochschule der SED: »Zuverlässige Gewährleistung der staatlichen Sicherheit«

Genossinnen und Genossen!

Auf der Grundlage der Lehren von Karl Marx, Friedrich Engels und Wladimir Iljitsch Lenin, der reichen Kampferfahrungen der KPdSU, der deutschen und internationalen Arbeiterbewegung entwickelt und verwirklicht die Sozialistische Einheitspartei Deutschlands konsequent und schöpferisch die marxistisch-leninistische Sicherheitspolitik entsprechend den konkreten Bedingungen unseres Landes.

Wie in den vergangenen 35 Jahren geht unsere Partei auch in Zukunft von der grundlegenden Erkenntnis aus, daß die allseitige Stärkung, ständige Festigung und zuverlässige Sicherung der Arbeiter-und-Bauern-Macht die wichtigste Bedingung ist für das weitere erfolgreiche Voranschreiten bei der Gestaltung der entwickelten sozialistischen Gesellschaft und für den größtmöglichen Beitrag der DDR im Kampf um die Erhaltung und Sicherung des Friedens. Die Machtfrage war, ist und bleibt die entscheidende Grundfrage der sozialistischen Revolution und ihrer Perspektiven in der DDR.

Konsequent läßt sich unsere Partei von der uneingeschränkt gültigen Erkenntnis von Karl Marx leiten, daß die Arbeiterklasse die politische Macht, die Diktatur des Proletariats, benötigt, um ihr Endziel, die klassenlose kommunistische Gesellschaft, zu erreichen, daß sie die einmal eroberte Macht gegen alle Angriffe der äußeren und inneren Feinde entschlossen, unter Anwendung – wenn erforderlich – aller Formen des Klassenkampfes verteidigen und behaupten muß.

»Der sozialistischen Staatsmacht obliegt es auch, den Aufbau und die Errungenschaften des Sozialismus vor jeglichen Angriffen ihrer Feinde wirkungsvoll zu schützen«, sagte der Generalsekretär des Zentralkomitees der SED und Vorsitzende des Staatsrates der DDR, Genosse Erich Honecker, im Bericht des Zentralkomitees an den X. Parteitag. Diese grundlegende Aufgabenstellung behält auch im Zeitraum der Gestaltung der entwickelten sozialistischen Gesellschaft ihre volle Gültigkeit. Dementsprechend ist die Gewährleistung der staatlichen Sicherheit seit Gründung unserer Republik fester Bestandteil der Gesamtpolitik der Partei und der staatlichen Leitungstätigkeit.

Zuverlässige Gewährleistung der staatlichen Sicherheit – das heißt in erster Linie, die politischen Machtverhältnisse, die politischen und sozialökonomischen Grundlagen des Arbeiter-und-Bauern-Staates vor allen subversiven Angriffen äußerer und innerer Feinde zu schützen und zu verteidigen und in Verbindung damit unsere sozialistische Staats- und Gesellschaftsordnung vor Schäden und Gefahren, negativen Einwirkungen und Beeinträchtigungen zu bewahren. Wichtigste Voraussetzung für die Gewährleistung der staatlichen Sicherheit ist und bleibt die Führung durch die Partei der Arbeiterklasse, ihre kluge, wissenschaftlich begründete und massenverbundene Politik. Deshalb erfülle ich auch sehr gern den Auftrag, hier an der höchsten Bildungsstätte unserer Partei, an der Parteihochschule »Karl Marx«, vor diesem Kreis bewährter Parteiarbeiter zu Anforderungen und Aufgaben bei der Gewährleistung der staatlichen Sicherheit in Verwirklichung der Beschlüsse des X. Parteitages zu sprechen.

Die Angehörigen des Ministeriums für Staatssicherheit sind sich der großen Verantwortung, die ihnen die Partei zur Gewährleistung der staatlichen Sicherheit der DDR übertragen hat, voll bewußt. Ich darf euch versichern, daß wir, geführt von unserer marxistisch-leninistischen Partei und fest verbunden mit dem werktätigen Volk, unser Bestes geben, um den uns erteilten Klassenauftrag unter allen Bedingungen in Ehren zu erfüllen.

In wenigen Monaten, am 8. Februar 1985, begehen wir den 35. Jahrestag der Bildung des Ministeriums für Staatssicherheit. Vor nun schon dreieinhalb Jahrzehnten wurde ein Organ geschaffen, dessen Angehörige als einfache Bevollmächtigte des werktätigen Volkes, als Arbeiter einer besonderen Waffengattung, wie Lenin die Angehörigen der sozialistischen Sicherheitsorgane charakterisierte, ihren Dienst für den Schutz des Sozialismus und des Friedens leisten.

Die Notwendigkeit der Bildung und Tätigkeit spezieller Organe der Diktatur des Proletariats zur Bekämpfung der konterrevolutionären Angriffe des Feindes, zur Gewährleistung der Sicherheit des sozialistischen Staates ist die logische Konsequenz der Marxschen Erkenntnisse, wonach die Polizeiinstitutionen des Ausbeuterstaates zerschlagen und eigene, proletarische Sicherheitsorgane geschaffen werden müssen. Im Sinne der Marxschen Schlußfolgerungen aus der Pariser Kommune: »Die unabhängige Polizei wird beseitigt und . . . durch Diener der Kommune ersetzt«, braucht das Proletariat Sicherheitsorgane, die im Auftrag und unter Führung seiner Partei, gestützt auf die werktätigen Massen und ihre aktive Einbeziehung, die einmal eroberte politische Macht mit allen Mitteln, auch mittels revolutionärer Gewalt und konspirativer Methoden, zu sichern haben.

Die Richtigkeit dieser Lehren wurde mit der von Wladimir Iljitsch Lenin und Feliks Edmundowitsch Dzierżyński geschaffenen ruhmreichen Tscheka und ihrem aufopferungsvollen, heldenmütigen und erfolgreichen Kampf zur Sicherung der Errungenschaften der Großen Sozialisten Oktoberrevolution und des sozialistischen Aufbaus der UdSSR, zur Gewährleistung der Sicherheit des ersten sozialistischen Staates der Erde bestätigt.

Ein unverzichtbares Mittel in den Händen der Arbeiterklasse zur Verwirklichung ihrer historischen Mission, zur Sicherung des auf diesem Weg Erreichten, sah Karl Marx in der Konspiration – klug eingeordnet in die Gesamtheit der Kampfmethoden des Proletariats entsprechend den Bedingungen und Erfordernissen des Klassenkampfes.

Wir müssen den Feind mit seinen eigenen Waffen schlagen. Verdeckt vorgetragene Angriffe, raffiniert getarnte subversive Umtriebe und Agenturen des Gegners verlangen die Anwendung konspirativer Mittel und Methoden zu ihrer erfolgreichen Aufdeckung und Bekämpfung, die Geheimhaltung der dazu ergriffenen Maßnahmen und eingesetzten Kräfte. Dazu sind wir nicht nur objektiv gezwungen, sondern auch moralisch berechtigt. Schrieb doch schon Karl Marx: »Wenn die Arbeiterklasse konspiriert, die die große Masse jeder Nation bildet, die allen Reichtum erzeugt . . ., so konspiriert sie öffentlich, wie die Sonne gegen die Finsternis konspiriert, in dem vollen Bewußtsein, daß außerhalb ihres Bereiches keine *legitime* Macht besteht.«

Diese Orientierungen haben im Kampf der kommunistischen und Arbeiterparteien gegen Ausbeutung, Unterdrückung und imperialistischen Krieg, für die Wahrung und den Schutz der Interessen und Errungenschaften der Arbeiterklasse, im Kampf gegen konterrevolutionäre Machenschaften und Umsturzversuche bis heute nichts an Aktualität verloren.

Genossinnen und Genossen!

Wenn auch die Aufklärung und Bekämpfung der geheimen Pläne, Machenschaften und Kräfte des Gegners sowie der Feinde im Innern immer die Aufgabe unseres sozialistischen Staatssicherheitsorgans bleiben wird, so sollten wir uns heute mehr denn je von dem bewährten Grundsatz leiten lassen: Die Gewährleistung der staatlichen Sicherheit geht jeden an! Das ist eine Aufgabe, die nur unter Führung der Partei, durch die volle Wahrnehmung der allen Staats- und wirtschaftsleitenden Organen, gesellschaftlichen Organisationen und Einrichtungen übertragenen sicherheitspolitischen Pflichten sowie durch die breite Einbeziehung der Werktätigen gelöst werden kann und erfolgreich gelöst wird. Sie verlangt die volle Wahrnehmung der diesbezüglichen persönlichen Verantwortung der Leiter in Staat und Wirtschaft, sicherheitspolitisches Denken und Handeln aller Parteifunktionäre und aller Leiter sowie die weitere Ausprägung ihrer Vorbildrolle auch in dieser Hinsicht.

Die Durchsetzung der Sicherheitspolitik der Partei, die Gewährleistung der staatlichen Sicherheit, einer hohen politischen Stabilität, Sicherheit, Ordnung und Disziplin, der Kampf gegen Rechtsverletzungen und Fehlverhaltensweisen, gegen Störungen und Hemmnisse jeglicher Art sowie gegen die sie begünstigenden Bedingungen, für die konsequente Einhaltung und Durchsetzung der sozialistischen Gesetzlichkeit sind in jedem Verantwortungsbereich zum festen Bestandteil der Tätigkeit jeder Parteileitung und jedes Leiters zu machen. Worauf es dabei insgesamt ankommt, darauf orientiert unsere Parteiführung ständig in ihren Beschlüssen, auf den Tagungen des Zentralkomitees und auf zentralen Beratungen. Im Mittelpunkt muß vor allem stehen, unser sozialistisches Recht konsequent durchzusetzen und alle Werktätigen zu hoher Wachsamkeit und vorbildlichem Verhalten bei der Einhaltung und Durchsetzung der staatsbürgerlichen Rechte und

Pflichten zu erziehen und zu mobilisieren. Wir sollten die politische Reife, den sozialistischen Patriotismus und die enge Verbundenheit unserer Bürger mit ihrem Staat der Arbeiter und Bauern noch umfassender für unseren Kampf nutzen und sie immer besser befähigen, die Politik der Partei offensiv zu vertreten, der Politik und Ideologie des Imperialismus konsequent zu begegnen und feindlichen Kräften die ihnen gebührende Abfuhr zu erteilen.

Die Gewährleistung der staatlichen Sicherheit, einer hohen politischen Stabilität, Sicherheit und Ordnung in jedem gesellschaftlichen Bereich, in jedem Territorium, in jedem Betrieb muß noch stärker zur ureigensten Sache jedes Bürgers unserer Republik gemacht werden. Indem jeder seine Verantwortung als Staatsbürger der DDR, seine verfassungsmäßigen Rechte und Pflichten voll wahrnimmt, sich stets politisch wachsam verhält, die Schutz- und Sicherheitsorgane in ihrer Tätigkeit aktiv unterstützt, dient er der gesamten Gesellschaft und sich selbst. Das entspricht objektiv seinen persönlichen Interessen.

Was die Kommunisten des sozialistischen Staatssicherheitsorgans betrifft, so kann ich euch versichern: Die Beschlüsse der Partei und die Gesetze unseres Staates sind und bleiben die Grundlage, die Richtlinie des Handelns aller Angehörigen des Ministeriums für Staatssicherheit. Unsere Partei, die Arbeiterklasse, das gesamte werktätige Volk sollen wissen: Das MfS ist ihr Sicherheitsorgan, das stets in ihrem Interesse handelt, auf das in jeder Situation Verlaß ist.

Genossinnen und Genossen!

Angesichts der verschärften Klassenauseinandersetzung, der zunehmenden Komplexität, Härte und Kompliziertheit unseres Kampfes erfordert die Gewährleistung der staatlichen Sicherheit heute erst recht, den Genossen ständig aktuelle Erkenntnisse darüber zu vermitteln und die Klarheit darüber zu vertiefen, was der Imperialismus will, wie er gegen den Sozialismus und besonders auch gegen die DDR vorgeht. Das ist eine entscheidende Voraussetzung, um rechtzeitig wirksame Maßnahmen zur offensiven Durchkreuzung der antisozialistischen Pläne, Absichten und Aktivitäten einzuleiten, und auch dafür, daß jeder noch besser in die Lage versetzt wird, seinen Beitrag zur Gewährleistung der staatlichen Sicherheit zu leisten. Diese Kenntnisse erleichtern es zudem, aktuelle Tendenzen und Erscheinungen im Vorgehen gegen uns selbständig richtig zu bewerten, bestimmte Ereignisse nicht isoliert als Einzelerscheinungen, sondern stets im engen Zusammenhang mit der internationalen Klassenauseinandersetzung insgesamt zu betrachten, in die Gesamtzusammenhänge einzuordnen und sich die daraus erwachsenden Anforderungen an sein eigenes Denken und Handeln stets bewußtzumachen. Je besser wir das verstehen, um so exakter sind wir in der Lage, die Strategie und Taktik des Gegners richtig herauszuarbeiten und seinem Vorgehen wirksam zu begegnen.

Täglich bestätigt sich aufs neue die grundsätzliche Einschätzung: Im Ergebnis der abenteuerlichen, militaristischen Politik der herrschenden aggressivsten imperialistischen Kreise in den USA und in der NATO hat sich die internationale Lage rapide zugespitzt. Die Reagan-Administration betreibt einen gefährlichen Kurs der verschärften militärisch-politischen Konfrontation, zu dessen forcierter Fortsetzung sie durch die Wiederwahl Reagans ermuntert wurde. Um jeden Preis soll der Welt die imperialistische Vorherrschaft, bei dominierender Stellung der USA, aufgezwungen werden. Der Hauptstoß richtet sich gegen die sozialistischen Länder, vor allem gegen die Sowjetunion. Im Rahmen des von den aggressivsten Interessengruppen der USA und der NATO betriebenen antikommunistischen und fortschrittsfeindlichen »Kreuzzuges« setzt der Imperialismus alle seine politischen, militärischen,

139

ökonomischen, ideologischen und subversiven Mittel ein, um den Kampf gegen den Sozialismus zu intensivieren.

Die vom Ministerium für Staatssicherheit erarbeiteten Informationen bestätigen eindeutig die Einschätzung der Partei: Hauptbestandteil der Strategie des Imperialismus im Kampf gegen den Sozialismus ist das Streben nach militärischer Überlegenheit, die ihm eine Politik der Stärke, des Diktats und der Erpressung gegenüber der Sowjetunion und den sozialistischen Staaten insgesamt sowie gegen alle Kräfte des gesellschaftlichen Fortschritts ermöglichen soll.

Dieser Kurs wird ständig forciert und ist bereits seit längerem aus der Phase der Planung in das Stadium seiner praktischen Umsetzung getreten. Die Stationierung atomarer Erstschlagraketen in der BRD und anderen westeuropäischen NATO-Ländern, die beschleunigte Produktion und Erprobung von neuesten nuklearen Raketen mit unvorstellbarer Zerstörungskraft und hoher Treffgenauigkeit, die Entwicklung kosmischer Kampfsysteme und Strahlenwaffen, die Schaffung völlig neuer Komplexe herkömmlicher Waffen mit hoher Präzision und verheerender Wirkung, die Produktion neuer chemischer Waffen, um nur einiges zu nennen, sind sichtbarer Beweis dafür.

Das alles geht einher mit der Entwicklung und Propagierung neuer militärstrategischer Konzeptionen, in denen der Hauptakzent auf den atomaren Erstschlag, auf Präventivhandlungen gegen die Sowjetunion und andere sozialistische Länder gelegt wird. Dem liegt die illusionäre Theorie der Begrenzbarkeit und Gewinnbarkeit eines atomaren Krieges zugrunde.

Hinzu kommt, daß das bereits vorhandene umfangreiche Netz von Militärbasen zur Einkreisung der Sowjetunion und der anderen sozialistischen Staaten in Europa und Asien weiter ausgebaut und vervollkommnet wird. Deutlich ist das Bestreben der USA zu erkennen, eine weltweite Allianz, eine militärisch-politische Koalition von Washington über Tokio bis Westeuropa gegen den Sozialismus zurechtzuzimmern, trotz vorhandener Widersprüche und teilweise unterschiedlicher Interessen, besonders auf ökonomischem Gebiet, insgesamt das gemeinsame Vorgehen der imperialistischen Staaten gegen den Sozialismus zu verstärken.

Wir kennen auch die Absicht der herrschenden Kreise der USA, die Sowjetunion und die anderen sozialistischen Staaten durch ihre Verwicklung in den Rüstungswettlauf ökonomisch zu schwächen, uns faktisch »totzurüsten«, damit negative soziale Wirkungen auszulösen und so in der Perspektive die angestrebten politischen Erschütterungen im sozialistischen System herbeizuführen.

Die in den letzten Tagen und Wochen aus dem Munde Reagans lautstark ertönenden heuchlerischen Worte über Frieden und Dialogbereitschaft, diese politischen Manöver dienen allein der Verschleierung des militaristisch-antikommunistischen Kurses der USA-Administration, der Täuschung der Weltöffentlichkeit, besonders der Bevölkerung in den USA selbst und in Westeuropa. Nicht zuletzt will Reagan damit westeuropäische kapitalistische Staaten beschwichtigen, die an der Fortsetzung des Dialogs und der Zusammenarbeit mit den sozialistischen Staaten interessiert sind.

Die Position der Warschauer Vertragsstaaten ist klar: Nicht auf wortreiche Beteuerungen, sondern auf konkrete Taten kommt es an. Und daran wird die Politik Reagans und der USA-Administration, auch die der BRD und anderer NATO-Staaten, gemessen.

Viele weitere Beweise könnten angeführt werden, die zeigen, mit welcher Friedensverachtung und Brutalität, mit welchem Sozialismushaß das globalstrategische imperialistische Konzept vorangetrieben wird. Hier sind auch die Erklärungen Reagans, eines Bush, einen Shultz und anderer Repräsentanten der maßgeblichen

Kreise der USA einzuordnen, die Ergebnisse des zweiten Weltkrieges und die territorial-politischen Realitäten der Nachkriegsentwicklung in Europa, wie sie sagen, »rechtlich nicht anzuerkennen«, den territorialen Status quo in Europa in Frage zu stellen, in ihrem Sinne die »Teilung Europas in Freiheit und Selbstbestimmung« zu überwinden. Nicht zu übersehen ist, daß die extrem rechten, von fanatischem Antikommunismus und Revanchismus durchdrungenen Kräfte in der BRD im Gefolge dessen ihre Aktivitäten verstärkt haben. Unter dem Dach der Forderungen einflußreicher politischer Kräfte in den USA nach Revison der politischen Nachkriegsentwicklung in Europa und im Schatten US-amerikanischer atomarer Erstschlagwaffen erhoffen bestimmte Kreise in der BRD, nun doch noch ihre revanchistischen, großdeutschen Ziele zu erreichen.

Ein weiterer wesentlicher Bestandteil der Strategie des Imperialismus im Kampf gegen den Sozialismus sind seine zunehmenden Bestrebungen, politischen und ökonomischen Druck auf die sozialistischen Länder auszuüben, die ideologische Einflußnahme und die subversiven Angriffe zu verstärken und dabei immer selektiver vorzugehen, d. h. gegen einzelne sozialistische Staaten immer gezielter differenzierte Mittel und Methoden anzuwenden, die jeweils erfolgversprechendste Politik und Feindtätigkeit zu praktizieren.

Unübersehbar sind in diesem Zusammenhang die Versuche, das taktische Vorgehen noch konkreter an die Lage und Entwicklung, an die Möglichkeiten und Bedingungen in den jeweiligen sozialistischen Staaten anzupassen und dafür jegliche Ansatzpunkte zu erkunden und auszunutzen. Im politischen Bereich zeigt sich das unter anderem in der auf einer differenzierten Beurteilung der Lage in den sozialistischen Ländern beruhenden unterschiedlichen Gestaltung staatlicher Beziehungen, in den Versuchen der politischen Druckausübung und Erpressung, in den zunehmenden Aktivitäten der offenen und verdeckten Einmischung in die inneren Angelegenheiten unserer Länder, im Mißbrauch der Schlußakte von Helsinki, des Madrider Abschlußdokumentes, der abgeschlossenen Verträge, Abkommen und Vereinbarungen.

Immer offenkundiger zeigt sich das Bestreben des Imperialismus, die internationalen Wirtschaftsbeziehungen für politische Ziele zu mißbrauchen, wirtschaftsstrategische Fragen enger und effektiver mit seiner gesamten politischen und militärischen Strategie, mit der gegen den Sozialismus gerichteten Wühl- und Zersetzungstätigkeit zu verbinden.

Differenziert werden gegenüber einzelnen sozialistischen Ländern solche Mittel und Methoden eingesetzt, wie der Abbruch von Wirtschafts- und Handelsbeziehungen, unterschiedliche Embargo- und Sanktionsmaßnahmen, Handels-, Kredit- und technologische Blockaden, differenzierte Einräumung oder Einschränkung und Beseitigung bestimmter ökonomischer Vorteile für einzelne Länder. Dabei werden gleichzeitig auch unverhohlen Aktivitäten unternommen, die Gestaltung der ökonomischen Zusammenarbeit mit politischen Forderungen zu verbinden, sich aufs gröbste in die inneren Angelegenheiten der jeweiligen sozialistischen Staaten einzumischen und deren Souveränität zu mißachten.

Aufs engste mit dem Vorgenannten verbunden ist die ideologische und subversive Komponente in der gesamten antisozialistischen Strategie und Taktik des Gegners, die faktisch alle Seiten seines Kampfes gegen den Sozialismus durchdringt.

Im Ergebnis einer vom USA-Außenministerium im Oktober 1982 durchgeführten Geheimkonferenz mit dem bezeichnenden Thema »Konferenz zur Demokratisierung kommunistischer Länder« wurde vom USA-Kongreß im Februar 1983 ein sogenanntes Programm zur Förderung der Demokratie verabschiedet. Sein Hauptinhalt zielt vor allem darauf ab, die politischen, militärischen und ökonomischen

Maßnahmen der USA-Administration und ihrer Verbündeten im Kampf gegen den Sozialismus, besonders gegen die Sowjetunion, mit effektiven Maßnahmen der psychologischen Kriegführung und der ideologischen Diversion sowie allen anderen Formen der Subversion zu verbinden und eine breit angelegte ideologisch-subversive Offensive des Imperialismus gegen den Sozialismus zu organisieren. Die Hauptlinie dieser Angriffe besteht in der massiven Verleumdung der Sowjetunion und anderer sozialistischer Länder als »totalitäre Diktaturen«, als Bedrohung der »Freiheit und Demokratie« und damit als angebliche »Gefahr für die Menschheit«.

Während vor nicht allzu langer Zeit noch vom »Wandel durch Annäherung« die Rede war, wird heute von führenden Kräften des Imperialismus auf einen langfristigen Erosionsprozeß in den sozialistischen Ländern nach der Formel »Wandel durch offensive Einwirkung« orientiert.

Anknüpfend an die Sorge der Menschen um den Frieden und eine sichere Zukunft, versucht der Klassengegner die Auffassung zu suggerieren, daß für die Sicherung des Friedens eine sehr wesentliche Voraussetzung sei, den Sozialismus in Richtung kapitalistischer Verhältnisse »menschlicher«, »demokratischer« und »liberaler« zu machen. Das heißt im Klartext, die sozialistische Staats- und Gesellschaftsordnung zu unterwandern und zu zersetzen mit dem Ziel, sie zu beseitigen.

Vor allem unter der Flagge des Kampfes für »Menschenrechte und freiheitliche Selbstbestimmung« sollen in den sozialistischen Ländern pluralistische Entwicklungen im Sinne der bürgerlichen Demokratie hervorgerufen werden.

Die Erkenntnisse des Ministeriums für Staatssicherheit lassen keine Zweifel daran, daß dabei der Verstärkung der ideologischen Diversion, die alle Formen der subversiven Angriffe durchdringt, noch größere Bedeutung beigemessen werden soll. Die Verfechter dieser imperialistischen Linie im Kampf gegen den Sozialismus wollen die ohnehin schon auf Hochtouren laufenden Kampagnen zur ideologischen Beeinflussung der Bürger in den sozialistischen Ländern in neuen Dimensionen steigern, sie noch besser koordinieren und noch gezielter den konkreten Verhältnissen in unseren Staaten anpassen.

Es geht diesen Kräften immer stärker darum, in den sozialistischen Ländern eine breite antisozialistische ideologische und personelle Basis zu etablieren, oppositionell eingestellte Personen zusammenzuführen, organisatorisch zusammenzuschließen und zu antisozialistischen Aktivitäten zu inspirieren, ihnen möglichst legale Wirkungsbedingungen zu schaffen. Gleichzeitig nehmen die Bestrebungen zu, auch politisch schwankende, labile, ideologisch leicht zu beeinflussende Personen in diese Umtriebe einzubeziehen und damit die Basis für die Durchsetzung der Pläne zu erweitern. In unseren Ländern sollen solche oppositionellen Bewegungen ins Leben gerufen werden, die im Sinne der imperialistischen strategischen Zielstellung geeignet sind, die sozialistische Staats- und Gesellschaftsordnung von innen heraus zu destabilisieren und so Voraussetzungen für konterrevolutionäre Veränderungen herbeizuführen.

Um das an dieser Stelle einmal deutlich zu sagen: Wir sind für den ehrlichen Kampf der Ideen; wir sind für den friedlichen Wettstreit; wir sind dafür, durch konkrete Leistungen und Ergebnisse zu beweisen, welche gesellschaftlichen Ziele, welche Lebensqualität, die des Sozialismus oder die des Kapitalismus, menschlicher, überlegener sind. Aber mit aller Entschiedenheit und Konsequenz bekämpfen wir die Perversion, die Entartung der ideologischen Auseinandersetzung durch die imperialistischen Geheimdienste und Einrichtungen bzw. Kräfte der ideologischen Diversion, die immer stärkere Ausrichtung des ideologischen Kampfes auf die Ziele, die den Untergang der Menschheit in einer nuklearen Katastrophe ins Kalkül ziehen, den Mißbrauch des Wettstreits der Ideologien für die Subversion gegen den Sozialismus und alle fortschrittlichen Länder und Bewegungen.

Soweit zu einigen wesentlichen aktuellen Erkenntnissen über die Strategie und das taktische Vorgehen des Imperialismus im Kampf gegen den Sozialismus und besonders zur Rolle und Funktion der subversiven Angriffe im globalen antisozialistischen Kreuzzug. Ich kann hier jedoch mit Berechtigung sagen: Die Staaten der sozialistischen Gemeinschaft, voran die Sowjetunion mit ihrem Wirtschafts- und Verteidigungspotential, verfügen über alles Notwendige, um diese gefährlichen Ziele und Absichten des Imperialismus zu durchkreuzen, um in der mit beispielloser Schärfe geführten internationalen Klassenauseinandersetzung auch künftig zu bestehen. Von unseren Ländern wird alles getan, um die der Menschheit drohende Kriegsgefahr abzuwenden und die historischen Errungenschaften des Sozialismus zuverlässig zu schützen.

Genossinnen und Genossen!

Im Oktober 1864 stellte Karl Marx in der von ihm verfaßten Inauguraladresse der I. Internationale die Aufgabe, »in die Geheimnisse der internationalen Politik einzudringen, die diplomatischen Akte ihrer respektiven Regierungen zu überwachen, ihnen wenn nötig entgegenzuwirken«. Diese Marxsche Aufgabenstellung ist für unseren Kampf aktueller denn je. Wir sehen eine unserer wichtigsten Aufgaben darin und tun alles in unseren Kräften Stehende, um die Geheimnisse der imperialistischen Kriegsvorbereitung, um den militärischen Kurs der aggressivsten imperialistischen Kreise zu enthüllen und die Heuchelei und Friedensdemagogie der Imperialisten zu entlarven, um einen maximalen Beitrag für die Sicherung der DDR und der gesamten sozialistischen Staatengemeinschaft zu leisten.

Angesichts der friedensgefährdenden und antisozialistischen Pläne und Aktivitäten imperialistischer Kreise ist es für uns eine erstrangige internationalistische Verpflichtung, in fester Kampfgemeinschaft mit den sowjetischen Tschekisten und den anderen Bruderorganen alles aufzudecken, was die Sicherheit der Völker und das Leben aller Menschen auf unserem Planeten heute und in Zukunft bedroht. Dabei stützen wir uns auf zahlreiche Patrioten, auf unsere sozialistischen Kundschafter.

Am 7. November vor 40 Jahren wurde Dr. Richard Sorge ermordet. Die Wahl des Jahrestages der Großen Sozialistischen Oktoberrevolution als Hinrichtungsdatum sollte eine Entehrung sein. Doch Richard Sorge ging erhobenen Hauptes und ungebrochen in den Tod für seine, für unsere kommunistischen Ideale. Er handelte nach der Erkenntnis, daß der entschlossene Kampf gegen Imperialismus und Krieg das oberste Gebot jedes Revolutionärs ist. Freiwillig bezog er in der Schlacht für den Frieden, die viele Frontabschnitte hat und unterschiedliche Waffen erfordert, einen der schwierigsten Posten.

Nach dem Vorbild von Dr. Richard Sorge, Harro Schulze-Boysen und Arvid Harnack leisten unsere sozialistischen Kundschafter von heute eine selbstlose, mutige und aufopferungsvolle Tätigkeit für die Sicherheit der DDR und der sozialistischen Staatengemeinschaft, für die Erhaltung und Sicherung des Friedens. Die Helden des geheimen Kampfes, das sind glühende Patrioten und Internationalisten, mutige Kämpfer gegen den Krieg sowie gegen alle antisozialistischen Pläne, Absichten und Machenschaften des Klassenfeindes. Solange es Kräfte gibt, die nicht davor zurückschrecken, ein nukleares Inferno auszulösen, die bestrebt sind, zur Erreichung ihrer politischen Ziele militärische Machtmittel einzusetzen und subversive Aktionen zu organisieren, so lange bleibt die Aufdeckung der imperialistischen Kriegspläne – vor allem das rechtzeitige Erkennen militärischer Überraschungen – und anderer feindlicher Aktivitäten gegen die sozialistischen Länder durch unsere

Kundschafter eine unabdingbare Notwendigkeit, sind diese wahrhafte Kundschafter des Friedens.

Genossinnen und Genossen!

Die letzten Monate und Wochen, angefüllt mit unzählbaren Arbeitstaten und Initiativen unserer Werktätigen zur allseitigen Stärkung der DDR im 35. Jahr ihres Bestehens, haben deutlicher denn je gezeigt, daß die Angriffe des Imperialismus auf den Sozialismus im Heimatland von Karl Marx und Friedrich Engels zum Scheitern verurteilt sind. »Bei uns liegt die politische Macht der Arbeiter und Bauern in guten Händen. Sie ist durch nichts und niemanden zu erschüttern«, sagte Erich Honecker in seiner Festansprache zum 35. Jahrestag der Gründung der DDR im Palast der Republik.

Wie alle anderen Schutz- und Sicherheitsorgane betrachtet auch das Ministerium für Staatssicherheit diese Feststellung einerseits als hohe Wertschätzung seiner Arbeit, andererseits zugleich und noch viel mehr als Aufgabenstellung und hohen Anspruch an die weitere Erhöhung der Wirksamkeit seiner Tätigkeit.

Unsere fünfunddreißigjährige Geschichte lehrt: Wir erreichen die angestrebten Ziele bei der weiteren Gestaltung der entwickelten sozialistischen Gesellschaft um so besser und schneller, je wirksamer die Werktätigen für die Lösung der anstehenden Aufgaben, für die Bewältigung auch komplizierter Probleme politisch richtig mobilisiert werden. ». . . je tiefer die Umgestaltung, die wir vollbringen wollen, desto mehr muß man Interesse und bewußte Einstellung zu ihr wecken, muß man immer neue und neue Millionen und aber Millionen von dieser Notwendigkeit überzeugen«, diese Worte Lenins aus dem Jahre 1920 haben auch in unseren Tagen volle Gültigkeit.

Aus unserer Arbeit wissen wir, daß die breite Einbeziehung der Werktätigen in die Realisierung der gesellschaftspolitischen Aufgaben, die Festigung des Vertrauensverhältnisses zwischen Partei, Staat und Volk zugleich auch eine äußerst wirksame Waffe im Kampf gegen die Feinde des Sozialismus, zur Durchkreuzung ihrer subversiven Pläne und Absichten ist. Deshalb fordert unsere Partei von allen staatlichen Organen immer wieder – und das trifft auch auf die Schutz- und Sicherheitsorgane im vollen Umfang zu –, stets so zu arbeiten, daß die Werktätigen spüren: Das sind *ihre* Machtorgane, sie vertreten *ihre* Interessen, sie verwirklichen die Politik der Partei zum Wohle der Menschen. Vor allem müssen sie auch spüren, daß der Staat an der bewußten Wahrnehmung der ihnen übertragenen staatsbürgerlichen Pflichten und Rechte interessiert ist, diese gesellschaftliche Mitwirkung jederzeit gewährleistet und vor jeglichen Beeinträchtigungen schützt.

Ausgehend davon solltet ihr als verantwortliche Parteifunktionäre allen euren Einfluß geltend machen, damit die Aufgaben und Maßnahmen zur Erhöhung der Autorität und Funktionsfähigkeit der staatlichen Organe, zur weiteren Ausprägung eines bürgernahen Arbeitsstils voll realisiert und die Partei- und Staatsdisziplin, die sozialistische Gesetzlichkeit konsequent eingehalten und durchgesetzt sowie die Rechtssicherheit in und durch die staatlichen Organe jederzeit gewährleistet werden. Ein Gesetz, unser sozialistisches Recht insgesamt, ist nur dann etwas wert, wenn es eingehalten und durchgesetzt wird. Nirgendwo dürfen wir zulassen, daß Rechtsvorschriften ignoriert werden. Auf jede Rechtsverletzung muß in gebührender Weise reagiert werden.

Einerseits ist eine starke und zuverlässig gesicherte sozialistische Staatsmacht eine entscheidende Voraussetzung für die sozialistische Demokratie. Andererseits trägt die weitere Entfaltung und Vervollkommnung der sozialistischen Demokratie wesentlich zur Stärkung und Sicherung der Arbeiter-und-Bauern-Macht bei. Das bildet zugleich auch eine wichtige Grundlage für die noch aktivere Mitwirkung der

Bürger bei der Bekämpfung der feindlichen Angriffe, der Kriminalität insgesamt und aller anderen Rechtsverletzungen und der sie begünstigenden Bedingungen.

Es liegt deshalb auch künftig in unser aller Verantwortung, die störungsfreie Entwicklung der sozialistischen Demokratie jederzeit zu gewährleisten, ihren Mißbrauch zu verhindern und alle Angriffe auf ihren Inhalt und ihre Formen zurückzuweisen.

Unser sozialistischer Staat der Arbeiter und Bauern vertritt die Interessen des ganzes Volkes. Auf der Grundlage dieses Mandats ist er verpflichtet, das sozialistische Zusammenleben seiner Bürger zu schützen, keine Handlungen zuzulassen, die sich gegen die sozialistischen Verhältnisse in unserem Lande richten. Wir bestrafen niemanden, der anders denkt als wir, der aus Verärgerung seinem Herzen Luft macht, solange er nicht gegen die Gesetze unseres Landes verstößt. Das Strafrecht ist für uns das äußerste Mittel.

Uns geht es mit dem sozialistischen Recht und unter Nutzung der großen Potenzen der sozialistischen Gesellschaft insgesamt in erster Linie darum, Straftaten vorzubeugen, es gar nicht erst zu Rechtsverletzungen, zu staatsfeindlichen Handlungen kommen zu lassen. Entsprechend den Beschlüssen unserer Partei sind wir bestrebt, das sozialistische Recht immer besser als ein bedeutendes Instrument zur Entfaltung der schöpferischen Kräfte und der bewußten Disziplin der Werktätigen zu handhaben und durchzusetzen.

Genossinnen und Genossen!

Die Beschlüsse der Partei durch jede Parteiorganisation, durch jede Parteigruppe und jeden Genossen einheitlich in die Tat umzusetzen und konsequent zu verwirklichen – das ist der beste Beitrag zur Festigung und Sicherung der Macht der Arbeiter und Bauern in der Deutschen Demokratischen Republik, zur Gewährleistung ihrer staatlichen Sicherheit.

Als Kommunisten und Internationalisten sind wir – und das meines Erachtens berechtigt – stolz darauf, wie wir die lebendigen Lehren von Karl Marx, Friedrich Engels und Wladimir Iljitsch Lenin schöpferisch und mit Erfolg in die Tat umsetzen. Dieser Stolz auf das in härtester Klassenauseinandersetzung mit den Feinden des Sozialismus in unserem Land Geschaffene ist für uns Kommunisten, für alle Patrioten unersetzbare Triebkraft und Motivation, alles für den Schutz unserer Errungenschaften zu tun.

Gehen wir gemeinsam im großen kampferprobten Kollektiv unserer marxistisch-leninistischen Partei, unter der bewährten Führung des Politbüros, des Zentralkomitees der SED und seines Generalsekretärs, Genossen Erich Honecker, an die Lösung der Aufgaben zur Verwirklichung der Beschlüsse des X. Parteitages und zur Vorbereitung des XI. Parteitages, der anspruchsvollen Aufgaben zur unablässigen Stärkung und Festigung unserer sozialistischen Deutschen Demokratischen Republik und zur Erhaltung des Friedens.

Laßt mich meine Ausführungen mit Worten von Karl Marx schließen, die stets unser aller Handeln bestimmen sollten: »Wenn wir den Stand gewählt, in dem wir am meisten für die Menschen wirken können, dann können uns Lasten nicht niederbeugen, weil sie nur Opfer für alle sind; dann genießen wir keine arme, eingeschränkte, egoistische Freude, sondern unser Glück gehört Millionen.«

In diesem Sinne wünsche ich euch für eure verantwortungsvolle Arbeit im Dienste der Partei der Arbeiterklasse und der Arbeiter-und-Bauern-Macht und auch für euer weiteres Studium viel Erfolg.

Quelle: *Erich Mielke: Sozialismus und Frieden – Sinn unseres Kampfes. Ausgewählte Reden und Aufsätze,* *(Ost-)Berlin 1987, S. 415 ff. (Vortrag an der Parteihochschule »Karl Marx« vom 16. November 1984)*

7

MfS-Dienstanweisung Nr. 2/85: »Bekämpfung politischer Untergrundtätigkeit«

Ministerrat   Berlin, 20. 2. 1985
der Deutschen Demokratischen Republik
Ministerium für Staatssicherheit
Der Minister

Dienstanweisung Nr. 2/85

zur vorbeugenden Verhinderung, Aufdeckung und Bekämpfung politischer Untergrundtätigkeit

Gliederung

(. . .)

(. . .)

Einen bedeutenden Platz im Kampf des Gegners gegen den real existierenden Sozialismus nimmt die Inspirierung und Organisierung politischer Untergrundtätigkeit ein.

Sie zielt vor allem durch Versuche der Aufweichung, Zersetzung und Destabilisierung der gesellschaftlichen Verhältnisse auf die Beseitigung der sozialistischen Staats- und Gesellschaftsordnung ab.

Politische Untergrundtätigkeit, inspiriert über die politisch-ideologische Diversion und die gegnerische Kontaktpolitik/Kontakttätigkeit und charakterisiert durch subversive Angriffe auf die verfassungsmäßigen Grundlagen des sozialistischen Staates und die marxistisch-leninistische Theorie, oft verbunden mit anderen staatsfeindlichen Aktivitäten, ist vor allem gekennzeichnet durch

- langfristige und zielgerichtete Inspirierung und Organisierung seitens äußerer Feinde, die Entwicklung von personellen feindlichen Stützpunkten, von Renegaten und von Exponenten politischer Untergrundtätigkeit sowie durch ein enges Zusammenwirken zwischen äußeren Feinden und inneren feindlichen negativen Kräften;
- Suche, Sammlung und Zusammenschluß feindlich-negativer Kräfte zur Schaffung einer ideologischen, personellen und organisatorischen Basis für oppositionelle Bewegungen;
- Versuche der Zusammenführung feindlich-negativer Kräfte verschiedener sozialistischer Länder und der Koordinierung ihrer antisozialistischen Pläne, Absichten und Aktivitäten;
- Anwendung variabler und der jeweiligen Lageentwicklung entsprechender konspirativer und offener Mittel und Methoden, einschließlich ihrer Kombination, sowie gezielten Mißbrauch legaler Wirkungsmöglichkeiten sowohl der Kirchen und Religionsgemeinschaften als auch staatlicher Einrichtungen und gesellschaftlicher Organisationen;
- Übernahme, Ausarbeitung, Diskussion und Verbreitung oppositioneller antisozialistischer Konzeptionen, Plattformen, alternativer Auffassungen u. a. und Versuche ihrer Umsetzung in antisozialistische Aktivitäten;
- Organisierung demonstrativ-provokatorischer, öffentlichkeitswirksamer Aktionen und Aktivitäten mit dem Ziel
  der Schaffung bzw. Erhaltung von Handlungsspielräumen für feindlich-negative Kräfte,

der Vortäuschung bzw. Schaffung einer sogenannten inneren Opposition, der Druckausübung auf die sozialistische Staatsmacht, der Schaffung von permanenten Spannungssituationen und letztlich der Auslösung von konterrevolutionären Ereignissen.

Politische Untergrundtätigkeit bildet sich in der Regel über unterschiedliche Entwicklungsstufen aus einer Vielfalt feindlich-negativer Erscheinungen heraus.

Die genannten Merkmale politischer Untergrundtätigkeit sind dabei differenziert ausgeprägt, anfangs teilweise erst im Ansatz erkennbar und bestimmen den Grad der Gesellschaftsgefährlichkeit politischer Untergrundtätigkeit.

Im Zusammenhang mit Aktivitäten politischer Untergrundtätigkeit treten vielfach Sympathisanten, politisch irregeleitete oder zeitweilig getäuschte sowie politisch schwankende, labile, ungefestigte und unzufriedene Personen in Erscheinung, die oft keine verfestigten feindlich-negativen Positionen einnehmen, aber von den Führungskräften der politischen Untergrundtätigkeit als ihr Potential einbezogen bzw. mißbraucht werden.

Die vorbeugende Verhinderung, Aufdeckung und Bekämpfung politischer Untergrundtätigkeit (im weiteren Bekämpfung politischer Untergrundtätigkeit) ist eine gesamtgesellschaftliche Aufgabe. Unter Führung der Partei und auf der Grundlage ihrer grundsätzlichen Orientierungen sind alle Potenzen der sozialistischen Gesellschaft und des Staates zu mobilisieren und einzusetzen, um ein Wirksamwerden feindlich-negativer Kräfte im Sinne politischer Untergrundtätigkeit zu verhindern.

Der dabei vom MfS zu leistende spezifische Beitrag erfordert den Einsatz der operativen Kräfte und Mittel aller operativen Diensteinheiten.

Zur weiteren Erhöhung der Wirksamkeit der Bekämpfung politischer Untergrundtätigkeit

weise ich an:

1. Verantwortung für die Bekämpfung politischer Untergrundtätigkeit

1.1. Die Bekämpfung politischer Untergrundtätigkeit ist Aufgabe aller operativen Diensteinheiten.

Die Aufgaben zur Bekämpfung der politischen Untergrundtätigkeit sind unter Berücksichtigung der politisch-operativen Lage im Verantwortungsbereich planmäßig in die Gesamtaufgabenstellung aller Diensteinheiten, durch die Kreisdienststellen vor allem im Zusammenhang mit der Lösung ihrer Grundaufgabe, einzuordnen.

Bei der Verwirklichung der Aufgaben zur Bekämpfung politischer Untergrundtätigkeit ist eng mit der Hauptabteilung XX bzw. den Abteilungen XX der Bezirksverwaltungen und anderen zuständigen operativen Diensteinheiten zusammenzuarbeiten.

1.2. Mein Stellvertreter, Gen. Generalleutnant Mittig, hat im Zusammenhang mit der Bekämpfung politischer Untergrundtätigkeit die Verantwortung wahrzunehmen für
– die Unterbreitung von zentralen Vorschlägen zu Grundsatzfragen bzw. -entscheidungen sowie zu strategischen und taktischen politischen Maßnahmen,
– die Abstimmung von Grundfragen der Zusammenarbeit und des strategischen und taktischen Vorgehens mit meinen anderen Stellvertretern und
– die Abstimmung von Grundfragen zur Sicherung eines einheitlichen Handelns der Partner des Zusammenwirkens auf zentraler Ebene sowie zu deren Befähigung zur vollen Wahrnehmung ihrer Verantwortung.

In Wahrnehmung dieser Verantwortung hat mein Stellvertreter, insbesondere zur

Erarbeitung zentraler Entscheidungsvorschläge, mit Leitern zuständiger Diensteinheiten bzw. anderen leitenden Kadern erforderliche Beratungen durchzuführen sowie von den Leitern der zuständigen Diensteinheiten, einschließlich von den Leitern der Bezirksverwaltungen, die Organisierung der politisch-operativen Arbeit zur Bekämpfung politischer Untergrundtätigkeit betreffende Dokumente anzufordern.

1.3. Zur Gewährleistung eines rechtzeitigen einheitlichen, die Politik von Partei und Regierung wirksam unterstützenden politisch-operativen Handelns und zur ständigen Sicherung einer hohen Wirksamkeit der politisch-operativen Arbeit aller operativen Diensteinheiten haben
   die Hauptabteilung XX für das MfS insgesamt,
   die Abteilungen XX der Bezirksverwaltungen für die jeweilige Bezirksverwaltung
die Federführung bei der Bekämpfung politischer Untergrundtätigkeit wahrzunehmen.

2. Grundsätzliche politisch-operative Aufgabenstellung aller operativen Diensteinheiten zur Bekämpfung politischer Untergrundtätigkeit

2.1. Die politisch-operative Arbeit zur Bekämpfung politischer Untergrundtätigkeit ist mit dem Ziel zu organisieren, unter allen Lagebedingungen einen höchstmöglichen Beitrag zur Gewährleistung der staatlichen Sicherheit, insbesondere für eine hohe innere Stabilität, zu leisten.
Alle Anstrengungen sind darauf auszurichten, feindlich-negative Kräfte, die Aktivitäten im Sinne politischer Untergrundtätigkeit planen, mit deren Verwirklichung begonnen haben bzw. im Sinne politischer Untergrundtätigkeit wirksam geworden sind, so frühzeitig wie möglich zu erkennen und am weiteren feindlich-negativen Wirksamwerden nachhaltig zu hindern.
Die politisch-operativen Maßnahmen zur Bekämpfung politischer Untergrundtätigkeit sind politisch klug, durchdacht, umsichtig und vorausschauend zu planen und durchzuführen und haben die Realisierung der strategischen Linie der Partei zur Gewährleistung der staatlichen Sicherheit, einer hohen inneren Stabilität, aktiv zu unterstützen.

2.2. Folgende grundsätzlichen politisch-operativen Aufgaben sind zu lösen:
– Rechtzeitige Aufklärung der Pläne, Absichten und Maßnahmen sowie Mittel und Methoden des Gegners, insbesondere der Geheimdienste und ihrer legalen Basen in der DDR, sowie solcher Zentren, Organisationen und Kräfte, von denen im besonderen Maße Aktivitäten zur Inspirierung bzw. Organisierung politischer Untergrundtätigkeit in der DDR ausgehen (im weiteren feindliche Stellen und Kräfte), einschließlich des Zusammenwirkens äußerer Feinde und feindlich-negativer Kräfte im Innern der DDR.
Nachweis und beweisrechtliche Dokumentierung der geheimdienstlichen Steuerung feindlicher Stellen und Kräfte, vor allem durch eine schwerpunkt- und vorgangsbezogene Arbeit im und nach dem Operationsgebiet und die Vervollkommnung bzw. Erweiterung der dazu erforderlichen inoffiziellen Basis. Einleitung wirksamer Maßnahmen zur Verhinderung bzw. Durchkreuzung der erkannten Pläne, Absichten und Maßnahmen und Abstimmung aller Maßnahmen zur Aufklärung sowie zur Verhinderung bzw. Durchkreuzung der Pläne, Absichten und Maßnahmen der feindlichen Stellen und Kräfte mit der Hauptabteilung XX und bei Notwendigkeit durch die Hauptabteilung XX mit der HV A.

- Vorbeugende Verhinderung, Aufdeckung und Bekämpfung aller Aktivitäten bzw. Bestrebungen äußerer Feinde und feindlich-negativer Kräfte im Innern der DDR zur Schaffung einer wirksamen ideologischen und personellen Basis für politische Untergrundtätigkeit in der DDR.
Insbesondere sind vorbeugend zu verhindern, aufzudecken und zu bekämpfen:
  - Die Inspirierung, Einbeziehung, Zusammenführung und der Zusammenschluß von politisch Gleichgesinnten, aber auch von politisch schwankenden, von labilen, von irregeleiteten Personen.
  - Das öffentlichkeitswirksame demonstrativ-provokatorische Auftreten sowie andere antisozialistische Aktivitäten und Aktionen.
  - Die Herstellung, Aktivierung und Nutzung der Rückverbindungen von Personen, die die DDR nach nichtsozialistischen Staaten, insbesondere der BRD, und nach Westberlin verlassen haben, zu Personen in der DDR, um sie im Sinne politischer Untergrundtätigkeit zu inspirieren. Besonders zu beachten sind dabei Personen, die vor ihrem Verlassen der DDR bereits mit Aktivitäten im Sinne politischer Untergrundtätigkeit in Erscheinung getreten sind.
  - Die Ausnutzung bzw. der Mißbrauch der Möglichkeiten kulturell-künstlerischer Ausdrucksmittel.
  - Das Eindringen in staatliche Einrichtungen und gesellschaftliche Organisationen sowie der Mißbrauch dieser Einrichtungen und Organisationen sowie deren Veranstaltungen.
Über den Mißbrauch von Immunitäten und Privilegien bzw. von gewährten Arbeitsmöglichkeiten durch bevorrechtete Personen bzw. Korrespondenten nichtsozialistischer und anderer politisch-operativ interessierender Staaten im Zusammenhang mit Aktivitäten im Sinne politischer Untergrundtätigkeit sind offiziell verwertbare Informationen bzw. Dokumentationen vor allem als Grundlage wirksamer politischer bzw. diplomatischer Gegenmaßnahmen in Abstimmung bzw. gemeinsam mit der Hauptabteilung II zu erarbeiten.
Zur wirksamen vorbeugenden Bekämpfung politischer Untergrundtätigkeit sind dabei vorrangig
  - die Herausbildung feindlich-negativer Gruppierungen rechtzeitig zu erkennen und zu verhindern, das Konstituieren bzw. ihre Festigung sowie ihr Wirksamwerden durch aktive politisch-operative Bearbeitung zu unterbinden,
  - bestehende feindlich-negative Gruppierungen zu verunsichern, aufzulösen bzw. zu zersetzen, wobei auch nach der Auflösung dieser Gruppierungen deren ehemals aktiven Angehörigen weiter unter operativer Kontrolle zu halten sind,
  - Führungskräfte bzw. Exponenten politischer Untergrundtätigkeit nachhaltig zu neutralisieren bzw. ihr Einfluß wirksam zurückzudrängen.
- Vorbeugende Verhinderung, Aufdeckung und Bekämpfung der Versuche des politischen Mißbrauchs der Kirchen und Religionsgemeinschaften, u. a. zur Sammlung oppositioneller Kräfte, der Erarbeitung und Verbreitung antisozialistischer, gegen Beschlüsse von Partei und Regierung gerichteter Schriften unter dem Deckmantel kirchlicher Glaubensbekenntnisse, der Bestrebungen zur Erreichung eines Mitsprache- bzw. Entscheidungsrechts auf Teilgebieten der Gesellschaftspolitik.
- Aufdeckung begünstigender Bedingungen und Umstände für das Wirksamwerden feindlich-negativer Kräfte, so u. a.
  - von Ansatzpunkten für feindlich-negative Kräfte im Zusammenhang mit Mängel in der politisch-ideologischen Arbeit, in der Arbeit staatlicher und

wirtschaftsleitender Organe, von Kombinaten, Betrieben und Einrichtungen,
- von inkonsequenter bzw. verfälschter Durchsetzung von Beschlüssen der Partei sowie von Gesetzen u. a. Rechtsvorschriften,
- von ungenügender Ausschöpfung der Möglichkeiten des sozialistischen Rechts und dessen politisch undifferenzierte Anwendung.
- Politisch-operative Einflußnahme auf die konsequente Beseitigung derartiger begünstigender Bedingungen und Umstände im Zusammenwirken mit staatlichen und gesellschaftlichen Kräften unter Führung der Partei.
- Unterstützung der zuständigen Parteiorgane, der Staatsorgane und der gesellschaftlichen Kräfte, vor allem bei der offensiven Bekämpfung politischer Untergrundtätigkeit, bei der ideologischen Auseinandersetzung mit und Rückgewinnung von im Sinne politischer Untergrundtätigkeit wirkenden Kräften, bei der Wahrnehmung ihrer Verantwortung zur vorbeugenden Arbeit zur Verhinderung des Wirksamwerdens feindlich-negativer Kräfte und der Beseitigung von begünstigenden Bedingungen und Umständen.
- Stärkung der Position und Befähigung progressiver Kräfte zur eigenverantwortlichen und selbständigen Durchführung von Maßnahmen, u. a. zur Disziplinierung reaktionärer kirchlicher u. a. feindlich-negativer Kräfte, zur Zurückdrängung der Sammlung feindlich-negativer Kräfte, zur Verhinderung öffentlichkeitswirksamer antisozialistischer Aktivitäten.

2.3. Die Lösung der grundsätzlichen politisch-operativen Aufgaben erfordert vor allem:
- Ständige Erhöhung der Wirksamkeit der Arbeit mit IM entsprechend den Erfordernissen der politisch-operativen Lage im Verantwortungsbereich auf der Grundlage der Richtlinie Nr. 1/79.
  Zur wirksamen Bekämpfung politischer Untergrundtätigkeit sind vor allem IM einzusetzen und zu gewinnen, die in Kenntnis der von den feindlichen Stellen und Kräften sowie von den feindlich-negativen Kräften im Innern der DDR angewandten, oft konspirativen Mittel und Methoden und ihrer Lebensgewohnheiten in der Lage sind,
  - vertrauliche Beziehungen zu diesen herzustellen,
  - in die Konspiration des Feindes bzw. feindlich-negativer Gruppierungen einzudringen,
  - rechtzeitig Informationen über feindliche Pläne und Absichten äußerer Feinde und feindlich-negativer Kräfte im Innern der DDR zu beschaffen.
- Vorrangig sind IM aus solchen Personenkreisen einzusetzen bzw. zu gewinnen, wie
  - kirchlich gebundene bzw. aktiv tätige Personen, einschließlich Jugendlicher oder Studenten, die in der evangelischen oder katholischen Studentengemeinde, in der offenen Jugendarbeit, in den Jungen Gemeinden wirken,
  - Studenten der Fachrichtungen Kunst/Kultur und Literatur sowie der Theologie,
  - Angehörige der wissenschaftlich-technischen, gesellschaftswissenschaftlichen und medizinischen Intelligenz,
  - Künstler und Kulturschaffende, besonders aus dem Nachwuchsbereich,
  - Personen, die sich beruflich mit Fragen des Natur- und Umweltschutzes beschäftigen,
  - Personen mit ausgeprägten Interessen und Neigungen für den Natur- und Umweltschutz oder für sogenannte alternative Lebensformen.
  Die langfristige Entwicklung von IM zur Einschleusung in feindlich-negative

Gruppierungen hat auf der Grundlage von mit der Hauptabteilung XX bzw. den Abteilungen XX der Bezirksverwaltungen abgestimmten Konzeptionen, die von den Leitern der Hauptabteilungen/selbständigen Abteilungen bzw. Bezirksverwaltungen oder deren Stellvertretern zu bestätigen sind, zu erfolgen.

Der Einsatz von IM zur Blickfeldarbeit gegenüber feindlichen Stellen hat in Abstimmung mit der für die operative Bearbeitung dieser feindlichen Stellen zuständigen Diensteinheit zu erfolgen.

Die Durchsetzung der Erfordernisse der Wachsamkeit und Geheimhaltung in der Arbeit mit diesen IM sowie des Schutzes, der Konspiration und der Sicherheit dieser IM ist von den IM-führenden Mitarbeitern ständig zu gewährleisten sowie von diesen und den zuständigen Leitern der operativen Diensteinheiten unter Beachtung der konkreten Einsatzbedingungen regelmäßig einzuschätzen.

- Entwicklung und Bearbeitung Operativer Vorgänge sowie von Zentralen Operativen Vorgängen auf der Grundlage der Richtlinie Nr. 1/76, vor allem hinsichtlich der Erarbeitung von Beweisen für die Begehung von Verbrechen gegen die DDR, anderen Straftaten sowie die Verletzung anderer Rechtsnormen, der Durchführung wirksamer operativer Zersetzungs- und Rückgewinnungsmaßnahmen sowie der Aufklärung, operativen Kontrolle, gezielten Unterbrechung bzw. operativen Nutzung von Verbindungen feindlich-negativen Charakters in das Operationsgebiet, insbesondere zu feindlichen Stellen und Kräften, sowie zu feindlich-negativen Kräften in anderen sozialistischen Staaten.
  Operative Maßnahmen gegenüber feindlichen Stellen sind mit den für die operativ Bearbeitung dieser feindlichen Stellen zuständige Diensteinheiten abzustimmen. Für den Abschluß der Operativen Vorgänge bzw. der Zentralen Operativen Vorgänge sind vor allem Strafrechtsverletzungen wie Spionage und andere Landesverratsverbrechen, Delikte der allgemeinen Kriminalität sowie Verletzungen des Ordnungswidrigkeitsrechts in den Mittelpunkt zu stellen, die zugleich für die politische Auswertung geeignet sind.
- Durchführung der OPK auf der Grundlage der Richtlinie Nr. 1/81, vor allem zur Erarbeitung von Ausgangsmaterialien für das Anlegen von Operativen Vorgängen, zum Erkennen von Personen, einschließlich solcher, die politisch irregeführt, schwankend, labil bzw. unzufrieden sind und die im Sinne politischer Untergrundtätigkeit wirksam werden könnten und Einleiten geeigneter Maßnahmen zur Verhinderung ihres diesbezüglichen Wirksamwerdens bzw. für deren nachhaltige Rückgewinnung, insbesondere im engen politisch-operativen Zusammenwirken mit gesellschaftlichen Organisationen und Kräften.
- Ausschöpfung aller operativen Möglichkeiten der operativen Diensteinheiten, insbesondere der IM und GMS, zur Bekämpfung politischer Untergrundtätigkeit auch über den jeweiligen Verantwortungsbereich hinaus.
- Weiterentwicklung und Einsatz anderer operativer sowie operativ-technischer Mittel und Methoden, einschließlich der Beschaffung und Einspeicherung von Schriftenvergleichsmaterial gemäß Dienstanweisung Nr. 2/71 und anderer geeigneter erkennungsdienstlicher Maßnahmen.
- Abstimmung bedeutsamer politisch-operativer Maßnahmen zur Bekämpfung politischer Untergrundtätigkeit mit der Hauptabteilung XX bzw. den Abteilungen XX der Bezirksverwaltungen. Das hat zu erfolgen
  - beim offensiven Einsatz von IM in Verantwortungsbereichen anderer Hauptabteilungen/selbständiger Abteilungen oder Bezirksverwaltungen,
  - zur Bestimmung der grundsätzlichen Zielstellung der operativen Bearbeitung und der Arten des Abschlusses von Operativen Vorgängen zur Bekämpfung politischer Untergrundtätigkeit,

- bei politisch-operativen Maßnahmen der Zersetzung bzw. Auflösung feind- lich-negativer Gruppierungen sowie der Neutralisierung bzw. Isolierung bedeutsamer Führungskräfte bzw. Exponenten politischer Untergrundtätig- keit,
- wenn mit größeren Auswirkungen in der Öffentlichkeit gerechnet werden muß,
- wenn damit bedeutsame zentrale politische Entscheidungen verbunden sind bzw. im engen Zusammenhang stehen,
- wenn diese den Charakter staatlicher Sanktionen besitzen,
- wenn Grundfragen der Anwendung bzw. Auslegungen des sozialistischen Rechts berührt werden,
- wenn damit ernste Gefahren für die Lösung zentraler bzw. überörtlicher politisch-operativer Aufgaben entstehen können.

Politisch-operative Maßnahmen von grundsätzlicher Bedeutung, wie
- Werbung von Führungskräften feindlich-negativer Gruppierungen,
- Einleitung von Ermittlungsverfahren zu in der Öffentlichkeit bekannten und anderen operativ bedeutsamen Personen,
- inhaltlich und zeitlich konzentrierte Maßnahmen gegenüber mehreren im Sinne der politischen Untergrundtätigkeit wirksam gewordenen Personen,

sind erst nach Zustimmung durch den Leiter der Hauptabteilung XX durchzufüh- ren. Bei strafrechtlichen, strafprozessualen oder anderen rechtlichen Maßnah- men hat er die notwendige Abstimmung mit dem Leiter der Hauptabteilung IX herbeizuführen und bei besonders bedeutsamen Maßnahmen die Bestätigung durch meinen Stellvertreter, Genossen Generalleutnant Mittig, einzuholen.

2.4. Die Kreisdienststellen haben sich bei der Lösung vorgenannter politisch- operativer Aufgaben zu konzentrieren auf
- die Herausarbeitung und differenzierte zielgerichtete operative Kontrolle jener Personen, insbesondere der Träger und Verbreiter der politisch-ideologischen Diversion, von denen Aktivitäten im Sinne politischer Untergrundtätigkeit ausge- hen können, sowie die Gewährleistung einer aktuellen Übersicht zu diesen Personen,
- die zielgerichtete operative Bearbeitung und das konsequente Klären erster Hinweise auf die beabsichtigte Bildung von sogenannten Friedenskreisen, Ökologiegruppen und anderen sogenannten alternativen Gruppierungen sowie die Existenz nichtöffentlicher politischer Diskussionskreise oder die Herstellung, Auswertung und Verbreitung von Materialien antisozialistischen Inhalts in Ab- stimmung mit der Abteilung XX,
- die Verstärkung der Abwehrarbeit an der kirchlichen Basis, insbesondere unter den Kreis- und Gemeindekirchenräten, den Kreissynoden und Superintenden- turen, den Gruppen der »Jungen Gemeinde« und den evangelischen und katholischen Studentengemeinden, einschließlich von Werbungen unter diesen Personenkreisen, u. a. auf der Basis vorhandener echter Überzeugungen für Humanismus und Frieden, in Zusammenarbeit mit der Abteilung XX,
- die Erarbeitung von Hinweisen, insbesondere für die Abteilungen XX der Bezirksverwaltungen bzw. die Hauptabteilung XX, zu kirchlich gebundenen Personen, die für eine inoffizielle Zusammenarbeit, vor allem über eine langfristi- ge Entwicklung mit perspektivischem Charakter, geeignet sind,
- den Einsatz bzw. die Schaffung zuverlässiger IM und GMS in Schlüsselpositio- nen, wie im Arbeitsgebiet bzw. Arbeitsbereich Kirchenfragen der Abteilungen Innere Angelegenheiten, in den Abteilungen Umweltschutz, Kultur, Jugend und Sport sowie Gesundheitswesen der Räte der Kreise und Städte, in führenden

kulturellen Einrichtungen sowie in leitenden Gremien des Kulturbundes, des Friedensrates und der Nationalen Front auf Kreisebene, vor allem für die Realisierung vorbeugender Maßnahmen zur Ausräumung begünstigender Bedingungen, Umstände sowie zur Durchführung von Maßnahmen der Disziplinierung feindlich-negativer Kräfte.

3. Aufgaben der Hauptabteilung XX und der Abteilungen XX der Bezirksverwaltungen bei der Bekämpfung politischer Untergrundtätigkeit

3.1. Der Leiter der Hauptabteilung XX und die Leiter der Abteilungen XX der Bezirksverwaltungen sind in Wahrnehmung der Federführung bei der Bekämpfung politischer Untergrundtätigkeit für die Lösung folgender Aufgaben verantwortlich:
– Gewährleistung eines einheitlichen politisch-operativen Handelns aller operativen Diensteinheiten auf der Grundlage einer langfristigen Strategie und Taktik der Bekämpfung der politischen Untergrundtätigkeit, insbesondere durch
  – Unterbreitung von Entscheidungsvorschlägen an meinen zuständigen Stellvertreter sowie die Realisierung seiner speziellen Aufgabenstellung,
  – Orientierung der operativen Diensteinheiten auf vorrangig zu lösende politisch-operative Schwerpunkte bei der Bekämpfung politischer Untergrundtätigkeit, insbesondere durch Nutzung der Möglichkeiten des Planungsprozesses gemäß der Richtlinie Nr. 1/80,
  – Übermittlung von Erkenntnissen an die operativen Diensteinheiten zu den gegnerischen Angriffsrichtungen und aktuellen Erscheinungsformen politischer Untergrundtätigkeit.
– Gewährleistung einer kontinuierlichen und aktuellen Einschätzung der politisch-operativen Lage auf dem Gebiet der politischen Untergrundtätigkeit in der DDR bzw. im Bezirk, insbesondere zur
  – Herausarbeitung neuer Sicherheitserfordernisse,
  – Bestimmung bzw. Präzisierung der vorrangig zu sichernden politisch-operativen Schwerpunktbereiche und der politisch-operativen Schwerpunkte sowie weiterer Ziel- und Aufgabenstellungen,
  – Vorbereitung bzw. Erarbeitung von Leiterentscheidungen, von entscheidungsgerechten Vorlagen dienstlicher Bestimmungen und Weisungen, von Vorgaben und Orientierungen sowie von Rückflußinformationen über zentral gewonnene Erkenntnisse,
  – weitere Qualifizierung der operativen Kräfte, Mittel und Methoden,
  – Erarbeitung erforderlicher politisch-operativer Ausgangsmaterialien zur aktuellen Informierung der Partei- und Staatsführung bzw. anderer leitender Partei- und Staatsfunktionäre.
Der Leiter der Hauptabteilung XX hat zur Gewährleistung der Einheitlichkeit bei der Einschätzung der politisch-operativen Lage auf dem Gebiet der politischen Untergrundtätigkeit der Abteilungen XX der Bezirksverwaltungen inhaltliche Schwerpunkte zu übermitteln.
– Organisierung einer effektiven Zusammenarbeit und Koordinierung der politisch-operativen Arbeit der operativen Diensteinheiten, insbesondere zur Gewährleistung des konzentrierten Einsatzes der operativen Kräfte und Mittel, eines abgestimmten konzeptionellen, stabsmäßig geführten arbeitsteiligen Vorgehens sowie zur vollen Ausschöpfung der Möglichkeiten und der einheitlichen Anwendung des sozialistischen Rechts, vor allem bei der Bekämpfung von in verschiedenen Verantwortungsbereichen bzw. überregional wirkenden feindlich-negativen Kräften.

Die erforderliche Koordinierung politisch-operativer Maßnahmen hat zu erfolgen
- durch die Hauptabteilung XX
    mit anderen Hauptabteilungen/selbständigen Abteilungen,
    mit den Abteilungen XX und anderen Diensteinheiten der Bezirksverwaltungen, insbesondere den Kreisdienststellen, unter Einbeziehung der jeweiligen Abteilung XX,
- durch die Abteilungen XX der Bezirksverwaltungen
    mit anderen Diensteinheiten der jeweiligen Bezirksverwaltung, einschließlich der Kreis- und Objektdienststellen,
    mit Diensteinheiten anderer Bezirksverwaltungen in Abstimmung mit der Abteilung XX der jeweiligen Bezirksverwaltung, in grundsätzlichen Fragen in Abstimmung mit der Hauptabteilung XX,
    mit anderen Hauptabteilungen und mit selbständigen Abteilungen des MfS über die Hauptabteilung XX.

Unterstützung und Koordinierung der von den Erfordernissen der politisch-operativen Abwehrarbeit abgeleiteten vorgangs- und personenbezogenen Arbeit im und nach dem Operationsgebiet, insbesondere Koordinierung der operativen Bearbeitung der feindlichen Stellen und Kräfte, soweit gemäß zentralen Festlegungen für deren operative Bearbeitung bzw. die Koordinierung nicht andere Diensteinheiten verantwortlich sind, vor allem im Zusammenhang mit der Bearbeitung von Zentralen Operativen Vorgängen sowie bei der Gestaltung der Arbeit mit IMB und der Werbung von geeigneten Personen aus dem Operationsgebiet.

Unmittelbare Einflußnahme auf die Herausarbeitung der Zielstellung beim Anlegen, die Bearbeitung und die Art des Abschlusses Operativer Vorgänge in Durchsetzung der Planorientierungen des Leiters der Hauptabteilung XX bzw. der Planvorgaben der Leiter der Bezirksverwaltungen sowie auf der Grundlage von Weisungen und bestätigten Aufträgen meines zuständigen Stellvertreters bzw. des Leiters der Bezirksverwaltung und seines zuständigen Stellvertreters Operativ.

Der Leiter der Hauptabteilung XX hat zu sichern, daß die konzentrierte und koordinierte Bekämpfung politischer Untergrundtätigkeit entsprechend den Erfordernissen der politisch-operativen Lage auf der Grundlage von Zentralen Operativen Vorgängen bzw. zentraler operativer Maßnahmepläne erfolgt.
- Unmittelbare Anleitung und Unterstützung operativer Diensteinheiten bei der Lösung von Schwerpunktaufgaben, wie der Verhinderung des Zusammenwirkens äußerer Feinde und feindlich-negativer Kräfte im Innern der DDR, der Verhinderung und Zerschlagung von Organisationsstrukturen feindlicher Kräfte sowie öffentlichkeitswirksamer Aktionen, der Unterbindung des Mißbrauchs gesellschaftlicher Einrichtungen und der Kirchen sowie bei der Bearbeitung ausgewählter Operativer Vorgänge und dem Einsatz bzw. der Schaffung von IM zur Lösung operativ besonders bedeutsamer Aufgaben.
- Führung operativer Aktionen und Einsätze zur Bekämpfung politischer Untergrundtätigkeit, wie geplanter öffentlichkeitswirksamer Aktivitäten durch feindlich-negative Gruppierungen und überregionaler Zusammentreffen von im Sinne politischer Untergrundtätigkeit wirkenden feindlich-negativen Personen, vor allem auf der Grundlage zentraler Maßnahmepläne.
- Gewährleistung einer aufgabenbezogenen Zusammenarbeit mit den Sicherheitsorganen befreundeter sozialistischer Staaten über die Abteilung X.
- Erarbeitung von Vorschlägen bzw. Hinweisen für das mit allen Partnern des Zusammenwirkens abgestimmten Vorgehen bei der Bekämpfung von Aktivitäten im Sinne politischer Untergrundtätigkeit und für deren Befähigung zur vollen

Wahrnehmung ihrer Verantwortung auf diesem Gebiet sowie Gewährleistung des politisch-operativen Zusammenwirkens auf dieser Grundlage entsprechend der Zuständigkeit.

3.2. Zur Unterstützung der Führungs- und Leitungstätigkeit des Leiters der Hauptabteilung XX bzw. der Leiter der Abteilungen XX der Bezirksverwaltungen haben die Offiziere für die Wahrnehmung von Koordinierungsaufgaben im Bereich Anleitung, Kontrolle, Planung der AKG der Hauptabteilung XX bzw. in den Referaten Auswertung/Information der Abteilungen XX der Bezirksverwaltungen in enger Zusammenarbeit und Abstimmung mit den Leitern der Abteilungen bzw. der Referate der Hauptabteilung XX bzw. der Abteilungen XX folgende politisch-operativen Aufgaben zu lösen:
- Überprüfung von operativen Hinweisen zu neuen Erscheinungsformen, Entwicklungstendenzen und sich abzeichnenden personellen und sachlichen Verflechtungen der politischen Untergrundtätigkeit für Entscheidungsvorschläge zur weiteren operativen Bearbeitung;
- Unterstützung der Leiter bei der Herausarbeitung, Bestimmung und Präzisierung politisch-operativer Schwerpunktbereiche und Schwerpunkte sowie bei der richtigen Einordnung und Bewertung von operativen Hinweisen und Materialien;
- Unterstützung der Leiter bei der Herausarbeitung grundsätzlicher Aufgabenstellungen für die weitere Qualifizierung der Bekämpfung politischer Untergrundtätigkeit;
- Unterstützung des Planungsprozesses unter besonderer Beachtung der Erfordernisse der Koordinierung, der Zusammenarbeit und des Zusammenwirkens bei der Bekämpfung politischer Untergrundtätigkeit;
- Mitwirkung an der Gewährleistung und Durchsetzung eines kontinuierlichen Informationsflusses;
- Vermittlung von Erkenntnissen und Erfahrungen bei der Bekämpfung politischer Untergrundtätigkeit, insbesondere im Zusammenhang mit der Lösung von Aufgaben der Unterstützung und Hilfe in anderen operativen Diensteinheiten.
Die Einsichtnahme in operative Materialien anderer operativer Diensteinheiten durch die Offiziere für die Wahrnehmung von Koordinierungsaufgaben hat auf der Grundlage von Aufträgen, die durch meinen zuständigen Stellvertreter bzw. durch den zuständigen Stellvertreter Operativ der jeweiligen Bezirksverwaltung zu bestätigen sind, oder nach Zustimmung des Leiters der betreffenden operativen Diensteinheiten zu erfolgen.

3.3. Die Leiter der Abteilungen XX der Bezirksverwaltungen haben sich bei der in Ziffer 3.1. angewiesenen Anleitung und Unterstützung operativer Diensteinheiten in Realisierung entsprechender Vorgaben und Orientierungen des Leiters der jeweiligen Bezirksverwaltung schwerpunktmäßig auf die Kreisdienststellen zu konzentrieren. Dabei hat die differenzierte Unterstützung insbesondere zu erfolgen bei
- der Einschätzung der politisch-operativen Lage auf dem Gebiet der politischen Untergrundtätigkeit,
- der Herausarbeitung, Bestimmung bzw. Präzisierung der politisch-operativen Schwerpunktbereiche und Schwerpunkte, insbesondere der richtigen Bewertung ihrer operativen Bedeutsamkeit aus der Sicht der Entwicklung der politisch-operativen Lage im Bezirk bzw. in der DDR,
- der Jahresplanung sowie der Erarbeitung von Maßnahmeplänen, Sicherungs- bzw. Bearbeitungskonzeptionen, Einsatz- und Entwicklungskonzeptionen,

- der Bearbeitung Operativer Vorgänge und der Durchführung der OPK, der Klärung operativ bedeutsamer Vorkommnisse sowie der Verhinderung öffentlichkeitswirksamer Aktivitäten,
- dem Einsatz spezifischer operativer Mittel und Methoden,
- der Erschließung der Möglichkeiten der operativen Basis der Kreisdienststellen, vor allem der IM, zur Erarbeitung von Hinweisen, für die Qualifizierung der vorgangs- und personenbezogenen Arbeit im und nach dem Operationsgebiet,
- nach Erziehung und Befähigung der zur Bekämpfung politischer Untergrundtätigkeit eingesetzten Mitarbeiter der Kreisdienststellen.

4. Spezielle Aufgaben operativer Diensteinheiten bei der Bekämpfung politischer Untergrundtätigkeit

4.1. Die nachstehend genannten Diensteinheiten haben folgende spezifische Aufgaben zu lösen:

Hauptverwaltung A
- Rechtzeitige Aufklärung und beweiskräftige Dokumentierung der Pläne, Absichten und Maßnahmen feindlicher Führungszentren und -kräfte zur Inspirierung und Organisierung politischer Untergrundtätigkeit in der DDR, insbesondere hinsichtlich der Strategie und Taktik, der angewandten Mittel und Methoden sowie der wirksamwerdenden Kräfte, der Steuerung von im Sinne politischer Untergrundtätigkeit in der DDR und anderen sozialistischen Staaten wirkenden Kräfte durch Geheimdienste, Zentren der politisch-ideologischen Diversion und andere feindliche Zentren;
- Erarbeitung von Hinweisen auf im Sinne politischer Untergrundtätigkeit in der DDR wirksame personelle Stützpunkte bzw. Führungskräfte, den vorgesehenen Aufbau solcher Kräfte sowie auf deren Verbindungssystem;
- Beschaffung bzw. Erarbeitung offiziell verwertbarer beweiskräftiger Informationen bzw. Dokumentationen über die Verletzung internationaler Verträge und Vereinbarungen, die Einmischung in innere Angelegenheiten der DDR und den Mißbrauch legaler Positionen nichtsozialistischer Staaten und deren Möglichkeiten durch feindliche Stellen und Kräfte zur Inspirierung bzw. Organisierung politischer Untergrundtätigkeit in der DDR, vor allem mit dem Ziel, offensive Maßnahmen der Partei- und Staatsführung zu unterstützen;
- Durchführung aktiver Maßnahmen zur Zersetzung bzw. Einschränkung der Wirksamkeit feindlicher Stellen und Kräfte;
- operative Bearbeitung feindlicher Stellen und Kräfte, die, bezogen auf die Inspirierung bzw. Organisierung politischer Untergrundtätigkeit, eine Schlüsselstellung einnehmen, gemäß zentralen Festlegungen.

Hauptabteilung I
- Vorbeugende Verhinderung, Aufdeckung und Bekämpfung von Angriffen im Sinne politischer Untergrundtätigkeit auf die Streitkräfte, vor allem auf den politisch-moralischen Zustand, die Kampfkraft und Gefechtsbereitschaft der Nationalen Volksarmee und der Grenztruppen der DDR, insbesondere durch
  - Zerschlagung jeglicher Bestrebungen zur Sammlung, Formierung und Organisierung politisch-negativer Kräfte bereits in den ersten Ansätzen,
  - politisch-operative Einflußnahme auf den Einsatz, die Umsetzung bzw. die Herauslösung von Angehörigen der NVA und der Grenztruppen der DDR, die

bereits mit Aktivitäten im Sinne politischer Untergrundtätigkeit angefallen sind,
- konsequente Verwirklichung der angewiesenen Maßnahmen zur politisch-operativen Sicherung des Einsatzes der Bausoldaten einschließlich der Bekämpfung bzw. Zurückdrängung von Bestrebungen der Kirche zur Einmischung in die Angelegenheiten der Streitkräfte sowie der Einschränkung der Wirkungsmöglichkeiten der Kirchen auf Angehörige der NVA und der Grenztruppen der DDR in enger Zusammenarbeit mit der Hauptabteilung XX;
- vorbeugende Verhinderung, Aufdeckung und Bekämpfung des Propagierens von pazifistischem und pseudopazifistischem Gedankengut in den Streitkräften, des passiven Widerstandes gegen Befehle sowie der Versuche zur Rücknahme eingegangener Verpflichtungen zum Dienst in der NVA und den Grenztruppen der DDR;
- vorbeugende Verhinderung, Aufdeckung und Bekämpfung von Aktivitäten im Sinne politischer Untergrundtätigkeit, die im Zusammenhang mit Manövern und Übungen, dem Neu- und Ausbau militärischer Anlagen und Einrichtungen, der Ausstattung mit neuer Kampftechnik und dem Auftreten der Streitkräfte in der Öffentlichkeit besonders unter dem Deckmantel des Umweltschutzes und des Pazifismus geführt werden, in enger Zusammenarbeit mit den zuständigen operativen Diensteinheiten;
- Gewährleistung der Weiterführung der operativen Kontrolle und Bearbeitung von Angehörigen der NVA, die bereits vor dem Wehrdienst bzw. Reservistendienst mit Aktivitäten im Sinne politischer Untergrundtätigkeit angefallen sind;
- Anleitung und Unterstützung der Leiter der Selbständigen Referate Abwehr Wehrkommando der Bezirksverwaltungen und der Abwehroffiziere Wehrkreiskommando der Kreisdienststellen
  - zum Erkennen von Wehrpflichtigen bei den Musterungen und Einberufungsüberprüfungen, die bereits mit Aktivitäten im Sinne politischer Untergrundtätigkeit angefallen sind, und zur Einflußnahme auf deren Einberufung zu Truppen gemäß der Auffüllungsordnung der NVA, Teil R/Anhang 4/19,
  - zur politisch klugen Durchsetzung der zentralen Festlegungen hinsichtlich der Einberufung von Wehrpflichtigen, die den Wehrdienst bzw. Reservistendienst vollständig oder mit der Waffe ablehnen.

Hauptabteilung II
- Nutzung spezifischer Möglichkeiten zur Aufklärung von Aktivitäten imperialistischer Geheimdienste, die auf die Inspirierung und Organisierung politischer Untergrundtätigkeit ausgerichtet sind;
- Aufdeckung und Bekämpfung von Aktivitäten bevorrechteter Personen und Korrespondenten nichtsozialistischer und anderer politisch-operativ interessierender Staaten zur Inspirierung, Organisierung bzw. Unterstützung politischer Untergrundtätigkeit, insbesondere im Zusammenhang mit der Inszenierung öffentlichkeitswirksamer demonstrativ-provokatorischer Handlungen, der Herstellung und Aufrechterhaltung entsprechender Kontakte und Verbindungen, der Schaffung von Stützpunkten sowie der gezielten internationalen Aufwertung feindlich-negativer Kräfte unter dem Aspekt der Schaffung eines gewissen Schutzes für deren Auftreten;
- Erarbeitung offiziell verwertbarer Informationen bzw. Dokumentationen in Abstimmung bzw. in Zusammenarbeit mit den operativen Diensteinheiten, in deren Verantwortungsbereich bevorrechtete Personen bzw. Korrespondenten wirksam werden, über den Mißbrauch von Immunitäten und Privilegien bzw. von

gewährten Arbeitsmöglichkeiten durch bevorrechtete Personen bzw. Korrespondenten nichtsozialistischer und anderer politisch-operativ interessierender Staaten im Zusammenhang mit Aktivitäten im Sinne politischer Untergrundtätigkeit, vor allem als Grundlage wirksamer politischer bzw. diplomatischer Gegenmaßnahmen;
– Einleitung mit der Hauptabteilung XX abgestimmter Maßnahmen zur Bekämpfung derartiger Aktivitäten obengenannter feindlicher Stellen und Kräfte;
– Zusammenarbeit mit den jeweils zuständigen operativen Diensteinheiten zur Verhinderung des Mißbrauchs von in der DDR lebenden Ausländern für Aktivitäten im Sinne politischer Untergrundtätigkeit, u. a. hinsichtlich ihres Einsatzes im Verbindungswesen zu feindlichen Stellen und Kräften in nichtsozialistischen Staaten und Westberlin.

Hauptabteilung III, Abteilungen M und 26
– Nutzung aller spezifischen operativen Möglichkeiten zur Erarbeitung von Hinweisen auf Aktivitäten im Sinne politischer Untergrundtätigkeit, insbesondere auf Versuche der Inspirierung und Organisierung politischer Untergrundtätigkeit durch feindliche Stellen und Kräfte bzw. durch Nutzung von Rückverbindungen ehemaliger DDR-Bürger, auf geplante Zusammentreffen und öffentlichkeitswirksame Aktionen, vor allem unter Mitwirkung bzw. Einbeziehung von bevorrechteten Personen und Korrespondenten nichtsozialistischer Staaten und anderer politisch-operative interessierender Staaten, von Massenmedien, Presseorganen und Verlagen dieser Staaten bzw. Westberlins.

Hauptabteilung VI
– Erarbeitung von für die Bekämpfung politischer Untergrundtätigkeit bedeutsamen Informationen im Prozeß der Kontrolle, Überwachung und Filtrierung des grenzüberschreitenden Verkehrs, einschließlich der Nutzung der Möglichkeiten der Zollverwaltung und ihrer nachgeordneten Einrichtungen, insbesondere Hinweise über Kuriere und Verbindungspersonen, zeitliche und örtliche Konzentrationen der Einreise operativ bedeutsamer Personenkategorien.
– Durchsetzung der im Zusammenhang mit der politisch-operativen Sicherung des Polittourismus angewiesenen Maßnahmen unter Beachtung erkannter und möglicher Zusammenhänge zu Aktivitäten der politischen Untergrundtätigkeit in Zusammenarbeit mit den zuständigen operativen Diensteinheiten;
– Aufdeckung und Verhinderung des Mißbrauchs von Aufenthalten und Veranstaltungen für die Inspirierung, Organisierung bzw. Unterstützung von Aktivitäten im Sinne politischer Untergrundtätigkeit in touristischen Zentren und Einrichtungen sowie in Hotels.

Hauptabteilung VII
– Vorbeugende Verhinderung, Aufdeckung und Bekämpfung von Angriffen im Sinne politischer Untergrundtätigkeit auf die DVP und die anderen Organe des MdI einschließlich der Bereiche Innere Angelegenheiten, der kasernierten Einheiten des MdI, der Zivilverteidigung, der Kampfgruppen der Arbeiterklasse und des DRK der DDR, vor allem auf den politisch-moralischen Zustand und die Einsatzbereitschaft. Zuverlässige politisch-operative Sicherung derjenigen Angehörigen und Arbeitsprozesse, die mit Einflüssen und Auswirkungen politischer Untergrundtätigkeit konfrontiert sind;
– politisch-operatives Zusammenwirken mit der DVP und den anderen Organen des MdI, insbesondere mit der Kriminalpolizei, der Schutzpolizei sowie den

Bereichen Innere Angelegenheiten zur vollständigen Wahrnehmung der übertragenen Eigenverantwortung und Ausschöpfung aller vorhandenen Potenzen dieser Organe zur Mitwirkung bei der vorbeugenden Verhinderung, Aufdeckung und Bekämpfung politischer Untergrundtätigkeit und differenzierten Einbeziehung gesellschaftlicher Kräfte;
- Sicherung der aktuellen und vollständigen Übermittlung der durch die DVP und die anderen Organe des MdI gewonnenen Hinweise zu Personen und Sachverhalten, die für die Bekämpfung politischer Untergrundtätigkeit von Bedeutung sind, und deren Nutzung für die politisch-operative Arbeit des MfS sowie für die Organisation des Zusammenwirkens mit der DVP und den anderen Organen des MdI;
- Unterstützung und Befähigkeit der Partner des politisch-operativen Zusammenwirkens durch Übermittlung auswertbarer politisch-operativer Erkenntnisse auf der Grundlage von zentralen Orientierungen sowie Informationen der Hauptabteilung XX;
- politisch-operative Einflußnahme auf die konsequente und abgestimmte Durchsetzung der geltenden Rechtsvorschriften, auf die Realisierung der entsprechenden Befehle und Weisungen sowie auf den zweckmäßigen und wirksamen Einsatz der Kräfte und Mittel, insbesondere zur offensiven Zurückdrängung feindlich-negativer Aktivitäten in der Öffentlichkeit und zur Verhinderung des Mißbrauchs von Veranstaltungen und Vereinigungen;
- Erhöhung der Wirksamkeit der Abwehrarbeit unter Strafgefangenen mit feindlich-negativer Grundeinstellung, insbesondere zur vorbeugenden Verhinderung ihres Zusammenschlusses während der Strafverwirklichung und zur Suche, Auswahl und Gewinnung geeigneter Personen für die inoffizielle Zusammenarbeit. Koordinierung entsprechender Maßnahmen mit den Diensteinheiten der Linie XX bzw. den Kreisdienststellen zur Vorbereitung und Durchführung der Strafentlassung sowie der weiteren Führung derartiger IM.

Hauptabteilung VIII
- Schwerpunktbezogener Einsatz der operativen Beobachtung zur vorbeugenden Verhinderung, Aufdeckung und Bekämpfung von Aktivitäten im Sinne politischer Untergrundtätigkeit, insbesondere
    - zur konspirativen Überwachung der Bewegung und des Verhaltens feindlich-negativer Personen,
    - zum Feststellen und Identifizieren ihrer Verbindungen,
    - zum Einleiten von Sofortmaßnahmen zur Unterbindung demonstrativ-provokatorischer Handlungen,
    - zur vorbeugenden Überwachung von Räumen bzw. Örtlichkeiten sowie
    - zur Erarbeitung beweiskräftiger, möglichst offiziell verwertbarer Dokumentationen.

Hauptabteilung IX
- Erschließung aller Potenzen des sozialistischen Rechts in seiner gesamten Breite zur Bekämpfung politischer Untergrundtätigkeit sowie Herausarbeitung notwendiger neuer rechtlicher Regelungen;
- qualifizierte, den politisch-operativen Erfordernissen entsprechende strafrechtliche Einschätzung Operativer Vorgänge entsprechend den Grundsätzen der Richtlinie Nr. 1/76 in Zusammenarbeit mit den zuständigen operativen Diensteinheiten während der Bearbeitung und im Zusammenhang mit dem Abschluß der Operativen Vorgänge;

- Durchsetzung der einheitlichen, den Erfordernissen der politisch-operativen Lage entsprechenden politisch richtigen Anwendung des sozialistischen Rechts in der Untersuchungsarbeit und Herausarbeitung sich aus der Lageentwicklung ergebender neuer rechtlicher Erfordernisse für die Bearbeitung Operativer Vorgänge;
- Nutzung aller Potenzen der Bearbeitung von Ermittlungsverfahren und der Klärung von Vorkommnissen für die Erarbeitung bedeutsamer Informationen und offiziell verwendbarer Beweise zur Realisierung der grundsätzlichen politisch-operativen Ziel- und Aufgabenstellungen zur Bekämpfung politischer Untergrundtätigkeit, besonders zur Aufdeckung der Pläne und Aktivitäten feindlicher Stellen und Kräfte, zur Schaffung von Ansatzpunkten für Zersetzungs- und Verunsicherungsmaßnahmen, zur Stärkung der operativen Basis sowie zur Aufdeckung von Ursachen und begünstigenden Bedingungen für das Entstehen von Aktivitäten im Sinne politischer Untergrundtätigkeit;
- Vervollkommnung der Mittel und Möglichkeiten der Untersuchungsarbeit, um in Wahrnehmung der durch die Strafprozeßordnung und andere gesetzlichen Bestimmungen geregelten Befugnisse effektiv zur Lösung der grundsätzlichen politisch-operativen Ziel- und Aufgabenstellung zur Bekämpfung politischer Untergrundtätigkeit beizutragen;
- politisch-operatives Zusammenwirken mit dem Arbeitsgebiet II der Kriminalpolizei und der Zollfahndung entsprechend den operativen Erfordernissen zur Bekämpfung politischer Untergrundtätigkeit.

Hauptabteilungen XVIII und XIX
- Verhinderung des Einflusses feindlich-negativer Kräfte auf die Arbeiterklasse und die Klasse der Genossenschaftsbauern unter besonderer Beachtung von Versuchen der Aufwiegelung und Mobilisierung für feindlich-negative bzw. sozialismusfremde politische Forderungen;
- vorbeugende Verhinderung, Aufdeckung und Zerschlagung von Versuchen der Entfaltung politischer Untergrundtätigkeit unter Kreisen der wissenschaftlich-technischen, gesellschaftswissenschaftlichen und medizinischen Intelligenz und der Zusammenführung bzw. des Zusammenschlusses dieser Personen mit feindlich-negativen Kräften in anderen gesellschaftlichen Bereichen, insbesondere auf der Grundlage antisozialistischer Konzeptionen und Denkmodelle;
- umfassende Mobilisierung der leitenden Kader und anderer zuständiger Funktionäre staatlicher, wirtschaftsleitender und verkehrsleitender Organe, Kombinate, Betriebe und Einrichtungen sowie gesellschaftlicher Organisationen hinsichtlich der Wahrnehmung ihrer Verantwortung zur offensiven ideologischen Auseinandersetzung mit feindlich-negativen Kräften und deren Konzeptionen sowie zur Beseitigung begünstigender Bedingungen und Umstände;
- vorbeugende Verhinderung des Mißbrauchs von betriebs- bzw. verkehrsspezifischen Kommunikationsmitteln, Veranstaltungen und Organisationsmöglichkeiten für öffentlichkeitswirksame feindlich-negative Aktivitäten.

Abteilung XXII
- Operative Bearbeitung feindlich-negativer Kräfte, die im Sinne politischer Untergrundtätigkeit wirken und dabei von extremistischen Grundpositionen ausgehen bzw. die mit terroristischen Organisationen, Gruppen und Kräften im Operationsgebiet in Verbindung stehen oder die zur Durchsetzung ihrer Ziele beabsichtigen, terroristische Mittel und Methoden anzuwenden.

160

Zentrale Koordinierungsgruppe
- Anleitung und Unterstützung operativer Diensteinheiten bei der Herausarbeitung und Beachtung von personellen und sachlichen Zusammenhängen zwischen Versuchen von Bürgern der DDR, die Übersiedlung nach nichtsozialistischen Staaten und Westberlin zu erreichen sowie Erscheinungen des ungesetzlichen Verlassens der DDR und Erscheinungen politischer Untergrundtätigkeit sowie bei der Bearbeitung von Personen, die zur Erreichung der Übersiedlung sich zusammengeschlossen haben und gleichzeitig versuchen, im Sinne politischer Untergrundtätigkeit wirksam zu werden, in Abstimmung mit der Hauptabteilung XX bzw. mit der Abteilung XX der jeweiligen Bezirksverwaltung;
- operative Bearbeitung solcher feindlichen Stellen und Kräfte, die versuchen, übersiedlungsersuchende Bürger der DDR zu politischer Untergrundtätigkeit zu inspirieren, gemäß zentralen Festlegungen.

ZAIG
- Auswertung aller von der Hauptabteilung XX aufbereiteten Ergebnisse und Erkenntnisse der vorbeugenden Verhinderung, Aufdeckung und Bekämpfung politischer Untergrundtätigkeit für die Einschätzung der Gesamtlage und für andere Aufgaben der Einschätzung der politisch-operativen Lage;
- Aufbereitung operativ bedeutsamer Erkenntnisse und Erfahrungen der vorbeugenden Verhinderung, Aufdeckung und Bekämpfung politischer Untergrundtätigkeit sowie der Schlußfolgerungen und Erfordernisse zu deren Qualifizierung für zentrale Entscheidungen;
- Anleitung und Unterstützung der Hauptabteilungen und selbständigen Abteilungen bei der Erarbeitung qualifizierter Ausgangsmaterialien für Informationen an die Partei- und Staatsführung;
- Vorbereitung von problembezogenen Informationen an die Partei- und Staatsführung;
- Erarbeitung aktueller Hinweise zur Unterstützung der vorbeugenden Verhinderung, Aufdeckung und Bekämpfung politischer Untergrundtätigkeit in Auswertung von Veröffentlichungen westlicher Massenmedien;
- Unterstützung der Hauptabteilung XX bei der Einschätzung der politisch-operativen Lage auf dem Gebiet der politischen Untergrundtätigkeit, insbesondere durch Übermittlung aktueller diesbezüglicher Informationen und Erkenntnisse sowie bei der Herausarbeitung und Berücksichtigung von operativ bedeutsamen Zusammenhängen zur Gesamtlage.

4.2. Die Leiter der Bezirksverwaltungen haben zu sichern, daß die in Ziffer 4.1. genannten Aufgabenstellungen von den operativen Diensteinheiten der Bezirksverwaltungen entsprechend der Zuständigkeit und unter Berücksichtigung der politisch-operativen Lage im Verantwortungsbereich analog realisiert werden.

5. Aufgaben auf dem Gebiet der politisch-operativen Auswertungs- und Informationstätigkeit

Der Leiter der Hauptabteilung XX und die Leiter der Abteilungen XX der Bezirksverwaltungen haben zu sichern, daß von der AKG der Hauptabteilung XX bzw. den Referaten Auswertung/Information der Abteilungen XX der Bezirksverwaltungen in enger Zusammenarbeit mit den Abteilungen der Hauptabteilung XX bzw. den Referaten der Abteilungen XX der Bezirksverwaltungen folgende Aufgaben gelöst werden:

161

- Wahrnehmung der Federführung für die analytische Arbeit zur Gewährleistung der ständig aktuellen Einschätzung der politisch-operativen Lage zum Problem der politischen Untergrundtätigkeit.
- Zur Gewährleistung der vollen Wahrnehmung dieser Verantwortlichkeit sind, ausgehend von den getroffenen Festlegungen in Befehl Nr. 6/78 und in der Dienstanweisung Nr. 1/80, in den Diensteinheiten der Linie XX sowie in allen anderen operativen Diensteinheiten die erforderlichen Voraussetzungen da zu schaffen. Insbesondere ist zu sichern:
  - die Gewährleistung einer qualifizierten und differenzierten Erfassung und Speicherung operativ bedeutsamer Informationen,
  - die Gestaltung aktueller und lückenloser Informationsflüsse, insbesondere über eine ständige, den Erfordernissen entsprechende Ausgestaltung des Rahmenkataloges der Dienstanweisung Nr. 1/80 bzw. der Arbeitsthesauri der AKG durch die ZAIG bzw. die AKG der Bezirksverwaltungen in Zusammenarbeit mit der Hauptabteilung XX bzw. den Abteilungen XX der Bezirksverwaltungen,
  - die unverzügliche Übermittlung von operativ besonders bedeutsamen Informationen über Pläne, Absichten und Maßnahmen gegnerischer und feindlich-negativer Kräfte zur Durchführung operativ bedeutsamer, insbesondere öffentlichkeitswirksamer Aktivitäten im Sinne politischer Untergrundtätigkeit bzw. die im Zusammenhang mit politischer Untergrundtätigkeit stehen könnten sowie über durchgeführte derartige Aktivitäten auf der Grundlage des Informationsbedarfs gemäß Anlage 1 durch die operativen Diensteinheiten an meinen Stellvertreter, Genossen Generalleutnant Mittig, die Hauptabteilung XX bzw. an die Abteilungen XX der Bezirksverwaltungen.
- Differenzierte Anleitung und Unterstützung der Auswertungs- und Informationsorgane der operativen Diensteinheiten bei der inhaltlichen Gestaltung und zweckmäßigen Organisation der analytischen Arbeit auf dem Gebiet der politischen Untergrundtätigkeit im Zusammenarbeit mit der ZAIG bzw. den AKG der Bezirksverwaltungen.

Darüber hinaus sind durch alle operativen Diensteinheiten folgende weitere Aufgaben zu lösen:
- Qualifizierte Bearbeitung von aussagefähigen Informationen an leitende Partei- und Staatsfunktionäre zu Problemen der Bekämpfung der politischen Untergrundtätigkeit. Die Übergabe derartiger Informationen von grundsätzlicher Bedeutung ist vorher mit der Hauptabteilung XX bzw. der Abteilung XX der zuständigen Bezirksverwaltung abzustimmen;
- Übermittlung aller erarbeiteten verdichteten operativ bedeutsamen Informationen (Analysen, Einschätzungen u. a.) zu Problemen der politischen Untergrundtätigkeit an die Abteilungen XX der Bezirksverwaltungen bzw. bei Notwendigkeit an die Hauptabteilung XX;
- Überprüfung aller Verbindungspersonen zu im Sinne der politischen Untergrundtätigkeit wirkenden Personen in
  - der VSH-Kartei der eigenen Diensteinheit,
  - der Abteilung XII des MfS,
  - der zuständigen Kreisdienststelle,
  - der objektmäßig zuständigen Diensteinheit,
  - der Abteilung XX der zuständigen Bezirksverwaltung und bei operativer Notwendigkeit in der Hauptabteilung XX
  und Erfassung dieser Personen bzw. Ergänzung der vorliegenden Informationen in der VSH-Kartei der eigenen Diensteinheit; Einspeicherung operativ bedeutsa-

mer derartiger Personen als Verbindungspersonen zur Primärperson in der ZPDB entsprechend den Festlegungen der Indexiervorschrift.

6. Schlußbestimmungen

6.1. Der Leiter der Hauptabteilung XX hat auf der Grundlage der von mir bestätigten »Konzeption zur weiteren Erhöhung der Wirksamkeit der vorbeugenden Verhinderung, Aufdeckung und Bekämpfung politischer Untergrundtätigkeit« die Präzisierung der Aufgabenstellung der Abteilungen der Hauptabteilung XX vorzunehmen und in Zusammenarbeit mit den Leitern der Bezirksverwaltungen zu sichern, daß die Präzisierung der Aufgabenstellung und der Struktur der Abteilungen XX der Bezirksverwaltungen unter Berücksichtigung der konkreten politisch-operativen Lage im jeweiligen Bereich analog erfolgt.

6.2. Der Leiter der ZAIG hat in Zusammenarbeit mit dem Leiter der Hauptabteilung XX die Anlage 1 zur Dienstanweisung Nr. VVS o008–28/80, auf der Grundlage der in dieser Dienstanweisung getroffenen Regelungen zu präzisieren.

6.3. Im Befehl Nr. 6/78, Ziffer 6.2.1., sind die Worte »der politischen Untergrundtätigkeit« eigenverantwortlich zu streichen.

(gez.)
Mielke
Armeegeneral

Anlage 1
Informationsbedarf
für Sofortmeldungen im Zusammenhang mit der vorbeugenden Verhinderung, Aufdeckung und Bekämpfung politischer Untergrundtätigkeit

Sofortmeldepflichtig an die Abteilungen XX der Bezirksverwaltungen bzw. die Hauptabteilung XX sind alle Informationen über
- geplante Aktivitäten äußerer Feinde und feindlich-negativer Kräfte im Innern der DDR, die unverzüglich die Einleitung politischer und politisch-operativer Maßnahmen bzw. die Herbeiführung von Entscheidungen durch die Abteilungen XX der Bezirksverwaltungen bzw. die Hauptabteilung XX erforderlich machen;
- politisch-operativ besonders bedeutsame Handlungen, Vorkommnisse und Erscheinungen und die Wirksamkeit der zu ihrer Aufklärung, Kontrolle, Einschränkung bzw. Verhinderung eingeleiteten Maßnahmen.
Das betrifft insbesondere:
- öffentlichkeitswirksame demonstrativ-provokatorische Handlungen und Aktionen;
- Zusammenkünfte bzw. Treffen feindlich-negativer Kräfte, vor allem überregionalen Charakters sowie unter Teilnahme von ausländischen Bürgern, speziell von Vertretern politischer Parteien und Organisationen und von Mitarbeitern diplomatischer Vertretungen und Korrespondenten des nichtsozialistischen Auslandes oder von Führungskräften feindlicher Gruppierungen;

Quelle: *Vertrauliche Verschlußsache o008 MfS-Nr. 6/85*

8

MfS-Ordnung Nr. 6/86: »Die Arbeit mit Offizieren im besonderen Einsatz«

Ministerrat   Berlin, 17. 3. 1986
der Deutschen Demokratischen Republik
Ministerium für Staatssicherheit
Der Minister

Ordnung Nr. 6/86
über die Arbeit mit Offizieren im besonderen Einsatz des Ministeriums für Staatssicherheit

– OibE-Ordnung –

Die Lösung der dem Ministerium für Staatssicherheit von der Partei- und Staatsführung der DDR übertragenen Aufgaben im Kampf um die Erhaltung und Sicherung des Friedens sowie zur allseitigen Stärkung und zum Schutz des Sozialismus stellt unter den sich zuspitzenden Klassenkampfbedingungen erhöhte Anforderungen an den effektiven Einsatz aller dem MfS zur Verfügung stehenden Kräfte, Mittel und Methoden. Dabei kommt dem Einsatz von Offizieren im besonderen Einsatz als einer wichtigen Methode der tschekistischen Arbeit eine wachsende Bedeutung zu.
Zur einheitlichen und zielgerichteten Gestaltung der Arbeit mit Offizieren im besonderen Einsatz

ordne ich an:

1. Geltungsbereich

1.1. Diese Ordnung gilt für alle Diensteinheiten des MfS, ausgenommen das Wachregiment Berlin »Feliks Dzierzynski«.

1.2. Diese Ordnung regelt die Aufgaben und die Verantwortung der Leiter der Diensteinheiten und der Kaderorgane zur Arbeit mit Offizieren im besonderen Einsatz, die Gestaltung der Zusammenarbeit mit Offizieren im besonderen Einsatz sowie Besonderheiten des Dienstverhältnisses dieser Angehörigen des MfS.

2. Grundsätze

2.1. Offiziere im besonderen Einsatz (nachfolgend OibE genannt) sind Angehörige des MfS, die im Interesse der dem MfS übertragenen Verantwortung zur umfassenden Gewährleistung der staatlichen Sicherheit auf den Gebieten der Abwehr und der Aufklärung unter Legendierung ihres Dienstverhältnisses mit dem MfS auf der Grundlage eines Arbeitsrechts- oder Dienstverhältnisses in sicherheitspolitisch bedeutsamen Positionen im Staatsapparat, der Volkswirtschaft oder in anderen Bereichen des gesellschaftlichen Lebens (Einsatzobjekte) eingesetzt und wirksam werden.

2.2. Über die Anwendung der politisch-operativen Methode des Einsatzes von Angehörigen des MfS als Offiziere im besonderen Einsatz ist ausgehend von der Herausarbeitung der Sicherheitserfordernisse und der Bestimmung der politisch-operativen Schwerpunkte, der Einschätzung der vorhandenen Kräfte und zur Verfügung stehenden Mittel und Methoden zu entscheiden.

Der Einsatz von OibE kann insbesondere erfolgen

- zur Erarbeitung von Informationen, um jene Bereiche, Prozesse, Personen und Personenkreise im Verantwortungsbereich zu erkennen und zu sichern, die für die allseitige Erfüllung der sicherheitspolitischen Aufgaben von besonderer Bedeutung sind,
- zur ständigen Koordinierung und Abstimmung von Maßnahmen sowie Sicherung störungsfreier Informationsbeziehungen zwischen dem Einsatzobjekt und dem MfS,
- zur Realisierung von Sicherungs- und Kontrollmaßnahmen im Zusammenhang mit operativ bedeutsamen Prozessen und Personen sowie weiterer sicherheitspolitischer Einzelaufgaben, die nicht direkt in Verantwortung des MfS übernommen werden können bzw. wurden,
- zur vorbeugenden Sicherung wichtiger Bereiche vor Bränden, Störungen, Havarien u. a. und solcher Arbeitsgebiete, in denen besondere Geheimhaltungs- und Sicherheitsvorschriften gelten,
- zur Lösung sicherheitspolitischer Aufgaben und Aufklärung feindlicher Pläne und Absichten im Zusammenhang mit außenpolitischen bzw. -wirtschaftlichen Beziehungen und Aufgaben.

2.3. Die Anwendung aller mit dem Einsatz von OibE verbundenen Maßnahmen, Mittel und Methoden hat unter strengster Beachtung der Prinzipien der Geheimhaltung und Konspiration zu erfolgen.

2.4. Der politisch-operative Arbeitsauftrag und die besonderen Einsatzbedingungen stellen hohe Anforderungen an die Persönlichkeit der OibE.

Sie müssen

- sich durch bewiesene Treue und Ergebenheit zur Partei der Arbeiterklasse und feste Verbundenheit mit dem MfS auszeichnen;
- die Fähigkeit zur selbständigen politisch-operativen Lageeinschätzung und zur eigenverantwortlichen Lösung aller gestellten Aufgaben außerhalb tschekistischer Kollektive besitzen;
- durch hohe politische und fachliche Qualifikation und ihre Persönlichkeit die Gewähr dafür bieten, den politisch-operativen Auftrag wirkungsvoll im Interesse der Gesamtaufgabenstellung des MfS mit den im Einsatzobjekt gestellten Aufgaben zu verbinden und zu realisieren;
- charakterlich-moralisch gefestigt und unter allen Lagebedingungen persönlich unantastbar sein;
- über eine den Anforderungen des Einsatzes entsprechende physische und psychische Belastbarkeit verfügen.

Erfolgt der Einsatz des OibE mit Ehepartner im Operationsgebiet, sind an den Ehepartner grundsätzlich die gleichen Anforderungen hinsichtlich politischer Zuverlässigkeit und charakterlich-moralischer Festigkeit sowie physischer und psychischer Belastbarkeit zu stellen, auch wenn dieser nicht Angehöriger des MfS ist.

2.5. Die OibE sind Teil des Kaderbestandes der für die Lösung der politisch-operativen Einsatzaufgabe verantwortlichen Diensteinheit.

Die OibE-Planstellen sind in den Strukturplänen als solche gesondert auszuweisen und in den Teilen III der Stellenpläne zu führen. Ihre Besetzung ist in den Teilen III der Stellenplanüberwachungslisten nachzuweisen.

Zu Gewährleistung von Konspiration und Geheimhaltung sind Angehörige des MfS nur in dem für die Aufgabenerfüllung notwendigen Umfang Zugang bzw. Einblick in die Struktur- und Stellenpläne sowie Stellenplanüberwachungslisten zu geben sowie Kenntnisse darüber zu vermitteln.

Im weiteren gelten die zentralen Festlegungen zur Führung und Bestätigung der Struktur- und Stellenpläne sowie zur Nachweisführung des Kaderbestandes.

3. Beantragung und Bestätigung von Planstellen für OibE

3.1. Voraussetzung für den Einsatz von OibE ist die umfassende Analyse der politisch-operativen Notwendigkeit sowie der Nachweis des damit zu erzielenden politisch-operativen Nutzeffektes.

Der Einsatz von OibE ist nur auf dafür bestätigten Planstellen des MfS zulässig.

3.2. Anträge auf Planstellen für OibE sind unter Zugrundelegung strenger Maßstäbe der Sparsamkeit und verantwortungsbewußter Prüfung der optimalen Ausnutzung des vorhandenen Planstellenvolumens mit einer Begründung gemäß Ziffer 3.1. und unter Beifügung der Funktions- und Qualifikationsmerkmale für diese Planstelle
- vom Leiter der HVA, Leiter der VRD und von den Leitern der Haupt-/selbständigen Abteilungen sowie Gleichgestellten,
- von den Leitern der Bezirksverwaltungen nach Abstimmung mit dem Leiter der zuständigen Haupt-/selbständigen Abteilung im Ministerium

dem Leiter der Hauptabteilung Kader und Schulung einzureichen.

Die Bewertung der Planstelle (erreichbarer Dienstgrad, Vergütungsstufe) ist entsprechend der Bedeutung des politisch-operativen Auftrages und unter Beachtung der Vergütung im Einsatzobjekt vorzuschlagen.

3.3. Der Leiter der Hauptabteilung Kader und Schulung hat die Anträge mit dem zuständigen Stellvertreter des Minister bzw. dem Leiter der Arbeitsgruppe des Ministers abzustimmen und dem Minister für Staatssicherheit zur Bestätigung vorzulegen.

3.4. Nach Bestätigung der Anträge erfolgt die Zuweisung der Planstellen durch den Leiter der Hauptabteilung Kader und Schulung an die beantragende Diensteinheit.

3.5. Die Leiter gemäß Ziffer 3.2. haben zu sichern, daß bestätigte Planstellen für OibE ausschließlich für den beantragten Zweck genutzt und bei Wegfall der politisch-operativen Notwendigkeit unverzüglich an die Hauptabteilung Kader und Schulung zurückgeführt werden.

4. Auswahl, Vorschlag und Bestätigung von OibE

4.1. Für den Einsatz als OibE sind Angehörige des MfS auszuwählen,
- die den Persönlichkeitsanforderungen gemäß Ziffer 2.4. entsprechen,
- die über langjährige politisch-operative Erfahrungen verfügen bzw. gezielt auf ihre Einstellung in das MfS und den Einsatz als OibE planmäßig und schwerpunktorientiert als Perspektivkader in der inoffiziellen Zusammenarbeit vorbereitet wurden,
- deren persönliche bzw. familiäre Probleme, die im Zusammenhang mit dem

Einsatz entstehen, mit Unterstützung der Dienstvorgesetzten und der Kaderorgane angemessen gelöst wurden bzw. zu lösen sind.

Der Einsatz von Angehörigen des MfS als OibE, die aufgrund kadermäßig zu beachtender und anderer bedeutsamer Probleme nicht die Gewähr für die Lösung des politisch-operativen Arbeitsauftrages und die allseitige Gewährleistung von Konspiration, Geheimhaltung und Sicherheit geben, ist nicht statthaft.

4.2. Für den Einsatz als OibE ist ein Einsatzvorschlag nach Anlage 1 zu fertigen und dem Leiter der Hauptabteilung Kader und Schulung zur Bestätigung einzureichen.

4.3. Ist für den Einsatz als OibE die Einstellung in den Dienst des MfS oder die Versetzung aus einer anderen Diensteinheit des MfS erforderlich, gelten die dafür erlassenen dienstlichen Bestimmungen und Weisungen. In den Einstellungs- bzw. Versetzungsunterlagen sind keine Hinweise auf den vorgesehenen Einsatz als OibE aufzunehmen. Diese Unterlagen sind mit dem Einsatzvorschlag einzureichen.

4.4. Der Einsatz als OibE erfolgt mit Befehl über Kader
- durch den Minister für Staatssicherheit für Angehörige des MfS, die eine Dienststellung ab Stellvertreter des Leiters einer Haupt-/selbständigen Abteilung und Gleich- oder Höhergestellte innehaben bzw. erhalten sollen,
- im Auftrag des Ministers für Staatssicherheit durch den Leiter der Hauptabteilung Kader und Schulung für alle übrigen Angehörigen des MfS.

Bei OibE, die Dienststellungen der Nomenklatur der Stellvertreter des Ministers innehaben bzw. erhalten sollen, hat eine vorherige Abstimmung mit dem zuständigen Stellvertreter des Ministers bzw. dem Leiter der Arbeitsgruppe des Ministers zu erfolgen.

5. Aufgaben und Verantwortung der Leiter der Diensteinheiten für die Arbeit mit OibE

5.1. Der Leiter der HVA, der Leiter der VRD, die Leiter der Haupt-/selbständigen Abteilungen sowie Gleichgestellte und die Leiter der Bezirksverwaltungen haben zu gewährleisten, daß in der Arbeit mit OibE die Grundsätze der sozialistischen Kaderarbeit gemäß den dazu im MfS erlassenen dienstlichen Bestimmungen und Weisungen und die in dieser Ordnung getroffenen Festlegungen, insbesondere zur Gewährleistung von Konspiration, Geheimhaltung und Sicherheit umfassend und konsequent durchgesetzt werden. Sie haben insbesondere zu sichern, daß
- in den Kaderprogrammen und -plänen konkrete und abrechenbare Festlegungen zur tschekistischen Erziehung, Persönlichkeitsentwicklung sowie zur Aus- und Weiterbildung der OibE auch hinsichtlich ihrer weiteren Tätigkeit nach Beendigung des Einsatzes getroffen werden,
- die Arbeit und Wirksamkeit der OibE ständig analysiert und deren Persönlichkeitsentwicklung entsprechend den dienstlichen Bestimmungen zur Kaderarbeit beurteilt sowie Schlußfolgerungen zur weiteren Gestaltung des Einsatzes erarbeitet und durchgesetzt werden.

5.2. Die politisch-ideologische und fachlich-tschekistische Erziehung und Befähigung der OibE hat aufgabenbezogen, zielgerichtet und differenziert vorrangig im Prozeß der Erfüllung des operativen Arbeitsauftrages zu erfolgen und ist insbesondere auszurichten auf

- das Vertiefen der Klarheit über die Grundfragen der Politik der Partei- und Staatsführung, das Festigen ihres Klassenstandpunktes und die Vermittlung eines realen und aktuellen Feindbildes,
- das Festigen der tschekistischen Einstellung zur vorbehaltlosen Erfüllung der gestellten operativen Aufgaben sowie solcher Persönlichkeitseigenschaften, wie Verantwortungsbewußtsein, Einsatzbereitschaft, Disziplin, Wachsamkeit, schöpferische Initiative und Einfallsreichtum,
- das Entwickeln der erforderlichen tschekistischen Fähigkeiten, Fertigkeiten und Verhaltensweisen, wie sicherheitspolitisches Denken, Erkennen operativ bedeutsamer Zusammenhänge, richtige politisch-operative Einschätzung von Informationen und exakte Einschätzung der politisch-operativen Lage sowie das Ableiten von Schlußfolgerungen und weiterführenden Maßnahmen.

5.3. Es ist zielstrebig darauf Einfluß zu nehmen, daß die OibE zur Festigung des Vertrauensverhältnisses selbst aktiv beitragen, der Verantwortung zur Gewährleistung der inneren Sicherheit des MfS und der Sicherheit ihrer eigenen Person nachkommen und die Festlegungen über Informations- und Meldepflichten konsequent einhalten.
Meldungen zu persönlichen Veränderungen und über außerdienstliche Kontakte und Verbindungen sind unverzüglich dem Kaderorgan zur weiteren Bearbeitung zuzuleiten.

6. Aufgaben und Verantwortung der Kaderorgane für die Arbeit mit OibE

6.1. Der Leiter der Hauptabteilung Kader und Schulung hat zu gewährleisten, daß die dienstlichen Bestimmungen und Weisungen zur Kaderarbeit im MfS unter Beachtung der Spezifik des Einsatzes auf die Arbeit mit OibE Anwendung finden.

6.2. Die kadermäßige Betreuung der OibE erfolgt grundsätzlich durch die für die OibE-führende Diensteinheit zuständige Abteilung Kader der Hauptabteilung Kader und Schulung oder die Abteilung Kader und Schulung der Bezirksverwaltung (nachfolgend Kaderorgan).
Über zentral durch das Koordinierungsorgan der Hauptabteilung Kader und Schulung für die Arbeit mit OibE kadermäßig zu betreuende OibE entscheidet nach Abstimmung mit den Leitern der zuständigen Diensteinheiten der Leiter der Hauptabteilung Kader und Schulung.

6.3. Die Leiter der Kaderorgane haben in der Kader- und instruktiven Arbeit Geheimhaltung und Konspiration umfassend zu gewährleisten, in die Lösung der festgelegten Aufgaben nur erfahrene Angehörige des Kaderorgans einzubeziehen sowie zu sichern, daß in Personalunterlagen von OibE nur dazu Berechtigte Einblick erhalten.

6.4. Die Leiter der Kaderorgane haben mit den Leitern der OibE-führenden Diensteinheiten eng zusammenzuarbeiten und sie bei der Durchsetzung der dienstlichen Bestimmungen und Weisungen zur Kaderarbeit mit OibE zu unterstützen sowie auf kadermäßige Entscheidungen und die Lösung damit im Zusammenhang stehender Probleme aktiv Einfluß zu nehmen.

6.5. Die Leiter der Kaderorgane haben in Abstimmung mit den Leitern der OibE-führenden Diensteinheiten die periodische Teilnahme verantwortlicher Angehöriger der Kaderorgane an Kaderaussprachen mit den OibE zu sichern. Solche Aussprachen sind nach Erfordernis, mindestens jedoch einmal im Jahr, mit jedem OibE zu führen.

6.6. Die Leiter der Kaderorgane haben jährlich Ergebnisse und Erfahrungen der Durchsetzung der sozialistischen Kaderpolitik in der Arbeit mit den OibE zu analysieren, Schlußfolgerungen abzuleiten und mit den Leitern der OibE-führenden Diensteinheiten Maßnahmen für die weitere Qualifizierung der Kaderarbeit festzulegen.

6.7. Die P-Akte, als ein wichtiges Mittel in der Arbeit mit den Angehörigen des MfS, ist auch während des Einsatzes als OibE vom zuständigen Kaderorgan weiterzuführen. In der P-Akte sind Dokumente und Unterlagen kaderpolitischen Inhalts zum OibE, seinen Familienangehörigen, Verwandten u. a. Personen, die während seines Einsatzes erarbeitet werden, nachzuweisen. Diese Materialien haben keine konkreten Hinweise zum Einsatz des OibE, insbesondere zum Einsatzobjekt und zur Einsatzlegende, zu enthalten.
Von Qualifikations- bzw. Befähigungsnachweisen sowie anderen Dokumenten des Einsatzobjektes (Beurteilungen, Auszeichnungen u. a.) sind, soweit daraus der Einsatz als OibE konkret hervorgeht, aussagefähige Abschriften ohne Hinweise auf den konkreten Einsatz in der P-Akte aufzubewahren.

7. Grundsätzliche Maßnahmen zur Gewährleistung von Konspiration, Geheimhaltung und Sicherheit

7.1. Die Leiter der OibE-führenden Diensteinheiten haben zur Sicherung des konspirativen und wirkungsvollen Einsatzes von OibE in den Einsatzobjekten die Erarbeitung einer lebensnahen, auf die konkrete Aufgabe und die Persönlichkeit des OibE abgestimmten Einsatzlegende zu gewährleisten, sie mit dem OibE zu beraten bzw. ihn in die Ausarbeitung einzubeziehen und die Anwendung der Legende durchzusetzen. Zur Einsatzlegende gehören:
- die vorbereitende Abstimmung zur Planung und Zuweisung einer Planstelle im Einsatzobjekt, sofern dieses nach einem staatlich zu bestätigenden Stellenplan arbeitet,
- die Abstimmung auf entsprechender Ebene zur Sicherung der Einstellung des OibE auf die beabsichtigte Planstelle im Einsatzobjekt bzw. eine solche Ausgestaltung der Personalunterlagen des OibE, die dessen Einstellung auch ohne Absprachen mit hoher Wahrscheinlichkeit sichert,
- die Erarbeitung von Personaldokumenten für den OibE (Personalakte), die seine Zugehörigkeit zum MfS durch glaubhaften Nachweis anderer Tätigkeiten vollständig oder teilweise verdeckt,
- die Ausstellung eines 2. Versicherungsausweises mit Angaben, die mit den Personalunterlagen identisch sind,
- die Beschaffung von Dokumenten, Ausweisen, Registrierkarten u. ä. als Nachweis der Zugehörigkeit zur Gewerkschaft und zu Massenorganisationen ebenfalls in Übereinstimmung mit den Personalunterlagen.
Die Ausstellung und Beschaffung von Ausweisen und anderen Dokumenten zur Abdeckung des Einsatzes ist mit dem Koordinierungsorgan der Hauptabteilung Kader und Schulung abzustimmen.

7.2. Parteiummeldungen sind durch die OibE-führenden Diensteinheiten
- im MfS Berlin mit dem Vorsitzenden der KPKK der Kreisleitung der SED 18–01,
- in den Bezirksverwaltungen mit dem 1. Sekretär der Leitung der Parteiorganisation abzustimmen.
Bei der Legendierung ist eine Übereinstimmung zwischen den Eintragungen im Parteidokument sowie in den Parteiregistrierunterlagen und den anderen zur Abdeckung des Einsatzes ausgestellten bzw. beschafften Dokumenten zu gewährleisten. Ergeben sich spezifische Erfordernisse zur parteimäßig durchgängigen Legendierung, sind die erforderlichen Maßnahmen langfristig vorzubereiten und über das Koordinierungsorgan der Hauptabteilung Kader und Schulung mit dem Vorsitzenden der KPKK der Kreisleitung der SED 18–01 zu beraten und geeignete Formen ihrer Realisierung festzulegen.

7.3. Grundsätzlich sind OibE mit ihrem Einsatz gegenüber den Wehrkreiskommandos aus dem Dienst des MfS zu entlassen. Durch die OibE-führenden Diensteinheiten ist in Abstimmung mit dem zuständigen Kaderorgan zu gewährleisten, daß die Nachweisführung und Planung der OibE in den Wehrkreiskommandos in Übereinstimmung mit den Einsatzlegenden steht und Nachfragen Berechtigter bei den Wehrkreiskommandos keine Dekonspiration zur Folge haben.

7.4. Die Leiter der OibE-führenden Diensteinheiten haben zu sichern, daß durch aktive Maßnahmen zur Vervollkommnung und Durchsetzung der Legendierung des Einsatzes, der Herauslösung, der Rückführung und der weiteren Tätigkeit Geheimhaltung und Konspiration umfassend gewährleistet werden. Dabei sind erforderlichenfalls der Ehepartner und weitere Familienangehörige differenziert einzubeziehen.

7.5. Die Ausstattung der OibE mit Ausweisen, Berechtigungen und anderen Dokumenten, die Rückschlüsse auf ihr Dienstverhältnis mit dem MfS zulassen, ist im Interesse der Geheimhaltung und Konspiration grundsätzlich nicht zulässig.

7.6. Die Ausstattung von OibE mit Dienst- und Objektausweisen des MfS in begündeten Ausnahmefällen haben die Leiter gem. Ziffer 3.2. beim Leiter der Hauptabteilung Kader und Schulung zu beantragen. Der Leiter der Hauptabteilung Kader und Schulung hat die Anträge zu prüfen, unter Berücksichtigung der Nomenklatur mit dem zuständigen Stellvertreter des Ministers bzw. dem Leiter der Arbeitsgruppe des Ministers abzustimmen und zu entscheiden. In Zweifelsfällen hat in jedem Fall eine Abstimmung mit dem zuständigen Stellvertreter des Ministers bzw. dem Leiter der Arbeitsgruppe des Ministers zu erfolgen.

7.7. Über die Ausstattung von OibE mit Schußwaffen entscheidet der Minister für Staatssicherheit, sein Stellvertreter auf Linie bzw. der Leiter der Arbeitsgruppe des Ministers.

7.8. Die OibE sind in der Abteilung XII für die Hauptabteilung Kader und Schulung zu erfassen.
In Ausnahmefällen kann nach Abstimmung mit dem Leiter der Hauptabteilung Kader und Schulung für die Zeit des Einsatzes die Erfassung für die OibE-führende Diensteinheit erfolgen.

7.9. Schriftverkehr über OibE ist grundsätzlich »persönlich« zu führen.

8. Die Gestaltung der Zusammenarbeit mit OibE

8.1. Die Leiter der OibE-führenden Diensteinheiten haben zu sichern, daß entsprechend den festgelegten Einsatzrichtungen und unter Beachtung der jeweiligen Einsatzbedingungen im Einsatzobjekt die konkreten politisch-operativen Ziel- und Aufgabenstellungen für die Zusammenarbeit mit den OibE in Arbeitsplänen festgelegt und Einsatzdokumente erarbeitet werden.
Die Einsatzdokumente sind dem Leiter gem. Ziffer 3.2. zur Bestätigung vorzulegen. Sie haben 1 Exemplar des Einsatzvorschlages und Festlegungen zu beinhalten, insbesondere
- zur Art und Form der Zusammenarbeit einschließlich der Trefftätigkeit (zeitliche Abstände, vorgesehene KW u. a.)
- zur Einsatzlegende
- zum Führungs- und Verbindungssystem
- über Rechte, Pflichten und Befugnisse bei der Führung anderer OibE gemäß Ziffer 8.2.
- zur Führung von IM/GMS gemäß Ziffer 8.4.
- zum Personenkreis außerhalb der MfS, der in die Legendierung des Einsatzes des OibE einbezogen wurde.

8.2. Die Leiter der OibE-führenden Diensteinheiten haben zu sichern, daß zu jedem OibE eine stabile Verbindung als Voraussetzung für eine wirksame politisch-ideologische und tschekistische Erziehung und Befähigung sowie Bindung des OibE an das MfS besteht.
Sie haben die zu ihrem Verantwortungsbereich gehörenden OibE in Abhängigkeit von deren beruflicher oder dienstlicher Stellung im Einsatzobjekt persönlich zu führen oder dafür ausgewählte, in der politisch-operativen Arbeit und Menschenführung erfahrene Angehörige der Diensteinheit als Führungsoffiziere festzulegen und sie zur Wahrnehmung ihrer Verantwortung zu befähigen, anzuleiten und zu kontrollieren.
OibE in leitenden Dienststellungen können mit der Führung von ihnen nach der Struktur des Einsatzobjektes unmittelbar unterstellten weiteren OibE beauftragt werden.
Zu den Rechten und Pflichten sowie Befugnissen dieser OibE sind in den Einsatzdokumenten Festlegungen zu treffen und mit dem Leiter des zuständigen Kaderorgans abzustimmen.

8.3. Die Leiter der OibE-führenden Diensteinheiten haben zu gewährleisten, daß Treffs zur Auftragserteilung und Berichterstattung sowie andere Formen der individuellen Einflußnahme unter Gewährleistung der Sicherheit für den OibE und seinen Einsatz erfolgen. Grundsätzlich haben solche Treffs in konspirativen Objekten oder Wohnungen stattzufinden, in denen in der Regel keine IM/GMS getroffen werden. Entscheidungen über abweichende Verfahrensweisen treffen für ihren Verantwortungsbereich die Leiter gemäß Ziffer 8.2.

8.4. OibE haben grundsätzlich keine IM oder GMS zu führen. Ausnahmen sind in den Einsatzdokumenten gesondert zu bestätigen. In diesen Ausnahmefällen sind dem OibE nur IM und GMS zu übergeben, deren inoffizielle Tätigkeit und Wirkungsbereich in einer engen Beziehung zum politisch-operativen Arbeitsauftrag des jeweiligen OibE stehen.

171

8.5. In der Zusammenarbeit mit OibE ist weiterhin zu gewährleisten, daß diese
- keine Gesamtkenntnis über die Entwicklung und Bearbeitung operativer Vorgänge erhalten,
- nicht unmittelbar in die Bearbeitung von Personen, die feindlich tätig sind oder Verbindungen zu Feindzentralen bzw. feindlichen Organisationen unterhalten, eingeführt werden,
- nicht an politisch-operativen Aktionen und anderen Maßnahmen des MfS teilnehmen, die gegenüber außenstehenden Personen Aufschluß über ein bestehendes Dienstverhältnis mit dem MfS geben könnten,
- nur solche operativen Berichte des MfS zur Kenntnis erhalten, die unmittelbar für die Arbeit des betreffenden OibE von Bedeutung sind.

8.6. OibE haben in Abstimmung mit der für das Einsatzobjekt zuständigen Diensteinheit ihre Arbeit so zu planen und durchzuführen, daß durch ihre Tätigkeit die staatlichen Leiter bei der Wahrnehmung der ihnen übertragenen Verantwortung für die Gewährleistung einer hohen Sicherheit, Ordnung, Disziplin sowie des Geheimnisschutzes wirksam unterstützt und die Sicherheitsinteressen des MfS durchgesetzt werden.

8.7. Die Dokumentierung aller wesentlichen politisch-operativen Aktivitäten in der Zusammenarbeit mit den OibE sowie von weiteren Materialien und Unterlagen, die den konkreten Einsatz des OibE betreffen, hat in einer in der Abteilung XII für die OibE-führende Diensteinheit registrierten »Arbeitsakte OibE« zu erfolgen.
In die »Arbeitsakte OibE« sind aufzunehmen:
- die entsprechenden Formblätter,
- das Einsatzdokument gem. Ziffer 8.1.,
- Arbeitspläne der politisch-operativen Arbeit und Berichterstattungen über Arbeitsergebnisse durch den OibE,
- Einschätzungen zur politisch-operativen Wirksamkeit und Entwicklung des OibE während des Einsatzes,
- Maßnahmen der tschekistischen Erziehung und Befähigung sowie Einschätzungen der dabei erreichten Ergebnisse.
- schriftliche Berichte, Informationen und Protokolle des OibE,
- Treffberichte des Führungsoffiziers,
- Nachweise über die Aushändigung operativer Dokumente und Mittel, ihre Verwendung und den Zeitraum ihrer Nutzung.

8.8. In Ausnahmefällen, insbesondere bei OibE, die gemäß Ziffer 8.2. dieser Ordnung von anderen OibE im Auftrag geführt werden, kann durch die Leiter gemäß Ziffer 3.2. in Abstimmung mit dem Leiter der Hauptabteilung Kader und Schulung auf die Führung von Arbeitsakten verzichtet werden.

8.9. Das Dossier über den Angehörigen des MfS ist während des Einsatzes als OibE dem Führungsoffizier als Mittel zur persönlichen Führung des OibE zu übergeben. Den OibE, die gemäß Ziffer 8.2. mit der Führung von ihnen nach der Struktur des Einsatzobjektes unterstellten OibE beauftragt wurden, sind keine Dossiers zu übergeben.

8.10. Nach Beendigung des Einsatzes ist die »Arbeitsakte OibE« in der Abteilung XII des MfS für die Hauptabteilung Kader und Schulung gesperrt zu archivieren.

8.11. Die Registrierung und Führung sowie Archivierung der »Arbeitsakten OibE« hat entsprechend der 1. Durchführungsbestimmung zu dieser Ordnung zu erfolgen.

9. Festlegungen zur Gestaltung des Dienstverhältnisses während des Einsatzes als OibE

9.1. Für OibE gelten die Rechtsvorschriften über den Wehrdienst, die dienstlichen Bestimmungen und Weisungen zur Regelung des Dienstes im MfS und die sich daraus ergebenden Pflichten und Rechte. Gleichzeitig unterliegen sie den für das Einsatzobjekt geltenden arbeitsrechtlichen oder dienstlichen Bestimmungen, haben ihre Arbeitsaufgaben oder Dienstpflichten zu erfüllen und sind darüber entsprechend ihrer Unterstellung im Einsatzobjekt rechenschaftspflichtig.

9.2. Die Besoldung der OibE erfolgt nach den Bestimmungen der Besoldungsordnung des MfS auf der Grundlage der bestätigten Planstelle des MfS.
OibE haben bei Vorliegen der Voraussetzungen Anspruch auf Abgeltungen und Entschädigungen gemäß der Entschädigungsordnung des MfS.

9.3. Die vom Einsatzobjekt gezahlte Nettovergütung ist mit der Nettovergütung des MfS zu verrechnen und die Differenz als Ausgleich zu zahlen. Die zu verrechnende Nettovergütung beinhaltet:
- alle Lohnbestandteile mit Ausnahme leistungsabhängiger Gehaltsteile und der Aufwandsentschädigung,
- Abgeltungen für nicht in Anspruch genommene kostenlose Unterkunft, für Verpflegung und Bekleidung,
- Jahresendprämien sowie
- finanzielle Zuwendungen in Würdigung langjähriger Tätigkeit.

9.4. Liegt im Einzelfall die Nettovergütung im Einsatzobjekt höher als im MfS
- ist der übersteigende Betrag vom MfS nicht einzuziehen,
- ist bei Rentengewährung durch das MfS die höhere Vergütung aus dem Einsatzobjekt zugrunde zu legen,
- sind zur Würdigung von Leistungen für das MfS die Möglichkeiten der Prämienordnung des MfS verstärkt anzuwenden.
Nach Beendigung des Einsatzes erfolgt die Besoldung entsprechend der befehlsmäßig festgelegten Dienststellung.

9.5. Die OibE haben sämtliche Bezüge im Einsatzobjekt einmal jährlich dem Kaderorgan nachzuweisen. Bei jeder Veränderung in der Nettovergütung ist das Kaderorgan sofort zu informieren.
Meldepflichtig, aber nicht auf die Nettovergütung gem. Ziffer 9.3. anzurechnen, sind im Einsatzobjekt gezahlte Leistungsprämien sowie Zuwendungen zu staatlichen oder betrieblichen Auszeichnungen.

9.6. Im Einsatzobjekt entrichtete Beiträge zur freiwilligen Zusatzrentenversicherung der Sozialversicherung bzw. der freiwilligen zusätzlichen Altersversorgung für Mitarbeiter des Staatsapparates sowie Beiträge zum FDGB (ohne Sondermarken) sind zu erstatten.
Bei Beendigung des Einsatzes ist unter Beachtung der Rechtsvorschriften und der

Festlegungen gem. Ziffer 7.4. über die Weiterführung bzw. Beendigung dieser zusätzlichen Versorgungen zu entscheiden. In diesem Zusammenhang rückerstattete Beiträge sind dem zuständigen Finanzorgan zu übergeben.

9.7. OibE sind für ihre Verdienste und treue Pflichterfüllung sowie vorbildliche Leistungen und hohe Einsatzbereitschaft bei der Erfüllung ihres politisch-operativen Arbeitsauftrages entsprechend den dienstlichen Bestimmungen mit staatlichen und Auszeichnungen des MfS, Beförderungen und Prämierungen zu würdigen. Die Vorschläge sind entsprechend den dienstlichen Bestimmungen einzureichen und zu bestätigen.

9.8. Über die Anerkennung während des Einsatzes in anderen bewaffneten Organen erreichter Dienstgrade entscheidet auf Vorschlag der Leiter gem. Ziff. 3.2. der Leiter der Hauptabteilung Kader und Schulung.

9.9. OibE haben Anspruch auf Urlaub nach der Urlaubsordnung des MfS. Ist der Urlaubsanspruch im MfS (bezogen auf Arbeitstage) höher als der im Einsatzobjekt gemäß Verordnung über den Erholungsurlaub zustehende und läßt die Einsatzlegende die Gewährleistung des höheren Anspruchs nicht zu, hat der Leiter der OibE-führenden Diensteinheit zu entscheiden:
– den Resturlaub finanziell abzugelten oder
– diesen auf das bzw. die Folgejahre zu übertragen und im Jahr der Einsatzbeendigung zusammenhängend zu gewähren.
Ist der Urlaubsanspruch im Einsatzobjekt höher als der im MfS, ist der höhere Urlaubsanspruch zu gewähren.

9.10. OibE unterliegen der Disziplinarordnung des MfS. Gleichzeitig sind für sie die arbeitsrechtlichen bzw. dienstlichen Bestimmungen zur disziplinarischen und materiellen Verantwortlichkeit der Einsatzobjekte verbindlich.
Bei disziplinarischem Fehlverhalten, das im Zusammenhang mit dem Dienstverhältnis im MfS steht, sind unabhängig davon, ob im Einsatzobjekt ein Disziplinarverfahren eingeleitet wird und unter Beachtung der Legendierung des Einsatzes, die Untersuchungen gemäß der Disziplinarordnung des MfS zu führen und abzuschließen.
Wird durch den Leiter oder durch einen anderen disziplinarbefugten leitenden Mitarbeiter des Einsatzobjektes gegen die OibE ein Disziplinarverfahren eingeleitet oder werden Maßnahmen zur materiellen Verantwortlichkeit geltend gemacht, hat darüber der OibE den Führungsoffizier unverzüglich zu informieren. Parallel zur Durchführung des Disziplinarverfahrens ist im MfS eine Untersuchung entsprechend den Grundsätzen der Disziplinarordnung und unter Beachtung des legendierten Einsatzes zu führen.
Eine im Einsatzobjekt ausgesprochene Disziplinarmaßnahme ist für den betroffenen OibE bindend.
Der Einspruch bzw. die Beschwerde gegen Disziplinarmaßnahmen bedarf der Zustimmung des Leiters der OibE-führenden Diensteinheit.
Eine im Einsatzobjekt ausgesprochene Disziplinarmaßnahme wird im MfS
a) bei allen Kaderentscheidungen unbeachtet bleiben, wenn die im MfS geführten Untersuchungen ergeben haben, daß der OibE die Verletzung ihm im Einsatzobjekt übertragener arbeitsrechtlicher bzw. dienstlicher Pflichten nach verantwortungsbewußter Prüfung der Sachlage beging, um die Erfüllung des politisch-operativen Arbeitsauftrages nicht zu gefährden;

b) bei allen Kaderentscheidungen als verbindlich betrachtet und ist in die Disziplinarunterlagen einzutragen, wenn die im MfS geführten Untersuchungen ergeben haben, daß die Disziplinarmaßnahme im MfS unter Beachtung aller objektiven und subjektiven Faktoren im gleichen Umfang auszusprechen war;

c) Anlaß zu weitergehenden Disziplinar- und Kaderentscheidungen sein, wenn die im MfS geführten Untersuchungen erhebliche Verstöße gegen dienstliche Bestimmungen und Weisungen, insbesondere gegen die innere Sicherheit des MfS ergeben haben.

Gleiches trifft zu, wenn gegen einen OibE ein Ordnungsstrafverfahren oder Ermittlungsverfahren eingeleitet wird.

Maßnahmen zur materiellen Verantwortlichkeit, die im Einsatzobjekt geltend gemacht werden, sind zu erstatten, wenn inhaltlich die Festlegungen des Buchstaben a) zutreffen. Die Erstattung erfolgt auf Antrag des Leiters der OibE-führenden Diensteinheit nach Bestätigung durch den Leiter des Kaderorgans.

Die Leiter der OibE-führenden Diensteinheiten und die Leiter der Kaderorgane haben zur Klärung von Fehlverhalten eng zusammenzuarbeiten, insbesondere die Ursachen und begünstigenden Bedingungen herauszuarbeiten und Schlußfolgerungen für die weitere Kader- und Erziehungsarbeit mit OibE abzuleiten und durchzusetzen.

9.11. Zur medizinischen, kulturellen und sozialen Betreuung der OibE sind in der Regel die Möglichkeiten des Einsatzobjektes zu nutzen.

In begründeten Fällen kann eine medizinische Betreuung und Versorgung durch den Zentralen Medizinischen Dienst des MfS über das Koordinierungsorgan der Hauptabteilung Kader und Schulung für die Arbeit mit OibE beim Leiter des Zentralen Medizinischen Dienstes beantragt werden.

Über die Nutzung von Urlaubsplätzen in Ferienheimen des MfS bzw. die Inanspruchnahme von Möglichkeiten der Diensteinheiten zur Urlaubsgestaltung entscheiden die Leiter der OibE-führenden Diensteinheiten unter Beachtung der Gewährleistung von Geheimhaltung und Konspiration.

9.12. Kann der Ehepartner eines OibE wegen der Spezifik des Einsatzes seine eigene Tätigkeit als Angehöriger des MfS nicht ausüben, ruht für die Dauer des Einsatzes das Dienstverhältnis.

Die Zeit dieses ruhenden Dienstverhältnisses ist auf das Dienstalter anzurechnen. In diesem Zeitraum kann nach Zustimmung des MfS ein befristetes Arbeitsrechtsverhältnis mit Kombinaten, Betrieben, sozialistischen Genossenschaften, staatlichen Organen und Einrichtungen sowie gesellschaftlichen Organisationen der DDR abgeschlossen werden.

10. Beendigung des Einsatzes als OibE

10.1. Den Kaderentscheidungen über die Beendigung des Einsatzes und die weitere Tätigkeit im MfS sind unter Beachtung der Gesamtpersönlichkeit des OibE die Einsatzbedingungen, die Leistungs- und Einsatzbereitschaft, die Arbeitsergebnisse sowie der Gesundheitszustand und die Leistungsfähigkeit zugrunde zu legen.

10.2. Für die Beendigung des Einsatzes als OibE ist ein Vorschlag nach Anlage 2 zu fertigen und dem Leiter der Hauptabteilung Kader und Schulung zur Bestätigung einzureichen.
Dem Vorschlag sind eine Abschlußbeurteilung und, soweit mit Einsatzende eine Versetzung oder die Entlassung aus dem Dienst des MfS erfolgt, eine Stellungnahme zur Versetzung bzw. der Entlassungsvorschlag beizufügen.

10.3. Mit der Beendigung des Einsatzes sind alle Maßnahmen der Legendierung, soweit sie nicht für die Geheimhaltung und Konspiration auch nach dem Einsatz erforderlich sind, aufzuheben und im Zusammenhang mit der Legendierung gefertigte Unterlagen und Dokumente einzuziehen.
Dokumente und Ausweise zur Abdeckung des Einsatzes sind der ausstellenden und nachweisführenden Stelle im MfS zu übergeben.

10.4. Ist mit der Beendigung des Einsatzes die Entlassung aus dem MfS verbunden, sind die erforderlichen Maßnahmen entsprechend den diestlichen Bestimmungen und Weisungen durchzuführen.

10.5. Die Beendigung des Einsatzes als OibE erfolgt mit Befehl über Kader durch die Leiter gemäß Ziffer 4.4.

11. Schlußbestimmungen

11.1. Die Leiter der HVA, VRD, Haupt-/selbständigen Abteilungen und Gleichgestellte und die Leiter der Bezirksverwaltungen haben in ihrem Verantwortungsbereich den Ist-Bestand an OibE zu analysieren, die Arbeit mit OibE auf Übereinstimmung mit den Bestimmungen zur vorliegenden Ordnung gründlich zu prüfen, strukturelle und kadermäßige Veränderungen im Bestand der OibE mit dem Kaderorgan abzustimmen und dem Leiter der Hauptabteilung Kader und Schulung bis zum 1. 12. 86 zur Entscheidung vorzulegen.
Der Leiter der Hauptabteilung Kader und Schulung hat über wesentliche Ergebnisse der Bestandsaufnahme dem Minister für Staatssicherheit zu berichten.

11.2. Der Leiter der HVA hat auf der Grundlage dieser Ordnung in Abstimmung mit dem Leiter der Hauptabteilung Kader und Schulung für seinen Verantwortungsbereich zur Arbeit mit OibE Durchführungsbestimmungen zu erlassen.

11.3. Der Leiter der Hauptabteilung Kader und Schulung und der Leiter der Abteilung Finanzen haben in Abstimmung die zur Durchsetzung dieser Ordnung erforderlichen Durchführungsbestimmungen zu erlassen.

11.4. Diese Ordnung tritt am 1. 5. 1986 in Kraft.
Gleichzeitig treten außer Kraft die
– Grundsätze zur Regelung des Dienstverhältnisses mit den auf dem Gebiet der Abwehr tätigen Offizieren im besonderen Einsatz des Ministeriums für Staatssicherheit und zur Regelung der Vereinbarungen mit den auf dem Gebiet der Abwehr tätigen inoffiziellen Mitarbeitern im besonderen Einsatz des Ministeriums für Staatssicherheit
  VVS MfS 016-373/68;
– 1. Änderung der Grundsätze zur Regelung des Dienstverhältnisses mit den auf

dem Gebiet der Abwehr tätigen Offizieren im besonderen Einsatz des Ministeriums für Staatssicherheit vom 16. August 1971
VVS MfS 016-508/71;

- Grundsätze zur Regelung des Dienstverhältnisses mit den auf dem Gebiet der Aufklärung tätigen Offizieren im besonderen Einsatz des Ministeriums für Staatssicherheit und zur Regelung der Vereinbarungen mit den auf dem Gebiet der Aufklärung tätigen hauptamtlichen inoffiziellen Mitarbeitern des Ministeriums für Staatssicherheit vom 28. 2. 1968
VVS MfS 056-281/68;
- 1. Durchführungsbestimmung zu den Grundsätzen zur Regelung des Dienstverhältnisses mit den auf dem Gebiet der Aufklärung tätigen Offizieren im besonderen Einsatz des Ministeriums für Staatssicherheit – Grundsätze für OibE/Aufklärung – vom 9. 2. 1972 einschließlich der 1. Ergänzung vom 6. 1. 1983
VVS MfS 198-A 6/72;
- Anweisung Nr. 6/72 zu den »Grundsätzen zur Regelung des Dienstverhältnisses mit den auf dem Gebiet der Abwehr tätigen Offizieren im besonderen Einsatz des MfS« vom 18. September 1972
VVS MfS 027-1025/72;
- Anweisung Nr. 1/76 über die Vergütung der auf dem Gebiet der Aufklärung tätigen Offiziere im besonderen Einsatz des Ministeriums für Staatssicherheit vom 4. Mai 1976
VVS MfS 008-343/76;

und sind bis zum 30. 5. 1986 wie folgt zurückzusenden:
- VVS MfS 016-373/68 und VVS MfS 016-508/71 an die HA Kader und Schulung, AKG, Dokumentenstelle,
- VVS MfS 056-281/68 und VVS MfS 198-A 6/72 an den Stab der HVA,
- VVS MfS 027-1025/72 an die Abteilung Finanzen, Dokumentenstelle,
- VVS MfS 008-343/76 an das Büro der Leitung, Dokumentenverwaltung.

gez. *Mielke*
Armeegeneral

Anlage 4

bestätigt:
Leiter der Hauptabteilung
Kader und Schulung

_____

Vorschlag zum Einsatz als OibE

Es wird vorgeschlagen, den
Dienstgrad: VS:
Name: Vorname:
PKZ: Geburtsort:
MfS seit: DA:
Familienstand: Anzahl der Kinder:
                                   Alter der Kinder:

Partei seit:
bisherige Dienststellung:

Dienstgrad lt. Stellenplan:
VS lt. Stellenplan:
mit Wirkung vom   als OibE in der

Diensteinheit: Planstellen-Nr.:
Dienststellung: (lt. Stellenplan MfS)
VS:
weitere Zulagen/Zuschläge u. a.:
finanzielle Leistungen des MfS:
Nachweisführung/Planung im WKK:

einzusetzen.

Begründung:
Einschätzung der Persönlichkeit des Angehörigen, seine politisch-operative bzw.
politisch-fachliche und charakterlich-moralische Eignung einschließlich kader- und
sicherheitsmäßig zu beachtender Faktoren beim Kandidaten, seinen nächsten
Angehörigen und Personen, zu denen er enge Verbindungen unterhält, persönliche
und familiäre Probleme im Zusammenhang mit dem Einsatz sowie Vorschläge zu
deren Lösung.

Anlagen:
Kurzbiographie, Einstellungsvorschlag (bei Neueinstellungen), Stellungnahme zur
Versetzung

Leiter der vorschlagenden DE   Leiter der Abt. Kader bzw.
(Ltr. HA, selbst. Abt., BV)   Kader und Schulung

Anlage 2

                                        bestätigt:
                                        Leiter der Hauptabteilung
                                        Kader und Schulung
                                        _____

Vorschlag zur Beendigung des Einsatzes als OibE

Es wird vorgeschlagen, den Einsatz des
Dienstgrad: VS:
Name: Vorname:
PKZ: Geburtsort:
MfS seit: DA:
Familienstand: Anzahl der Kinder:
                                        Alter der Kinder:

Partei seit:
Einsatz als OibE seit: Planstellen-Nr.:
                                        (lt. Stellenplan MfS)

Dienststellung im MfS:
Dienstgrad lt. Stellenplan:
VS lt. Stellenplan:

weitere Zulagen/Zuschläge u. a.
finanzielle Leistungen des MfS:

als OibE mit Wirkung vom   zu beenden und ihn in der

Diensteinheit:
Dienststellung: Planstellen-Nr.:
                                            Dienstgrad lt. Stellenplan:
                                            VS lt. Stellenplan:

VS:
weitere Zulagen/Zuschläge u. a.
finanzielle Leistungen des MfS:

einzusetzen/aus dem Dienst des MfS zu entlassen

Begründung:
Gründe der Beendigung des Einsatzes, Einschätzung der Aufgabenerfüllung sowie kader- und sicherheitsmäßig zu beachtender Faktoren, persönliche und familiäre Probleme, Maßnahmen zur Aufhebung der Legendierung bzw. zur weiteren Gewährleistung von Geheimhaltung und Konspiration bei der Herauslösung/ Rückführung, Hinweise zur Sicherung von Rechten/Ansprüchen des betreffenden Angehörigen des MfS entsprechend den dienstlichen Bestimmungen und Weisungen, Verbleib von Unterlagen, Dokumenten und Ausweisen zur Einsatzlegendierung, Begründung der weiteren Tätigkeit im MfS.

Anlagen:
Abschlußbeurteilung, Entlassungsvorschlag (bei Notwendigkeit Maßnahmeplan zur pol.-op. Sicherung und Kontrolle gem. DA Nr. 5/84), Stellungnahme zur Versetzung.

Quelle: *Geheime Verschlußsache o008 MfS-Nr. 9/86*

9

Durchführungsbestimmung zur Führung von »OibE«-Arbeitsakten

Ministerrat   Berlin, 17. 3. 1986
der Deutschen Demokratischen Republik
Ministerium für Staatssicherheit
Der Minister

1. Durchführungsbestimmung
zur Ordnung Nr. 6/86 über die Arbeit mit Offizieren im besonderen Einsatz des
Ministeriums für Staatssicherheit – OibE-Ordnung – vom 17. 3. 1986
Zur Erfassung von OibE und Registrierung, Führung sowie Archivierung von
»Arbeitsakten OibE gemäß den Ziffern 7.8., 8. 7. und 8. 10. der OibE-Ordnung

                                    wird bestimmt:
1. Grundsätze

1.1. Die OibE sind in der Abteilung XII des MfS unter einer einheitlichen Registriernummer für die Hauptabteilung Kader und Schulung/AKG aktiv zu erfassen.
In Ausnahmefällen kann nach Abstimmung mit dem Leiter der Hauptabteilung
Kader und Schulung die aktive Erfassung für die OibE-führende Diensteinheit
erfolgen.

1.2. Die Dokumentierung aller wesentlichen politisch-operativen Aktivitäten in der
Zusammenarbeit mit den OibE sowie von weiteren Materialien und Unterlagen, die
den konkreten Einsatz des OibE betreffen, hat in einer in der Abteilung XII des MfS
bzw. Abteilung XII der Bezirksverwaltung (nachfolgend zuständige Abteilung XII
genannt) registrierten »Arbeitsakte OibE« durch die OibE-führende Diensteinheit
zu erfolgen.

1.3. Nach Beendigung des Einsatzes ist die »Arbeitsakte OibE« in der Abteilung XII
des MfS zu archivieren. Die Abteilung XII des MfS hat die aktive Erfassung der
Hauptabteilung Kader und Schulung/AKG zu löschen.

1.4. Die Bearbeitung von Überprüfungen und die Auskunftserteilung haben entsprechend den Festlegungen der Dienstanweisung Nr. 2/81 zu erfolgen.

2. Erfassung der OibE und Registrierung der »Arbeitsakte OibE«

2.1. Der OibE ist nach Bestätigung des Einsatzvorschlages und Erlaß des Befehls
über Kader zum Einsatz durch die OibE-führende Diensteinheit in der Abteilung XII
des MfS zu erfassen. Eine Erfassung in den Abteilungen XII der Bezirksverwaltungen hat nicht zu erfolgen.
Der zuständigen Abteilung XII sind dazu vorzulegen:
– der durch den Leiter der OibE-führenden Diensteinheit und den Leiter der
  zuständigen Abteilung Kader der Hauptabteilung Kader und Schulung bzw.
  Kader und Schulung der Bezirksverwaltung bestätigte Beschluß Form 1a über
  das Anlegen einer »Arbeitsakte OibE«. Auf dem Beschluß Form 1a ist unterhalb
  des Feldes für die Registriernummer »Arbeitsakte OibE« aufzutragen.
– in der Abteilung XII des MfS Berlin vor nicht länger als 4 Wochen überprüfter

Suchauftrag Form 10, mit dem nachzuweisen ist, daß der OibE nicht aktiv für eine andere Diensteinheit erfaßt ist.

2.2. Die zuständigen Abteilungen XII haben bei Vorlage des bestätigten Beschlusses Form 1a eine Registriernummer für die »Arbeitsakte OibE« zu vergeben und auf dem Beschluß Form 1a aufzutragen. Diese Registriernummer dient als internes Nachweis- und Kontrollmittel. Die zuständigen Abteilungen XII haben den erforderlichen Aktenhefter und die Formblätter zur Verfügung zu stellen. Gleichzeitig hat die zuständige Abteilung XII eine Karteikarte Form 16 auszufüllen, auf der die einheitliche Registriernummer der aktiven Erfassung für die Hauptabteilung Kader und Schulung/AKG aufzutragen ist. Diese Karteikarte ist von den Abteilungen XII der Bezirksverwaltungen der Abteilung XII des MfS zu übergeben. Die Abteilung XII des MfS hat zu sichern, daß die Hauptabteilung Kader und Schulung/AKG über die erfolgte Erfassung des OibE und die Registrierung der »Arbeitsakte OibE« unter Angabe von

- Name
- Vorname

informiert wird.

- Registriernummer der »Arbeitsakte OibE«
- OibE-führende Diensteinheit

2.3. Bei aktiver Erfassung des OibE für die OibE-führende Diensteinheit entsprechend der Ausnahmeregelung in Ziffer 7.8. der OibE-Ordnung hat die zuständige Abteilung XII bei vorliegender Bestätigung der zuständigen Abteilung Kader der Hauptabteilung Kader und Schulung bzw. Kader und Schulung der Bezirksverwaltung unter der Registriernummer der »Arbeitsakte OibE« entsprechend den Festlegungen der 1. Durchführungsbestimmung zur Dienstanweisung Nr. 2/81 die aktive Erfassung vorzunehmen.
Eine Information der Abteilung XII des MfS über die erfolgte Erfassung des OibE und die Registrierung der »Arbeitsakte OibE« an die Hauptabteilung Kader und Schulung ist nicht erforderlich.

2.4. Die »Arbeitsakte OibE« ist wie folgt aufzubauen:
- 1 Aktendeckel mit Bezeichnung »Arbeitsakte OibE«
- Inhaltsverzeichnis Form 8
- Beschluß Form 1a mit dem Auftrag »Arbeitsakte OibE« unterhalb des Feldes für die Registriernummer
- Einsatzdokument
- WKW Form 3
- weitere operative Materialien in chronologischer Reihenfolge

3. Nachweispflichtige Änderungen, Berichtigungen und Ergänzungen

3.1. Bei Änderungen bzw. Berichtigungen der im Indexteil des Beschlusses Form 1a geforderten Personengrunddaten
- Name (n)
- Vorname (n)
- PKZ
- Geburtsort

ist der zuständigen Abteilung XII unverzüglich der entsprechend ausgefüllte Beschluß Form 1a zwecks Neuausstellung bzw. Änderung der Karteikarte Form 16 vorzulegen. Die Abteilungen XII der Bezirksverwaltungen haben der Abteilung XII des MfS eine neue Karteikarte Form 16 zu übergeben.

3.2. Bei der Übergabe von OibE an eine andere OibE-führende Diensteinheit sind der zuständigen Abteilung XII die »Arbeitsakte OibE« und eine vom Leiter der OibE-führenden Diensteinheit und dem Leiter der zuständigen Abteilung Kader der Hauptabteilung Kader und Schulung bzw. Kader und Schulung der Bezirksverwaltung bestätigte Übergabemitteilung Form 6a zu übergeben. Bei Übergabe von OibE innerhalb der OibE-führenden Diensteinheit ist nur die Übergabemitteilung Form 6a zu übergeben. Über die erfolgte Übergabe ist die Hauptabteilung Kader und Schulung/AKG durch die Abteilung XII des MfS zu informieren.
Eine Änderung der aktiven Erfassung für die Hauptabteilung Kader und Schulung/AKG erfolgt nicht.

4. Archivierung der »Arbeitsakte OibE«

4.1. Bei Beendigung des Einsatzes als OibE ist durch die OibE-führende Diensteinheit die »Arbeitsakte OibE« der zuständigen Abteilung XII zur Archivierung im Archiv der Abteilung XII des MFS zu übergeben. Die Archivierung hat unter der Bezeichnung »AOibE« zu erfolgen.

4.2. Der »Arbeitsakte OibE« ist der vom Leiter der OibE-führenden Diensteinheit und vom Leiter der zuständigen Abteilung Kader der Hauptabteilung Kader und Schulung bzw. Kader und Schulung der Bezirksverwaltung bestätigte Beschluß Form 1a über die Archivierung beizufügen.
Die Ablage hat gesperrt für die Hauptabteilung Kader und Schulung/AKG zu erfolgen.

4.3. Die Abteilung XII des MfS hat die zu archivierende »Arbeitsakte OibE« mit einer Archivsignatur zu versehen und diese der Hauptabteilung Kader und Schulung/AKG mitzuteilen. Gleichzeitig ist die aktive Erfassung der Hauptabteilung Kader und Schulung/AKG zu löschen.

5. Schlußbestimmungen

5.1. Der Leiter der Hauptabteilung Kader und Schulung hat zu gewährleisten, daß nach Abschluß der gemäß Ziffer 11.1. der OibE-Ordnung von den Leitern der Haupt-/selbständigen Abteilungen und Gleichgestellten sowie den Leitern der Bezirksverwaltungen in Abstimmung mit dem zuständigen Kaderorgan durchzuführenden Bestandsaufnahme der Abteilung XII des MfS eine Übersicht über OibE übergeben wird.
Der Leiter der Abteilung XII des MfS hat zu sichern, daß auf der Grundlage dieser Übersicht die Erfassung und Registrierung der OibE erfolgt und den OibE-führenden Diensteinheiten die für die Führung der »Arbeitsakte OibE« erforderlichen Unterlagen übergeben werden.

5.2. Diese Durchführungsbestimmung tritt am 1. 5. 1986 in Kraft.

(gez.) *Mielke*
Armeegeneral

Quelle: *Geheime Verschlußsache o008 MfS-Nr. 10/86*

10

MfS-Festlegung zum Umgang mit Protesten und Strafanzeigen wegen Wahlfälschung

Ministerrat   Berlin, 19. 5. 1989
der Deutschen Demokratischen Republik
Ministerium für Staatssicherheit
Der Minister

Diensteinheiten
Leiter

Maßnahmen zur Zurückweisung und Unterbindung von Aktivitäten feindlicher, oppositioneller und anderer negativer Kräfte zur Diskreditierung der Ergebnisse der Kommunalwahlen am 7. Mai 1989

In Fortsetzung langfristig vorbereiteter und teilweise realisierter Störaktionen gegen die Vorbereitung und Durchführung der Kommunalwahlen am 7. Mai 1989 unternehmen gegenwärtig personelle Zusammenschlüsse, Gruppierungen und Gruppen, insbesondere in der Hauptstadt der DDR, Berlin, sowie auch in Leipzig, Dresden und Potsdam provokatorische Handlungen zur Diskreditierung der Ergebnisse der Kommunalwahlen.
Auf der Grundlage von am Wahltag durchgeführten sogenannten flächendeckenden »Kontrollen« bzw. der »Überwachung« der Wahlhandlung und der Stimmenauszählung in Wahllokalen beabsichtigen innere Feinde den »Nachweis« einer angeblichen Fälschung von Wahlergebnissen in ausgewählten Wahlbezirken zu führen. Dabei ist ein stabsmäßig organisiertes und koordiniertes Vorgehen feindlicher, oppositioneller Kräfte und ihr abgestimmtes Zusammenwirken mit den in Westberlin agierenden Feinden der DDR JAHN und HIRSCH, sowie mit in der DDR akkreditierten Korrespondenten zu erkennen.
So konnten bereits folgende Aktivitäten festgestellt werden:
– Öffentliche Verbreitung einer sogenannten »Öffentlichen Stellungnahme zu den Kommunalwahlen 1989«, unterzeichnet von 18 sogenannten kirchlichen Basisgruppen überwiegend aus der Hauptstadt der DDR, Berlin, sowie eines »Einspruchs gegen die Gültigkeit der Kommunalwahlen 1989 in Berlin«, gerichtet an den Nationalrat der Nationalen Front der DDR.
  Diese »Öffentliche Stellungnahme . . .«, initiiert durch solche hinlänglich bekannten Inspiratoren/Organisatoren politischer Untergrundtätigkeit und reaktionäre kirchliche Amtsträger wie Werner FISCHER, Ulrike POPPE und Frank-Herbert Mißlitz sowie die Pfarrer SIMON (Zionskirchengemeinde) und SCHNEIDER (Elisabethkirchengemeinde), soll an sogenannte kirchliche Basisgruppen in der DDR und an Vertreter westlicher Massenmedien sowie an staatliche Organe und gesellschaftliche Einrichtungen in der DDR übergeben werden.
– Vorsprachen von namentlich bekannten reaktionären kirchlichen Amtsträgern und anderen kirchlichen Kräften bei Oberbürgermeistern und Stellvertretern der Oberbürgermeister für Inneres bzw. Übersenden von an diese Funktionäre gerichteter Briefe durch den genannten Personenkreis.
– Postalischer Versand von durch Mitglieder sogenannter kirchlicher Basisgruppen verfaßten »Kontrollberichte« über angebliche Wahlmanipulationen in der Hauptstadt der DDR und in Potsdam an politisch negative Personen in der DDR.

Des weiteren ist beabsichtigt, vor allem durch den operativ bekannten Pfarrer EPPELMANN und seinen Umgangskreis, durch Mitglieder der »Initiative Frieden und Menschenrechte« sowie der »Umweltbibliothek« und durch weitere feindliche, oppositionelle und andere negative Kräfte, Anzeigen beim Generalstaatsanwalt der DDR zu erstatten bzw. Eingaben an den Staatsrat der DDR sowie an den Nationalrat der Nationalen Front der DDR bzw. an örtliche Organe zu versenden. Zur wirksamen Zurückweisung bzw. Unterbindung der festgestellten bzw. beabsichtigten provokativen rechtswidrigen Handlungen wurde zentral folgende Verfahrensweise festgelegt:

1. Wird festgestellt, daß Personen die Ergebnisse der Kommunalwahlen in der Öffentlichkeit herabwürdigen, sind entsprechende Prüfungshandlungen einzuleiten.

   Im Falle der Bestätigung einer Täterschaft ist in Abhängigkeit von der Persönlichkeit, den Beweggründen und der konkret verfolgten Zielstellung über das weitere Vorgehen zu entscheiden.

   Die Einleitung strafprozessualer Maßnahmen ist dabei auf einen engen, offen feindlich handelnden Personenkreis zu beschränken, der in schwerwiegender Weise die strafrechtlichen Bestimmungen verletzt hat.

2. Sachlich gehaltene Eingaben, andere Schreiben oder Erklärungen zum Wahlergebnis an staatliche Organe sind den zuständigen örtlichen Wahlkommissionen zu übergeben. Die Sekretäre der Wahlkommissionen werden wie folgt antworten:

   »Die Wahlkommission hat anhand der von den Wahlvorständen entsprechend § 39 Absatz 1 des Wahlgesetzes exakt gefertigten Niederschriften die ordnungsgemäße Durchführung der Wahlen geprüft, das Wahlergebnis festgestellt und veröffentlicht. Dem ist nichts hinzuzufügen.«

   Auf jeden Fall ist zu vermeiden, daß zur Sache selbst oder zu den angeblichen Fakten argumentiert wird.

   Schreiben, die vorher den westlichen Medien übermittelt worden sind, werden nicht bearbeitet.

3. Sachliche Anfragen von Bürgern, die sich auf das Wahlergebnis beziehen oder die Vorschläge für künftige Veränderungen des Wahlverfahrens unterbreiten, sind durch die zuständigen örtlichen Räte entgegenzunehmen und in individuellen Gesprächen direkt zu behandeln.

4. Anzeigen, die nach § 211 Strafgesetzbuch erstattet werden, sind ohne Kommentar entgegenzunehmen.

   Nach Ablauf der vorgesehenen Fristen für die Anzeigenbearbeitung ist von den jeweils zuständigen Organen zu antworten, daß keine Anhaltspunkte für den Verdacht einer Straftat vorliegen.

   Außerdem ist auf die offizielle Verlautbarung über die ordnungsgemäße Durchführung der Wahlen zu verweisen.

   Beschwerden gegen die getroffenen Entscheidungen sind gemäß § 91 StPO zu bearbeiten und abschlägig zu entscheiden.

Zur konsequenten Verwirklichung dieser zentralen Festlegungen sind folgende politisch-operative Aufgaben zu lösen:

1. Die Leiter aller operativen Diensteinheiten haben zu sichern, daß die gründliche operative Durchdringung feindlicher, oppositioneller und anderer negativer Personenkreise vor allem mit dem Ziel erfolgt, weitere beabsichtigte Aktivitäten zur Diskreditierung der Ergebnisse der Kommunalwahlen rechtzeitig zu erkennen und vorbeugend zu verhindern.

   Bei Vorliegen der entsprechenden Voraussetzungen sind operative Personenkontrollen durchzuführen bzw. diese Personen in Operativen Vorgängen zu bearbeiten.

Im politisch-operativen Zusammenwirken mit den anderen staatlichen Organen und Einrichtungen ist darauf Einfluß zu nehmen, daß

– in Verwirklichung der zentral getroffenen Festlegung alle sachlich gehaltenen Eingaben, anderen Schreiben oder Erklärungen zum Wahlergebnis an die Sekretäre der Wahlkommissionen bzw. an die örtlichen Räte übergeben werden,

– den zuständigen Diensteinheiten des MfS alle Informationen zu Personen und Sachverhalten übermittelt werden, die im Zusammenhang mit der Realisierung der zentralen Festlegungen bekannt werden und von sichertheitspolitischer Bedeutung sind.

2. Bei Feststellung von Personen gemäß Ziffer 1 der zentralen Festlegungen sind durch die Leiter der zuständigen Diensteinheiten Vorschläge zur weiteren Bearbeitung mit der Hauptabteilung XX und der Hauptabteilung IX abzustimmen.

Sofern die Einleitung eines Ermittlungsverfahrens geprüft wird, ist durch die Hauptabteilung IX bzw. die Abteilung IX der zuständigen Bezirksverwaltung eine gründliche strafrechtliche Einschätzung des vorliegenden Materials vorzunehmen.

Die Einleitung eines Ermittlungsverfahrens hat nur nach Zustimmung des Leiters der Hauptabteilung IX zu erfolgen.

3. Der Leiter der Hauptabteilung XX bzw. die Leiter der zuständigen operativen Diensteinheiten haben darauf Einfluß zu nehmen, daß durch den Staatssekretär für Kirchenfragen bzw. durch die Stellvertreter der Vorsitzenden der Räte der Bezirke und Kreise für Inneres und die Kirchenreferenten der örtlichen Räte provokative Aktivitäten kirchenleitender Amtsträger bzw. im kirchlichen Bereich tätiger Personen zu den Ergebnissen der Kommunalwahlen in geeigneter Form zurückgewiesen werden. Dabei ist zu vermeiden, daß zur Sache selbst oder zu den angegebenen Fakten argumentiert wird.

Eine Diskreditierung der Ergebnisse der Kommunalwahlen ist in den Gesprächen nicht zuzulassen.

Es ist darauf hinzuwirken, daß die in diesem Zusammenhang erforderlichen Auseinandersetzungen nicht zur Belastung des Staat-Kirche-Verhältnisses führen.

Sachlich gehaltene Eingaben, Schreiben oder Erklärungen sind ebenfalls an die Sekretäre der Wahlkommissionen bzw. an die örtlichen Räte zu übergeben.

4. Durch zweckmäßige politisch-operative Maßnahmen ist der Versand von Materialien, die geeignet sind, die Ergebnisse der Kommunalwahlen zu diskreditieren, zu unterbinden.

Dazu sind durch die Leiter der zuständigen Diensteinheiten Entscheidungen über die Einbehaltung bzw. die differenzierte Weiterleitung zu treffen.

Geeignete politisch-operative Maßnahmen sind einzuleiten zur Unterbindung des Aus- bzw. Einschleusens derartiger Materialien.

5. Die Leiter aller operativen Diensteinheiten haben zu sichern, daß über bekanntwerdende Pläne, Absichten und Maßnahmen zur Diskreditierung der Ergebnisse der Kommunalwahlen sowie über die eingeleiteten politisch-operativen Maßnahmen zur vorbeugenden Verhinderung derartiger Aktivitäten die Hauptabteilung XX unverzüglich informiert wird.

Informationen über operativ besonders bedeutsame derartige Pläne, Absichten und Maßnahmen sind mir sofort zu übermitteln.

6. Die Leiter der zuständigen Hauptabteilungen/selbständigen Abteilungen sowie der Bezirksverwaltungen haben zu sichern, daß die Leiter der staatlichen Organe und Einrichtungen in geeigneter Weise über die von ihnen bei der Durchsetzung der zentral getroffenen Festlegungen zu lösenden Aufgaben mündlich informiert werden.
7. Die Leiter der Bezirksverwaltungen und Kreisdienststellen haben die 1. Sekretäre der Bezirksleitungen bzw. Kreisleitungen der SED über den wesentlichen Inhalt der zentral getroffenen Festlegungen mündlich zu informieren.

Zur Gewährleistung eines einheitlichen Vorgehens bei der Verwirklichung der zentral getroffenen Festlegungen werden auch durch den Generalstaatsanwalt der DDR sowie den Minister des Innern und Chef der DVP Orientierungen bzw. innerdienstliche Weisungen für ihre Verantwortungsbereiche herausgegeben bzw. erlassen.

(gez.) *Mielke*
Armeegeneral

Quelle: *Vertrauliche Verschlußsache VVS o008 MfS-Nr. 38/89*

11

Erich Mielke in der DDR-Volkskammer:
»Kontakt mit allen werktätigen Menschen«

Werte Abgeordnete! Zunächst möchte ich einmal klarstellen, was unsere Mitarbeiter im Ministerium für Staatssicherheit für Verpflichtungen haben gegenüber den Werktätigen, gegenüber unserem Volk. Wir sind Söhne und Töchter der Arbeiterklasse, der Werktätigen, und kommen aus allen Schichten. Einfache und gebildete und wissenschaftliche Mitarbeiter. Wir vertreten die Interessen der Werktätigen. Das ist unser oberster Auftrag der Volkskammer und der sind wir immer . . . und haben uns bemüht, gerecht zu werden. Das war nicht immer leicht und wurde unter schweren Bedingungen durchgeführt. Wir haben, Genossen, liebe Abgeordnete, einen außerordentlich hohen Kontakt mit allen werktätigen Menschen (Lautes Lachen) . . . überall . . ., ja, wir haben einen Kontakt, ja, wir haben einen Kontakt, Ihr werdet gleich hören, Ihr werdet gleich hören warum. Ich fürchte mich nicht, ohne Rededisposition hier Antwort zu stehen. Auch 'ne Demokratie . . . Habe kein Referat vorher fertiggemacht. Wir haben den Auftrag erstmal gehabt als Allerwichtigstes, alles aufzudecken, was gegen den Frieden sich richtete, und wir haben hervorragende Informationen geliefert, die die Entwicklung jetzt so weit brachten, wie wir sie heute haben, Genossen. Nicht nur für die DDR, sondern für das sozialistische Lager.
Wir haben zweitens . . . ich sage nur kurz. Zweitens: Eine der wichtigsten Aufgaben war die . . . die Stärkung unserer sozialistischen Wirtschaft. Und wenn Ihr mich fragen würdet, Ihr würdet sehen im Saal, wie viele zustimmen, daß unsere Mitarbeiter Hervorragendes auf diesem Gebiet leisten. Und mehr möcht ich doch wohl dazu nicht sagen müssen. Hervorragendes, Genossen. Und womit wir also doch da leisten unsere Arbeit zur Stärkung der Volkswirtschaft. Aber . . . einen Moment mal

186

bitte . . . (Zwischenruf: »Zur Geschäftsordnung! Ich bitte doch endlich dafür zu sorgen: In dieser Kammer sitzen nicht nur Genossen . . .« Beifall) Aber ich bitte um Verzeihung. Das ist doch nur eine natürliche, menschliche Sache. Das ist doch eine formale Frage. (Zwischenrufe: »Nein«) Ich liebe, ich liebe doch alle (Lachen) . . . alle Menschen. Ich liebe doch, ich setze mich doch dafür ein. Also ich bitte um Verständnis, wenn ich das gemacht haben sollte, dann bitte ich um Verzeihung für diesen Fehler (Lachen).

Aber jetzt kommt noch eine andere Wahrheit neben diesen beiden. Viele einfache und weitere bis zu Direktoren haben uns vieles mitgeteilt über Unzulänglichkeiten, für die wir gar nicht alle zuständig waren, aber liebe Abgeordnete, wir haben alles entgegengenommen, um darüber bei den zuständigen Stellen zu berichten, daß eine solche Lage vorhanden ist. Und das haben wir getan, von Anfang an unseres Bestehens bis zum heutigen Tage. Wir haben das getan, um alle Unzulänglichkeiten, manchmal von ganz kleinen Dingen nur, bis zu den größten, die haben wir gemeldet. Wir haben aufgezeigt die Schwierigkeiten, die entstehen mit der Republikflucht, mit dem Verlassen der Republik. Wir haben aufgezeigt, wieviel Ärzte die Republik verlassen, haben aufgezeigt, wieviel Lehrer verlassen die Republik. (Zurufe: »Aber nicht den Abgeordneten«, Unruhe). Ich weiß nicht . . . soll ich denn die Wahrheit sagen oder nicht? (Zurufe: »Na klar«).

Also wir haben berichtet über diese ganzen Fragen (Zurufe: »Wo?«) Wir haben auch Vorschläge gemacht (Zurufe: »Wo?«). Wir haben Vorschläge gemacht an die Stelle, an die ich verpflichtet bin, als Minister für Staatssicherheit zu berichten. An die betreffenden Genossen, die ja ein bestimmtes Arbeitsgebiet haben, haben die Fragen bekommen, für die sie zuständig sind, die anderen die anderen (Lachen), und auch insgesamt (Unruhe; Zurufe: »Konkret!«) Aber wieso, gestattet doch mal, was heißt konkret? Natürlich könnte ich Namen alle nennen, da kann ich doch die Namen nicht insgesamt alle nennen, aufführen, wohin wir also unsere Informationen alle gegeben haben. Aber wir haben sie gegeben. Glaubt mir! Glaubt mir! Wir haben sie gegeben! Wir haben also etwas gemacht, was der Kollege oder der Abgeordnete schon anfragte . . . Wir haben tatsächlich, so wie er es geschrieben hat, so haben wir auch gearbeitet. Wir haben auf vieles aufmerksam gemacht, was heute hier gesprochen wurde.

Das Einzigste ist, daß vieles, was wir gemeldet haben, nicht immer berücksichtigt wurde und nicht eingeschätzt wurde. Und ich kann hier einmal sagen, daß wir sogar auf Konferenzen aufgetreten sind und haben gesagt, die Bitte unserer Genossen besteht darin, werte Abgeordnete, zu den Betreffenden, daß man unsere Informationen ernst nimmt und sie auswertet, soweit sie auswertbar sind, und Veränderungen schafft. Wir haben eine Einstellung gehabt, auch darauf zu achten, daß was gemeldet wurde als unzulänglich, sich verändert, auch darauf haben wir geachtet. Wir haben also in dieser Beziehung tatsächlich das Wichtigste gesehen, Erhaltung des Friedens, Stärkung der Wirtschaftskraft unserer Deutschen Demokratischen Republik, darauf zu achten, daß unsere Werktätigen ihre Sorgen und Nöte sogar mitteilen können, damit wir, die sie uns ja wirklich mitteilten, viele wissen doch, daß sie mit uns gesprochen haben, damit wir sie weitergeben können, damit sie Beachtung finden. Wir haben also in dieser Beziehung versucht, nicht wahr, nach der Verfassung und nach den bestehenden Gesetzen einwandfrei zu arbeiten (Kein Beifall).

Quelle: *Live-Übertragung des DDR-Fernsehens/Mitschnitt vom 13. November 1989*

12

Zwischenbericht der Regierung Hans Modrow:
»Die Staatssicherheit in Liquidation«

Das MfS wurde durch Gesetz am 8. 2. 1950 gebildet. Angehörige hatten den Fahneneid zu leisten und waren zur bedingungslosen Erfüllung aller Befehle und Weisungen der jeweiligen Vorgesetzten und zur absoluten Verschwiegenheit verpflichtet. Aufgrund von Beschlüssen des ehemaligen Nationalen Verteidigungs-rates der DDR entspricht der Dienst im ehemaligen MfS der Ableistung des Wehrdienstes.

Die ursprüngliche Hauptaufgabenstellung des ehemaligen MfS bestand insbeson-dere in der

- Aufklärung (Auslandsnachrichtendienst),
- Spionageabwehr,
- Sicherung der Volkswirtschaft sowie in der
- Bekämpfung von Angriffen gegen die Staatsorgane.

Das ehemalige MfS wurde nach dem Prinzip der militärischen Einzelleitung geführt. Der ehemalige Minister hatte uneingeschränktes Weisungsrecht gegenüber allen Angehörigen, unabhängig von deren Dienststellung.

Gemäß dem Statut des Nationalen Verteidigungsrates war es vorgesehen, im Verteidigungszustand durch die Bezirkseinsatzleitungen den Einsatz aller territo-rialer Kräfte zu koordinieren. Das hätte eingeschlossen auch die Weisungsbefugnis gegenüber den damaligen Bezirksverwaltungen bzw. Kreisdienststellen für Staats-sicherheit. Da der Verteidigungszustand zu keinem Zeitpunkt ausgerufen wurde, ist eine solche Weisung auch nicht ausgeübt worden.

Zur Gewinnung von Informationen wurden Postkontrolle und Abhörtechnik genutzt sowie inoffizielle Mitarbeiter herangezogen. In den 70er Jahren setzte nach der Wahl Honeckers zum Generalsekretär und Mielkes zum Kandidaten des Politbüro eine intensivere Arbeit gegen Andersdenkende und ein rasches Anwachsen des Mitarbeiterbestandes ein.

Bis in die 80er Jahre hinein verdoppelte sich der Mitarbeiterbestand auf 85 000. Von diesen waren 21 100 unmittelbar operativ tätig, davon in der Telefonüberwachung 1052, in der Postkontrolle 2100, in der Beobachtung/Ermittlung 5000.

Der Ministerrat hat, wie inzwischen bekannt ist, beschlossen, das ANS aufzulösen. Das hat rechtliche Konsequenzen, die den Forderungen und Erwartungen der Bürger entsprechen müssen. Sie verlangen berechtigt Gewißheit darüber, daß jegliche rechtswidrigen Praktiken der ehemaligen Staatssicherheitsorgane ein für allemal beendet sind und notwendige Schlußfolgerungen gezogen wurden.

Niemand darf mehr irgendwelche Rechte wahrnehmen, die dem MfS früher zur Erfüllung seiner spezifischen Aufgaben aufgrund von Gesetzen – z. B. der StPO – oder anderen Rechtsvorschriften, Beschlüssen oder Weisungen zustanden. Ein Verstoß dagegen zieht strafrechtliche Konsequenzen nach sich.

Rechtsstaatlichen Erfordernissen entspricht auch, daß bei der Auflösung des ehemaligen ANS auf allen Gebieten die geltenden Rechtsvorschriften exakt ange-wendet werden. Das muß ebenso für die Gewährleistung der Überführung der Mitarbeiter in ein neues Arbeitsrechtsverhältnis gelten wie für die ordnungsgemäße Übergabe der unter Verwaltung des ehemaligen MfS stehenden Grundstücke, Gebäude und Ausrüstungen an andere Nutzer.

Das Ministerium der Justiz bereitet ein Gesetz über die Rehabilitierung von zu Unrecht verfolgten Bürgern vor. Grundsätze für ein solches Gesetz behandelt der

Ministerrat, damit der Gesetzentwurf kurzfristig erarbeitet, beraten und der Volkskammer zugeleitet werden kann.

Mit wachsender Instabilität der DDR wurde eine Perfektionierung der Überwachungsmechanismen angestrebt. Der ehemalige Minister forderte den wachsenden Einfluß »Andersdenkender« zurückzudrängen. Deshalb wurde seit 1985 eine totale »flächendeckende« Überwachungsarbeit angestrebt. Grundlage dafür war seine Dienstanweisung Nr. 2/85 zur »vorbeugenden Verhinderung, Aufdeckung und Bekämpfung politischer Untergrundtätigkeit«. Alle Weisungen gegen »Andersdenkende« wurden durch die Regierung Modrow mit Wirkung vom 29. 11. 1989 außer Kraft gesetzt.

Mit dem Beschluß über die Auflösung des ehemaligen MfS entsprach die Regierung den Forderungen breiter Bevölkerungskreise, die Durchsetzung einer neuen Sicherheitspolitik zu beschleunigen. Die Regierung verurteilte zugleich Amtsmißbrauch, falsche Befehle und Methoden, für die der ehemalige Minister für Staatssicherheit die politische Verantwortung trägt.

Zu verurteilen ist

– die Funktion des ehemaligen MfS bei der Verwirklichung der falschen Sicherheitsdoktrin der ehemaligen Partei- und Staatsführung,
– die flächendeckende Überwachung größerer Personenkreise und damit im Zusammenhang die Schaffung eines überdimensionierten Sicherheitsapparates,
– das Ansinnen, politische Probleme mit strafrechtlichen Mitteln zu lösen,
– die Beteiligung von Teilen des ehemaligen MfS am Schutz der Privilegien, die sich die ehemalige Führungsspitze angemaßt hat.

Kader

Von den ehemals 85 000 Mitarbeitern des sich in Auflösung befindlichen Amtes für Nationale Sicherheit sind 30 000 entlassen.

Bei weiteren 22 500 Mitarbeitern erfolgt gegenwärtig die Eingliederung in die Volkswirtschaft, das Gesundheitswesen bzw. in bewaffnete Organe. Von den gegenwärtig noch beschäftigten 32 500 Mitarbeitern erfolgt zügige Entlassung von 20 000 in kürzester Zeit. Es verbleiben 12 500 Mitarbeiter, die für die weitere Auflösung des Amtes erforderlich sind. Das betrifft den Schutz, die Erhaltung und die rechtsstaatlich korrekte Übergabe von Gebäuden, Einrichtungen, Fahrzeugen und anderen Sachwerten sowie die notwendige Abwicklung von personellen und finanziellen Angelegenheiten. Die damit beauftragten Mitarbeiter werden jeweils nach Beendigung ihrer Aufgaben entlassen.

Für das ehemalige Amt für Nationale Sicherheit waren etwa 109 000 ehrenamtliche inoffizielle Personen tätig. Im Innern der DDR wird keine konspirative Arbeit mehr mit diesen Kräften durchgeführt.

Weiterhin möchte ich mitteilen, daß die im Beschluß vom 14. 12. 1989, betreffend die soziale Sicherstellung von Angehörigen des Amtes für Nationale Sicherheit, die mit der Auflösung ausscheiden, enthaltenen Festlegungen

– zur Übergangsbeihilfe bzw. zur Gewährung sogenannter Überbrückungsgelder und
– zur Zahlung eines Einrichtungszuschusses bei erforderlichem Wohnortwechsel

durch den Ministerrat aufgehoben wurden.

Mit der Eingliederung der ehemaligen Angehörigen des Amtes für Nationale Sicherheit in eine zivile Tätigkeit werden sie demzufolge entsprechend der übernommenen Arbeitsaufgabe wie andere Werktätige entlohnt.

Finanzen

Für das ehemalige Ministerium für Staatssicherheit bzw. Amt für Nationale Sicherheit wurden 1989 aus dem Staatshaushalt Haushaltmittel in Höhe von 3,6 Mrd. M bereitgestellt. Das sind 1,3 Prozent des Staatshaushaltes der DDR. Darin sind Aufwendungen für den Personalbestand von 2,4 Mrd. M und für Bauinvestitionen, Technik, Ausrüstung, Energie und Treibstoff von 1,2 Mrd. M, darunter Importe aus dem sozialistischen Wirtschaftsgebiet in Höhe von 100 Mio M, enthalten. Valutamittel für operative Aufgaben wurden 1989 für das sozialistische Wirtschaftsgebiet in Höhe von 7,9 Mio M und für das nichtsozialistische Wirtschaftsgebiet in Höhe von 29,9 Mio VM abgerechnet.

Für 1990 werden keine materiellen Fonds bereitgestellt. Finanzielle Mittel stehen nur auf der Grundlage von Ministerratsentscheidungen zur Verfügung und resultieren aus der Auflösung und Abwicklung des Amtes für Nationale Sicherheit. Die Summe beläuft sich wahrscheinlich auf 500 Mio M. Diese Mittel unterliegen einer strengen Kontrolle durch das Finanzministerium.

Eine abschließende Entscheidung wird durch die Volkskammer mit dem Volkswirtschaft- und Staatshaushaltsplan 1990 getroffen.

Bewaffnung

Im ehemaligen Amt für Nationale Sicherheit, einschließlich dem Wachregiment, waren folgende Waffen zur Ausrüstung der Kräfte und als Reserve vorhanden:

Pistolen und Revolver	124 593
Maschinenpistolen	76 592
Gewehre	3 611
leichte Maschinengewehre	449
schwere Maschinengewehre	766
Panzerbüchsen	3 537
Fla-MG, Kal. 14,5 mm	342
Abschußgeräte für spezielle Munition	103
Polizeiflinten	48
Leuchtpistolen	3 303

Mit der Auflösung des ehemaligen Amtes für Nationale Sicherheit begann die Abgabe der Waffen und Munition in die Waffenkammer und deren Sicherung durch Kräfte der Deutschen Volkspolizei.

Bis zum 13. 1. 1990 wurden alle Bestände aus den ehemaligen Kreis- und Bezirksämtern des Amtes für Nationale Sicherheit übernommen sowie die Waffenkammern des Objektes Normannenstraße und weiterer 27 Objekte zentraler Diensteinheiten geräumt.

Die Übernahme der Waffen durch das Ministerium für Innere Angelegenheiten wird bis zum 25. 1. 1990 abgeschlossen. Das schließt auch die Übernahme von polizeilichen Hilfsmitteln (Schlagstöcken, chemischen Reizmitteln, Führungsketten) ein.

Die in den Objekten noch zu Wach- und Sicherungsaufgaben eingesetzten Kräfte des Amtes für Nationale Sicherheit und deren Bewaffnung unterstehen der Befehlsgewalt des jeweiligen Einsatzleiters der Deutschen Volkspolizei.

Grundstücke, Gebäude und Wohnungen

In Rechtsträgerschaft des ehemaligen ANS befinden sich insgesamt 2037 Objekte unterschiedlicher Größe und Zweckbestimmung, davon in den Bezirken und Kreisen 1385 sowie in Berlin 652. Übergeben sind bisher 468. Für 539 Objekte ist die Abgabe eingeleitet. Die verbleibenden 1030 Objekte werden unverzüglich an andere Rechtsträger übergeleitet.

Vorgesehene künftige Nutzung: Am 12. 1. 1990 wurde mit dem Feriendienst des FDGB und dem Reisebüro der DDR vereinbart, 24 zentrale Erholungseinrichtungen mit einer Kapazität von 2058 Betten zu übernehmen.

Es ist entschieden, in Berlin Handwerks-, Gewerbe- und Baukapazitäten an die örtlichen Räte zu übergeben. Dazu gehören:
- die gesamte Wohnungsverwaltung mit Reparaturstützpunkten an den Magistrat,
- Baureparaturkapazitäten an den Stadtbezirk Lichtenberg,
- eine Gärtnerei an den Rat des Stadtbezirkes Hohenschönhausen.

An Betriebe stehen zur Übergabe:
- Instandsetzungskapazitäten für Aufzugsanlagen,
- der Kfz-Instandsetzungsbetrieb Freienwalder Straße
- die Fahrschule Siegfriedstraße und der Kfz-Pflegekomplex Ahrensfeld.

Intensiv wird an Entscheidungsvorschlägen für die künftige Nutzung solcher Komplexe gearbeitet, wie
- Normannenstraße/Magdalenenstraße,
- Bezirksverwaltung Berlin,
- Objekte in Gosen,
- Freienwalder Straße, Große Leegestraße, Wartenberger Straße, Liebermannstraße, Hans-Loch-Straße, Wuhlheide/Hämmerlingstraße, Hultschiner Damm u. a. sowie
- zentrale Versorgungslager.

Der Gebäudekomplex Normannenstraße stellt ein geschlossenes System von ca. 3000 Verwaltungsräumen und verschiedenen Dienstleistungs- und Versorgungseinrichtungen dar. Mit seiner Nutzung als Verwaltung könnten in erheblichem Umfang bisher zweckentfremdet genutzter Wohn- und Gewerberaum, insbesondere in den Stadtbezirken Mitte und Lichtenberg, freigezogen werden.

Über die Nutzung der Gebäude der ehemaligen Bezirksverwaltung mit ihren 1000 Räumen und verschiedenen Einrichtungen wird durch den Magistrat an Entscheidungen gearbeitet.

Jede Übergabe/Übernahme erfordert eine korrekte und koordinierte Arbeit bei laufender Abstimmung unterschiedlicher Interessenlagen. Alle diesbezüglichen Unterlagen sind durch Vertreter des Runden Tisches jederzeit einsehbar.

Außerdem ist angewiesen, alle Nutzungsverträge für Objekte eines Verfassungsschutzes zu kündigen. Des weiteren sind die durch die Verwaltung des ehemaligen Amtes für Nationale Sicherheit bewirtschafteten Freizeitobjekte ehemaliger Repräsentanten der Partei- und Staatsführung sofort, soweit das noch nicht erfolgt ist, den zuständigen staatlichen Organen zu übergeben.

Bisher haben Bürgervertreter in Gegenwart der Militärstaatsanwaltschaft eine Vielzahl von Objekten des aufzulösenden Amtes besichtigt. Es gibt Forderungen, weitere Objekte zu besichtigen. Unter ihnen befinden sich auch Objekte, die im Interesse der nationalen Sicherheit strengster Geheimhaltung unterliegen. Im Namen der Regierung biete ich an, daß Vertreter des Runden Tisches, die bereit sind, Staatsgeheimnisse zu wahren, auch solche Einrichtungen prüfen, um sich zu überzeugen, daß diese nicht gegen die Interessen der Bevölkerung gerichtet sind. In Berlin betrifft das z. B. den Komplex Rödernstraße.

Baukapazitäten

Die Baukapazitäten des ehemaligen Amtes für Nationale Sicherheit in Höhe von ca. 110 Mio M, bestehen aus dem VEB Spezialhochbau Berlin und dem VEB Raumkunst Berlin. Sie sind mit Wirkung vom 1. Januar 1990 an das Ministerium für Bauwesen und Wohnungswirtschaft übergeleitet worden.

Aus diesen Betrieben und anderen Kapazitäten des Bauwesens wird gegenwärtig der VEB Bau- und Montagekombinat Industriebau Berlin gebildet. Zu seinen Hauptaufgaben gehören Bauvorhaben zur Verbesserung der ökologischen Situation in der Berliner Industrie, der Telekommunikation und der sozialen Infrastruktur. Es wurde bereits mit solchen Großvorhaben wie die »Biologische Abwasserreinigung« im VEB Berlin-Chemie, die »Rekonstruktion des Heizkraftwerkes Berlin-Mitte«, das »Sendezentrum Berlin-Adlershof« sowie eine Reihe von dringend benötigten Wohngebiets- und Betriebsgaststätten begonnen. Bauvorhaben, die im Auftrag des ehemaligen Amtes für Nationale Sicherheit durchgeführt wurden und unmittelbar vor ihrer Fertigstellung stehen, werden weitergeführt und nach ihrer Fertigstellung der Bevölkerung zur Nutzung übergeben. Das betrifft zum Beispiel den Wohnungsbau Berlin Hansastraße und das Ferienobjekt Templin.

Die Reparaturkapazitäten der Abteilung Bauwesen des ehemaligen Amtes bestehend aus derzeit ca. 100 Personen einschließlich der materiell-technischen Basis befinden sich in der Übergabe an den Rat des Stadtbezirkes Berlin-Lichtenberg. Aus ihnen wird bis 1. März ein territorialer Baubetrieb gebildet. Weitere Baufachleute werden durch Betriebe der Kommunalen Wohnungswirtschaft Berlin übernommen.

Fernsprech-, Fernschreib- und Postverkehr

Die Überwachung des Postverkehrs (Briefpost- und Paketsendungen) erfolgte in Räumen innerhalb der Dienststellen und Ämter der Deutschen Post, zu denen Mitarbeiter der Deutschen Post keinen Zutritt hatten. Diese Überwachung wurde am 8. 11. 1989 endgültig eingestellt.

Fernsprechabhör- sowie Fernsprech- und Fernschreibaufzeichnungsanlagen befanden sich außerhalb der Dienststellen der Deutschen Post in Objekten des ehemaligen MfS bzw. in von diesem genutzten Einrichtungen. So gab es im ehemaligen Ministerium, in allen Bezirksverwaltungen und in ausgewählten Kreisdienststellen derartige Einrichtungen. Die Abhör- und Aufzeichnungseinrichtungen in den Bezirksverwaltungen und Kreisdienststellen wurden demontiert bzw. die Räume, in denen derartige Technik noch vorhanden ist, durch die Staatsanwaltschaft versiegelt. Das Abhören und Aufzeichnen von Telefongesprächen bzw. des Fernschreibeverkehrs ist mit der Trennung der Kabelverbindungen durch die Deutsche Post technisch nicht mehr möglich.

Die im zentralen Objekt des ehemaligen MfS noch vorhandene aber nicht mehr betriebsfähige derartige Technik befindet sich in Demontage.

Bis zum 31. 1. 1990 wird die gesamte Abhör- und Überwachungstechnik restlos demontiert sowie durch die Deutsche Post über deren weitere Verwendung entschieden. Die nicht für den öffentlichen Fernmeldeverkehr verwendbare Technik wird verschrottet.

Von den durch das ehemalige MfS genutzten Orts- und Fernleitungen wurden zwischenzeitlich mehr als 3000 an die Deutsche Post zurückgegeben.

Zur Aufrechterhaltung der Betriebsfähigkeit der Fernsprech- und Fernschreibverbindungen für die Regierung und die staatlichen Organe der Bezirke übernimmt das Ministerium für Innere Angelegenheiten in Objekten des ehemaligen MfS in Berlin und in den Bezirksstädten technische Anlagen und technische Kräfte.

Die nicht mehr benötigten Orts- und Fernleitungen, einschließlich Leitungen zur Datenübertragung, werden bis 16. 1. 1990 der Deutschen Post übergeben.

Die Abschaltung von Fernsprechsonderverbindungen zu Dienstzimmern und

Wohnungen ehemaliger Partei- und Staatsfunktionäre sowie zu den Parteivorständen der SED-PDS wird bis zum 16. 1. 1990 abgeschlossen sein.

Verkehrsmittel und Verkehrsanlagen
Entsprechend der Ausstattungsnormative für das Ministerium und die Bezirksverwaltungen waren insgesamt im Fahrzeugbestand 31. 10. 1989 vorhanden

12 903	PKW
2 179	B 1000
325	KOM Ikarus
226	Robur KOM
2 124	Lastkraftwagen (ohne B 1000)

Die technische Betreuung und Instandhaltung dieser Fahrzeuge erfolgten in eigenen Instandhaltungseinrichtungen. Jede Bezirksverwaltung und die Hochschule Potsdam des ehemaligen Ministeriums für Staatssicherheit verfügten über ei-gene Instandhaltungseinrichtungen unterschiedlicher Größe zwischen 5 und 25 Schlosser-Arbeitsplätzen. Die Verantwortung für die Auflösung der bisherigen Strukturen und die Überführung der Kraftfahrzeuge liegt ausschließlich bei den örtlichen Räten. Die vom Berliner Oberbürgermeister gebildete Arbeitsgruppe hat z. B. folgende Grundsätze für die Nutzung der technischen Einrichtungen festgelegt:
1. Bereitstellung von Fahrzeugen für das Gesundheits- und Sozialwesen
2. Bereitstellung von Fahrzeugen zur Verbesserung der Dienstleistungen und Reparaturen für die Bevölkerung
3. Bereitstellung von Fahrzeugen für Bürger, die sich für den Erwerb eines Gebrauchtfahrzeuges angemeldet haben. Gegenwärtig werden Bestellungen aus dem Jahre 1970 realisiert.
4. Bereitstellung von Fahrzeugen für Betriebe zur Sicherung von Beförderungs- und Transportaufgaben der Stadt.
Der Verkauf der Fahrzeuge erfolgt entsprechend den Rechtsvorschriften.
Über diesen Weg wurden durch den Oberbürgermeister mit Stand vom 15. 1. 1990 132 Fahrzeuge übernommen. Davon wurden 55 Fahrzeuge dem Gesundheits- und Sozialwesen zugeordnet. Darüber hinaus wurden vor Konstituierung der Arbeitsgruppe des Oberbürgermeisters 332 PKW, 50 B 1000, 280 LKW und 13 KOM Ikarus an andere bewaffnete Organe umgesetzt bzw. dem VEB Maschinenbauhandel verkauft. Die bisher noch nicht übergebenen ca. 6500 Fahrzeuge in Berlin sind vollständig den künftigen Nutzern zu übergeben.
Neben den in den Bezirken bestehenden Instandhaltungseinrichtungen sind in Berlin zentrale Einrichtungen vorhanden. Ihre künftige Verwendung wurde zwischenzeitlich wie folgt entschieden:
1. Ein zentrales Instandhaltungsobjekt in der Freienwalder Straße mit einer Kapazität von 10 000 PKW-Instandsetzungen pro Jahr wird an den VEB Autoservice Berlin zur Erhöhung seiner Kapazität für die Bevölkerung übergeben.
2. Zur Verbesserung der materiell-technischen Basis für den Handelstransport übernimmt der VE Kombinat Großhandel Waren des täglichen Bedarfs das Instandhaltungsobjekt Hultschiner Damm.
3. Zur Verbesserung des Angebotes an Dienstleistungen für die Bevölkerung (Selbstfahrvermietung, Fahrschulausbildung und technische Überprüfung von Fahrzeugen) übernehmen das Kraftfahrzeugtechnische Amt und das VE Kombinat Berliner Verkehrsbetriebe das Dienstobjekt Siegfriedstraße.
4. Das Objekt des ehemaligen Personenschutzes in der Hans-Loch-Straße wird künftig durch das VE Dienstleistungskombinat beim Ministerrat der DDR genutzt.
5. Über die weitere Nutzung des Instandhaltungsobjektes in Ahrensfelde ist noch

zwischen den Ministern für Innere Angelegenheiten und für Verkehrswesen zu entscheiden.

6. Über darüber hinaus noch bestehende Kleinstobjekte ist durch die Arbeitsgruppe beim Oberbürgermeister von Berlin zu entscheiden. Dafür liegt eine Vielzahl von Anträgen vor. Im Bestand des ehemaligen Amtes für Nationale Sicherheit befanden sich auch 230 Grenzkontroll-, Sport-, Motor- bzw. Motorkajütboote. Über ihre weitere Verwendung ist entschieden.

Sie werden übergeben
– an das Ministerium für Tourismus
– an das Ministerium für Auswärtige Angelegenheiten
– sowie an die örtlichen Räte.

Die 17 Grenzkontrollboote nutzt künftig die Grenzbrigade Küste.

Für die 4 Flugzeuge und die Anlagen des Fallschirmsportklubs des SV Dynamo in Eilenburg ist eine Weiternutzung durch die SV Dynamo für den Sport vorgesehen.

Zu Schriftgut und zu elektronischen Daten

Das gesamte Schriftgut der ehemaligen Kreisämter wurde in die Bezirksämter überführt und befindet sich dort unter Verschluß. Ebenso das Schriftgut der ehemaligen Bezirksämter. Durch Angehörige des Ministeriums für Innere Angelegenheiten, in Sicherheitspartnerschaft mit Vertretern der Bürgerkomitees sowie der Staatsanwaltschaft wird gewährleistet, daß das Schriftgut sicher aufbewahrt ist. Das trifft auch auf die Zentrale des Amtes für Nationale Sicherheit selbst zu.

In Zusammenarbeit mit Bürgerkomitees wird an Lösungen zum weiteren Umgang mit dem Schriftgut gearbeitet.

Die Maßnahmen sichern, daß das Schriftgut zur Aufdeckung von Gesetzesverletzungen, zur Rehabilitierung von Personen sowie zur historischen Dokumentation erhalten bleibt. Mit Bürgerkomitees besteht Übereinstimmung darin, daß der Quellenschutz gewahrt werden sollte.

Die elektronisch gespeicherten Daten, die entsprechend der falschen Sicherheitsdoktrin gewonnen wurden, sind in Archiven eingelagert und durch die Staatsanwaltschaft versiegelt. Das Rechenzentrum Normannenstraße hat seine Arbeit eingestellt. In den anderen Rechenzentren werden noch Teilaufgaben der Bereiche Rückwärtige Dienste und Finanzen im Zusammenhang mit der Auflösung des Amtes für Nationale Sicherheit realisiert.

Mit den Datenverarbeitungsprojekten der Aufklärung wird zentral noch gearbeitet.

Wachregiment

Das Wachregiment unterstand dem ehemaligen Minister für Staatssicherheit bzw. Leiter des Amtes für Nationale Sicherheit. Die Personalstärke betrug 10 992 Angehörige (davon 1748 Offiziere). Es war verantwortlich für die Sicherung von Objekten der Partei- und Staatsführung sowie weiterer Sicherungs- und Repräsentationsaufgaben. Wesentliche Teile des Personalbestandes erfüllten seit Jahren Schwerpunktaufgaben in der Energiewirtschaft sowie im Transport- und Dienstleistungswesen.

Waffen und Munition sind, mit Ausnahme der für die Wachaufgaben benötigten, zentralisiert unter Verschluß aufbewahrt und versiegelt. Die Gesamtstärke wurde bis zum jetzigen Zeitpunkt um 3407 Angehörige reduziert. Als nächster Schritt ist bis 26. 1. 1990 die weitere Verringerung um 2608 Angehörige festgelegt. Am heutigen Tag wird das Wachregiment dem Minister für Innere Angelegenheiten unterstellt. Zur Übernahme von Aufgaben in die Verantwortung des MfIA sind vorgesehen

- die Bildung einer Wachbereitschaft Berlin und
- bedingt durch die vorgesehene Auflösung der Truppenübungsplätze Belzig, Neuruppin und Marwitz die Schaffung eines Ausbildungszentrums.

Dafür werden bis zu 2500 Angehörige eingesetzt. Die Objekte Adlershof und Erkner sind einer zivilen Nutzung zuzuführen.

Medizinischer Dienst

Der Medizinische Dienst des ehemaligen ANS umfaßt ein Krankenhaus mit 260 Betten, eine Poliklinik mit mehreren Ambulatorien bzw. Sanitätsstellen sowie Ambulatorien in den Bezirken, im Wachregiment und an der Hochschule Potsdam. Darüber hinaus existierten einige spezielle Untersuchungsstellen, z. B. auf den Gebieten der Lebensmittel- und Arbeitshygiene. Insgesamt waren im Medizinischen Dienst des ehemaligen ANS 1800 Mitarbeiter tätig. Davon arbeiten gegenwärtig noch 1100 in deren Einrichtungen. Entscheidungen zur Übergabe/Übernahme sind wie folgt getroffen bzw. vorbereitet:

Das Krankenhaus in Berlin-Pankow, Hobrechtsfelder Chaussee übernimmt bis zum 31. 3. 1990 der Magistrat von Berlin. Es wird dem Städtischen Klinikum Berlin-Buch zugeordnet.

Die Poliklinik Berlin-Lichtenberg, Ruschestraße, übernimmt bis zum 30. 4. 1990 ebenfalls der Magistrat von Berlin. Sie wird dem Oskar-Ziethen-Krankenhaus angeschlossen.

Das Haftkrankenhaus Berlin-Hohenschönhausen wird bis zum 31. 1. 1990 durch das Ministerium Innere Angelegenheiten übernommen.

Die Lebensmittel- und Wasseruntersuchungsstelle in Berlin-Lichtenberg übernimmt bis zum 31. 3. 1990 das Ministerium für Gesundheitswesen zur Einordnung in das Zentralinstitut für Hygiene, Mikrobiologie und Epidemiologie.

Für weitere zentral geleitete Einrichtungen werden Entscheidungen zur konkreten Nachnutzung vorbereitet. Das betrifft z. B. die Arbeitsmedizinische Untersuchungsstelle und das Zentrum für Pharmazie in Berlin-Pankow, Arztstützpunkte, die in der Regel je einen ärztlichen und einen zahnärztlichen Arbeitsplatz enthalten, Betriebssanitätsstellen innerhalb verschiedener Objekte sowie Kur- und Genesungsheime.

Die Ambulatorien der ehemaligen Bezirksämter wurden bzw. werden auf der Grundlage von Beschlüssen der örtlichen Räte durch das örtlich geleitete Gesundheitswesen übernommen.

SV Dynamo

Das Amt für Nationale Sicherheit war eines der drei Trägerorgane der SV Dynamo mit einem Anteil von 17,0 Prozent der Planstellen. 800 Mitarbeiter und Sportler befanden sich im Dienstverhältnis mit dem Amt für Nationale Sicherheit. Von ihnen wurden 175 inzwischen entlassen. 110 Sportler, Trainer und Sportfunktionäre übernimmt das Ministerium für Innere Angelegenheiten. Alle anderen Mitarbeiter gehen ein anderes Arbeitsverhältnis außerhalb der bewaffneten Organe ein.

Aufgelöst werden der
- SC Dynamo Hoppegarten und
- Fallschirmsportclub Dynamo Eilenburg.

Die Sport- und Trainingsstätten der SV Dynamo stehen künftig der Bevölkerung zur Mitnutzung zur Verfügung.

Quelle: »Seit 1985 ›flächendeckende‹ Überwachung angestrebt. Zwischenbericht über den Stand der Auflösung des ehemaligen Amtes für Nationale Sicherheit«, in: National-Zeitung vom 16. Januar 1990.

Anmerkungen

1 Vgl. Karl Wilhelm Fricke: Die DDR-Staatssicherheit. Entwicklung, Strukturen, Aktionsfelder. 3. Auflage, Köln 1989.
2 Selbst in einen Buchtitel ging dieses Mißverständnis ein. Vgl. Christina Wilkening: Staat im Staate. Auskünfte ehemaliger Stasi-Mitarbeiter, Berlin, Weimar 1990.
3 Vgl. Anne Worst: Das Ende eines Geheimdienstes. Oder: Wie lebendig ist die Stasi?, Berlin 1991.
4 Vgl. Dok. 1.
5 Erich Mielke: Sozialismus und Frieden – Sinn unseres Kampfes. Ausgewählte Reden und Aufsätze, (Ost-)Berlin 1987, S. 64 (Interview vom 17. Mai 1963).
6 »Zur gegenwärtigen Lage und zu den Aufgaben im Kampf für Frieden, Einheit, Demokratie und Sozialismus.« Beschluß der 2. Parteikonferenz der SED, in: Dokumente der SED, Bd. IV, (Ost-)Berlin 1954, S. 73.
7 Vgl. Dok. 2.
8 Vgl. Dok. 3.
9 Erich Honecker: Zuverlässiger Schutz des Sozialismus. Ausgewählte Reden und Schriften zur Militärpolitik der SED. 2. Auflage, (Ost-)Berlin 1977, S. 138.
10 Erich Mielke: Sozialismus und Frieden . . ., a. a. O., S. 277 (Referat vom 15. Dezember 1977).
11 Erich Mielke auf einer Delegiertenkonferenz der Parteiorganisation der SED im MfS, zit. bei Horst Berger/Herbert Menge: »Kompromißlos kämpfen wir für die Sicherung des Friedens«, in: Neues Deutschland vom 20. Februar 1984.
12 »Zuverlässiger Schild der Arbeiter-und-Bauern-Macht.« Aus der Rede von Armeegeneral Erich Mielke auf einem Kampfmeeting des MfS zum 35. Jahrestag seiner Gründung, in: Neues Deutschland vom 7. Februar 1985.
13 Egon Krenz in der Anhörung am Runden Tisch in Ost-Berlin am 22. Januar 1990, zit. bei Karl Wilhelm Fricke: »Macht und Entmachtung des Staatssicherheitsapparates in der DDR«, in: Die DDR auf dem Weg zur deutschen Einheit. Probleme, Perspektiven, Offene Fragen. Dreiundzwanzigste Tagung zum Stand der DDR-Forschung in der Bundesrepublik Deutschland, 5. bis 8. Juni 1990, Edition Deutschland Archiv, herausgegeben von Ilse Spittmann und Gisela Helwig, Köln 1990, S. 116 f.
14 Erich Mielke auf der erweiterten Kollegiumssitzung des MfS zur Auswertung der Beratung des Sekretariats des ZK der SED mit den 1. Kreissekretären am 19. Februar 1982, zit. in: Dokumentation zur politisch-historischen Aufarbeitung der Tätigkeit des MfS, S. 14 (Manuskript). – Diese Dokumentation wurde von Mitarbeitern des Staatlichen Komitees zur Auflösung des ehemaligen MfS/AfNS im Auftrag von DDR-Innenminister Peter-Michael Diestel erarbeitet.
15 Wolfgang Schwanitz vor leitenden Kadern der Abteilung 26 am 15. September 1989, zit. in: Dokumentation . . ., a. a. O., S. 9.

16 Zit. nach einem Auszug aus der Richtlinie Nr. 1/58, in: Dokumentation . . ., a. a. O., Anlage 4.

17 Zit. nach einem Auszug aus der Richtlinie Nr. 1/68, in: Dokumentation . . ., a. a. O., Anlage 3.

18 Dienstliches Schreiben Erich Mielkes an Diensteinheiten und Leiter vom 22. Dezember 1976, zit. in: Dokumentation . . ., a. a. O., S. 143 ff.

19 Vgl. Arbeitsberichte über die Auflösung der Rostocker Bezirksverwaltung des Ministeriums für Staatssicherheit. Herausgegeben vom Unabhängigen Untersuchungsausschuß Rostock, Rostock 1990, S. 75 ff.

20 Das 15. Plenum des Zentralkomitees der SED, (Ost-)Berlin 1953, S. 106 und S. 74 (internes Material).

21 Vgl. Günter Schabowski: Der Absturz, Berlin 1991, S. 115.

22 Horst Felber: Zur führenden Rolle der SED gegenüber dem MfS und zur Rolle der Parteiorganisation in diesem Organ, S. 7 (Manuskript).

23 Ebenda, S. 5.

24 Ebenda, S. 10.

25 Ebenda, S. 11.

26 Vgl. Dokumentation . . ., a. a. O., S. 75.

27 Arbeitsgruppe des Ministers: Studie zur weiteren Vervollkommnung und Effektivierung der spezifisch-operativen Vorbeugungsmaßnahmen in den Diensteinheiten des Ministeriums für Staatssicherheit vom 3. Oktober 1989 (GVS MfS o005-M 55/89).

28 Vgl. Dok. 12.

29 Vgl. »Ehemaliges MfS verfügte über 85 000 Mitarbeiter«, in: Neues Deutschland vom 8. Januar 1990. – Laut Koch habe die Gesamtzahl aller ehemaligen MfS-Mitarbeiter »bei über 85 000« gelegen.

30 Vgl. Faktenmaterial zur Auflösung des MfS/AfNS, herausgegeben vom Komitee zur Auflösung des Amtes für Nationale Sicherheit, vom 7. September 1990.

31 Vgl. Bernhard Sagolla: Die Rote Gestapo, Berlin 1952, S. 13.

32 Vgl. Der Staatssicherheitsdienst/Terror als System, Berlin 1956, S. 23.

33 Vgl. Dokumentation . . ., a. a. O., S. 153.

34 Vgl. Diensteinheitenschlüssel des MfS, in: die andere, Unabhängige Wochenzeitung für Politik, Kultur und Kunst, Nr. 12/1991 (Beilage).

35 Vgl. Struktur des ehemaligen MfS per 1. 10. 1989, vorgelegt auf einer Pressekonferenz des Ministeriums des Innern der DDR am 30. Mai 1990.

36 Vgl. dazu speziell das folgende Kapitel »Die ›flächendeckende Überwachung‹: Zentrum und operative Basis«.

37 Vgl. Diensteinheitenschlüssel des MfS, a. a. O.

38 Vgl. Dokumentation . . ., a. a. O., S. 33.

39 Vgl. Dok. 4.

40 Erich Mielke auf der Zentralen Parteiaktivtagung im MfS am 16. Mai 1986, zit. in: Dokumentation . . ., a. a. O., S. 51.

41 Vgl. Faktenmaterial zur Auflösung des MfS/AfNS, a. a. O.

42 Vgl. Dok. 5.

43 Vgl. Richtlinie Nr. 1/79 für die Arbeit mit Inoffiziellen Mitarbeitern (IM) und Gesellschaftlichen Mitarbeitern für Sicherheit (GMS) vom 8. Dezember 1979 (GVS MfS 0008-1/79).

44 Vgl. Dok. 8.

45 Vgl. Dok. 7.

46 Vgl. Dok. 4.

47 Vgl. Dok. 10.

48 Vgl. Dok. 12.

49 Vgl. Faktenmaterial zur Auflösung des MfS/AfNS, a. a. O.

50 Ebenda; die hier zitierten Zahlen liegen deutlich über den seinerzeit am Runden Tisch offengelegten Zahlen, vgl. Dok. 12.

51 Vgl. Dok. 12.

52 Erich Mielke 1981 auf einer Dienstkonferenz zu »Problemen und Aufgaben der weiteren Vervollkommnung der politisch-operativen Arbeit und deren Führung und Leitung zur Klärung der Frage ›Wer ist wer?‹«, zit. in: Dokumentation . . ., a. a. O., S. 48 f.

53 Vgl. Dok. 12.

54 Gregor Gysi: »Wir müssen neuen Schritt bei der Erneuerung der Partei gehen«, Referat auf der Klausurtagung des Parteivorstandes der PDS am 12./13. Mai 1990, in: Neues Deutschland vom 16. Mai 1990.

55 Vgl. Dok. 7.

56 Zit. in: Arbeitsberichte über die Auflösung der Rostocker Bezirksverwaltung . . ., a. a. O., S. 192.

57 Das 15. Plenum des Zentralkomitees der SED, a. a. O., S. 32 f.

58 Vgl. Dok. 2.

59 Zit. nach einem Auszug aus der Richtlinie Nr. 1/58, in: Dokumentation . . ., a. a. O., Anlage 4.

60 Zit. nach einem Auszug aus der Richtlinie Nr. 1/68, in: Dokumentation . . ., a. a. O., Anlage 3.

61 Vgl. Richtlinie Nr. 1/79 für die Arbeit mit Inoffiziellen Mitarbeitern . . ., a. a. O.

62 Ebenda.

63 Vgl. dazu auch: Irena Kukutz/Katja Havemann: Geschützte Quelle. Gespräche mit Monika H. alias Karin Lenz, Berlin 1990; und Lienhard Wawrzyn: Der Blaue. Das Spitzelsystem der DDR, Berlin 1990.

64 Vgl. Dok. 12.

65 »Stasi-General warnt vor Gewaltaktionen Ehemaliger«, Interview mit Heinz Engelhardt, in: Brandenburgische Neueste Nachrichten vom 24. Mai 1991.

66 Stasi intern. Macht und Banalität. Herausgegeben vom Bürgerkomitee Leipzig, Leipzig 1991, S. 157.

67 Vgl. Dokumentation . . ., a. a. O., S. 38.

68 Vgl. z. B. die Zahlen in: Arbeitsberichte über die Auflösung der Rostocker Bezirksverwaltung . . ., a. a. O., S. 210 ff.

69 Vgl. Thomas Kleine-Brockhoff: »Supermänner des Sozialismus«, in: Die Zeit Nr. 22/1990, und Stasi intern, a. a. O., S. 158.

70 Auskunftsbericht zu Aufgaben und Struktur der Hauptabteilung I vom 29. Januar 1990 (internes Material).

71 Joachim Gauck: Die Stasi-Akten, Reinbek bei Hamburg 1991, S. 12.

72 Vgl. dazu: Arbeitsberichte über die Auflösung der Rostocker Bezirksverwaltung . . ., a. a. O., S. 199.

73 Ebenda.

74 Vgl. Dok. 7.

75 »Stasi-Chef Mielke wollte über jeden alles wissen«, Interview mit Markus Wolf, in: Junge Welt, 18. Juni 1990.

76 Vgl. Faktenmaterial zur Auflösung des MfS/AfNS, a. a. O.

77 Vgl. 1. Bericht der gemeinsamen Kommission aus Bürgervertretern und Beauftragten der Regierung der DDR im ehemaligen Amt für Nationale Sicherheit des Bezirks Dresden vom 3. Januar 1990, S. 5; Arbeitsberichte über die Auflösung der Rostocker Bezirksverwaltung . . ., a. a. O., S 225; und

Dokumentation des Aktivs Staatssicherheit der zeitweiligen Kommission ›Amtsmißbrauch und Korruption‹ des Bezirkstages Suhl, Suhl 1990, S. 97.

78 Stasi intern, a. a. O., S. 113.

79 Dienstanweisung Nr. 10/62 vom 6. Juli 1962 des Ministers für Staatssicherheit, zit. bei Jochen von Lang: Erich Mielke. Eine deutsche Karriere, Berlin 1991, S. 242 ff.

80 Vgl. »Gänsebraten im Dschungel«, Interview mit den ehemaligen MfS-Offizieren Günter Bohnsack und Herbert Bremer, in: Der Spiegel Nr. 29/1991, S. 34 ff.

81 Aussage eines ehemaligen MfS-Offiziers (Manuskript vom 14. Februar 1990).

82 Ulrich von Saß/Harriet von Suchodoletz: »feindlich-negativ«. Zur politisch-operativen Arbeit einer Stasi-Zentrale, Berlin 1990, S. 25.

83 Vgl. Richtlinien Nr. 1/82 zur Durchführung von Sicherheitsüberprüfungen, zit. nach einem Auszug in: Dokumentation . . ., a. a. O., Anlage 6.

84 Vgl. Richtlinie Nr. 1/81 über die Operative Personenkontrolle, auszugsweise zit. in: Dokumentation . . ., a. a. O., S. 70.

85 Vgl. Dok. 5.

86 Vgl. Reiner Kunze: Deckname »Lyrik«, Eine Dokumentation, Frankfurt am Main 1990.

87 Vgl. Erich Loest: Die Stasi war mein Eckermann oder: Mein Leben mit der Wanze, Göttingen 1991.

88 Vgl. Dok. 8 und 9.

89 Vgl. »MfS-Auflösung nicht abgeschlossen«, in: Neues Deutschland vom 28. September 1990. Der Bericht bezieht sich auf eine Pressekonferenz von Joachim Gauck, damals Vorsitzender des parlamentarischen Sonderausschusses zur Kontrolle der Auflösung des MfS.

90 Klarnamen der Offiziere im besonderen Einsatz, in: die tageszeitung vom 30. März 1991.

91 Vgl. »Der Zorn wird täglich größer«, in: Der Spiegel Nr. 49/1989; »Die Sowjets haben Mielke informiert – aber falsch«, Interview mit Alexander Schalck-Golodkowski, in: Die Welt vom 4. April 1990; und Peter Przybylski: Tatort Politbüro. Die Akte Honecker, Berlin 1991, S. 126 ff.

92 Befehl Nr. 12/88 zur politisch-operativen Sicherung des Bereiches Kommerzielle Koordinierung im Ministerium für Außenhandel und der ihm direkt unterstellten Außenhandelsbetriebe und Vertretergesellschaften, zit. bei: Günter Blutke: Obskure Geschäfte mit Kunst und Antiquitäten. Ein Kriminalreport, Berlin 1990, S. 161 ff.

93 Vgl. Anne Worst: Das Ende eines Geheimdienstes, a. a. O., S. 159.

94 Vgl. Ordnung Nr. 10/86 über den Einsatz von U-Mitarbeitern im Ministerium für Staatssicherheit vom 22. April 1986 (GVS MfS o0008-32/86).

95 Joachim Gauck: Die Stasi-Akten, a. a. O., S. 68.

96 Wolfgang Gast: »›Unbekannte Mitarbeiter‹ immer bekannter«, in: die tageszeitung vom 16. Juli 1991.

97 Vgl. Karl Wilhelm Fricke: »Die DDR-Staatssicherheit«, a. a. O., S. 184.

98 »Was brachte es, Herr General?«, Interview mit Gerhard Neiber, in: Neues Deutschland vom 23./24. Juni 1990.

99 Vgl. Manfred Schell/Werner Kalinka´: Stasi und kein Ende. Die Personen und Fakten, Frankfurt a. M. 1991, S. 225 ff.

100 »Lauscher unterm Pflaumenbaum«, in: Der Spiegel Nr. 26/1991, S. 93.

101 »Es ging um Schmidt/Strauß«, Interview mit dem ehemaligen MfS-Oberstleutnant Helmut Voigt, ebenda, S. 94.

102 »Stasi-General warnt vor Gewaltaktionen Ehemaliger«, a. a. O.

103 Lothar Reuter: »Der widersprüchliche Prozeß der Erneuerung der Staatsanwaltschaft«, in: Neue Justiz Nr. 8/1990, S. 323.

104 Vgl. Horst Hiller: Sturz in die Freiheit. Von Deutschland nach Deutschland, München 1986, S. 140 ff.

105 Lothar Reuter: »Der widersprüchliche Prozeß der Erneuerung der Staatsanwaltschaft«, a. a. O., S. 323.

106 Zit. bei Werner Kalinka: »Bevor der Richter sprach, urteilten die Genossen Mielke und Ulbricht«, in: Die Welt vom 10. September 1990.

107 Vgl. Dok. 10.

108 Lothar Reuter: »Der widersprüchliche Prozeß der Erneuerung der Staatsanwaltschaft«, a. a. O., S. 323.

109 Vgl. Friedrich Karl Fromme: »Das Verfahren ist geeignet, aus erzieherischen Gründen gegen Smolka die Todesstrafe zu verhängen«, in: Frankfurter Allgemeine Zeitung vom 21. Mai 1991.

110 Ebenda.

111 Erich Mielke auf einer Kollegiumssitzung des MfS am 19. Februar 1982, zit. in: Stasi intern, a. a. O., S. 213.

112 Vgl. Manfred Schell/Werner Kalinka: Stasi und kein Ende, a. a. O., S. 216.

113 Zit. bei Christina Wilkening: Stasi im Staate, a. a. O., S. 24. – Bei dem interviewten ehemaligen Mitarbeiter der ZAIG handelt es sich um den früheren MfS-Oberstleutnant Dr. Rudolf Turber, dem ich eine Reihe wichtiger Hinweise zur ZAIG verdanke. – K. W. F.

114 »Ideologische Diversion gegen die DDR«, Informationsmaterial für die Öffentlichkeitsarbeit Nr. 4/1987, herausgegeben von der Presseabteilung des MfS.

115 Zit. bei Christina Wilkening: Stasi im Staate, a. a. O., S. 25.

116 Vgl. »Ich liebe euch doch alle!« Befehle und Lageberichte des MfS Januar– November 1989. Herausgegeben von Armin Mitter und Stefan Wolle, Berlin 1990; und »Mit tschekistischem Gruß«. Berichte der Bezirksverwaltung für Staatssicherheit Potsdam 1989. Herausgegeben von Reinhard Meinel und Thomas Wernicke, Potsdam 1990.

117 Vgl. Dok. 11.

118 Zit. bei Reinhold Andert/Wolfgang Herzberg: Der Sturz. Erich Honecker im Kreuzverhör, Berlin, Weimar 1990, S. 312.

119 »In der DDR – gesellschaftlicher Aufbruch zu einem erneuerten Sozialismus«, Referat von Egon Krenz, in: Neues Deutschland vom 9. November 1989.

120 »Die Lage in unserem Land ist kompliziert und spitzt sich zu«, Rede von Rudi Mittig auf der 10. Tagung des ZK der SED, in: Neues Deutschland vom 11./12. November 1989.

121 Zit. in: Arbeitsberichte über die Auflösung der Rostocker Bezirksverwaltung . . ., a. a. O., S. 285 f.

122 »Schritte zur Erneuerung«, Aktionsprogramm der SED, in: Neues Deutschland vom 11./12. November 1989.

123 »Diese Regierung wird eine Regierung des Volkes und der Arbeit sein«, Erklärung von Ministerpräsident Hans Modrow, in: Neues Deutschland vom 18./19. November 1989.

124 So der Runde Tisch in seiner Sitzung am 18. Januar 1990, zit. bei: Helmut Herles/Ewald Rose (Herausgeber): Vom Runden Tisch zum Parlament, Bonn 1990, S. 67.

125 Vgl. Dok. 11.

126 Zit. in: Stasi intern, a. a. O., S. 345.

127 Zit. bei Reinhardt O. Hahn: Ausgedient. Ein Stasi-Major erzählt, Halle/Leipzig 1990, S. 11.

128 Zit. in: Arbeitsberichte über die Auflösung der Rostocker Bezirksverwaltung . . ., a. a. O., S. 288.

129 Zit. bei Uwe Thaysen: Der Runde Tisch. Oder: Wo blieb das Volk? Der Weg der DDR in die Demokratie, Opladen 1990, S. 60 f.

130 Zit. in: »Mit tschekistischem Gruß«, a. a. O., S. 204 ff.

131 Vgl. Anne Worst: Das Ende eines Geheimdienstes, a. a. O., S. 27.

132 Zit. bei Helmut Herles/Ewald Rose: Vom Runden Tisch . . ., a. a. O., S. 26.

133 »Amt für Sicherheit wird aufgelöst«, Information der Regierung, in: Neues Deutschland vom 18. Dezember 1989.

134 Vgl. Karl Wilhelm Fricke: »Die Liquidierung des MfS/AfNS«, in: Deutschland Archiv Nr. 2/1990, S. 242 ff.

135 Vgl. Dok. 12.

136 Rt (Ralf Georg Reuth): »Stürmte die Stasi die eigene Zentrale?«, in: Frankfurter Allgemeine Zeitung vom 5. August 1991.

137 Vgl. »Tot aufgefunden«, in: Freies Wort (Suhl) vom 31. Januar 1990; »Selbstmord«, in: Sächsische Zeitung (Dresden) vom 22. Februar 1990; und »Modrows treuer Stasi-General erschoß sich im Keller«, in: Bild-Zeitung vom 9. Mai 1990.

138 Beschluß des Ministerrates 13/4/90 vom 8. Februar 1990 über weitere Maßnahmen zur Auflösung des ehemaligen Amtes für Nationale Sicherheit.

139 Beschluß des Ministerrates 6/6/90 vom 16. Mai 1990 über weitere Aufgaben und Maßnahmen, die sich aus der Auflösung des ehemaligen Ministeriums für Staatssicherheit/Amtes für Nationale Sicherheit ergeben.

140 Joachim Gauck: Die Stasi-Akten, a. a. O., S. 83.

141 »Auflösung des MfS/AfNS wird zielstrebig und kontinuierlich fortgesetzt«, in: Informationsbulletin Nr. 2/90 des Ministers des Innern, S. 4 ff.

142 »MfS-Auflösung nicht abgeschlossen«, a. a. O.

Literatur

Die folgende Literaturübersicht berücksichtigt ausschließlich Veröffentlichungen über das MfS oder mit Aussagen bzw. Dokumenten zur Arbeit des MfS, die in den Jahren 1990/91 erschienen sind. Über Schrifttum zur DDR-Staatssicherheit, das in den Jahren 1950 bis 1989 veröffentlicht wurde, informiert der Autor in seinem Buch »Die DDR-Staatssicherheit«, 3. Auflage, Köln 1989.

Abschlußbericht der Arbeitsgruppe Staatssicherheit des Untersuchungsausschusses der Stadt Greifswald, Greifswald 1990.

Aktivisten der 1. Stunde. Miniaturausgabe anläßlich des 40. Jahrestages der Bildung des Ministeriums für Staatssicherheit. Bd. I-III, Leipzig 1989.

Andert, Reinhold/Wolfgang Herzberg: Der Sturz. Erich Honecker im Kreuzverhör, Berlin/Weimar 1990.

Andrew, Christopher/Olek Gordiewsky: KGB. Die Geschichte seiner Auslandsoperationen von Lenin bis Gorbatschow, München 1990.

Arbeitsberichte über die Auflösung der Rostocker Bezirksverwaltung des Ministeriums für Staatssicherheit. Herausgegeben vom Unabhängigen Untersuchungsausschuß Rostock, Rostock 1990.

Bahr, Eckhard: Sieben Tage im Oktober. Aufbruch in Dresden. Mit einem Geleitwort von Superintendent Christof Ziemer und dem Abschlußbericht der Unabhängigen Untersuchungskommission, Leipzig 1990.

Bahrmann, Hannes/Peter-Michael Fritsch: Sumpf. Privilegien, Amtsmißbrauch, Schiebergeschäfte, Berlin 1990.

Blutke, Günter: Obskure Geschäfte mit Kunst und Antiquitäten. Ein Kriminalreport, Berlin 1990.

Crüger, Herbert: Verschwiegene Zeiten. Vom geheimen Apparat der KPD ins Gefängnis der Staatssicherheit, Berlin 1990.

Der Prozeß gegen Walter Janka und andere. Eine Dokumentation. Herausgegeben von Ingke Brodersen, Reinbek bei Hamburg 1990.

Diedrich, Torsten: Der 17. Juni 1953 in der DDR. Bewaffnete Gewalt gegen das Volk, Berlin 1991.

»feindlich-negativ.« Zur politisch-operativen Arbeit einer Stasi-Zentrale. Aus einem Bericht der Arbeitsgruppe zur Untersuchung der nach innen gerichteten Tätigkeit des MfS in den achtziger Jahren im Bezirk Neubrandenburg. Herausgegeben von Ulrich von Saß und Harriet von Suchodoletz, Berlin 1990.

Fuchs, Jürgen: ». . . und wann kommt der Hammer?« Psychologie, Opposition und Staatssicherheit, Berlin 1990.

Furian, Gilbert: Mehl aus Mielkes Mühlen. Schicksale politisch Verurteilter. Berichte, Briefe, Dokumente, Berlin 1991.

»Genossen! Glaubt's mich doch! Ich liebe Euch alle.« Dokumentation des Aktivs Staatssicherheit und der zeitweiligen Kommission »Amtsmißbrauch und Korruption« des Bezirkstages Suhl, Suhl 1990.

Gill, David/Ulrich Schröter: Das Ministerium für Staatssicherheit. Anatomie des Mielke-Imperiums, Berlin 1991.

Guillaume, Günter: Die Aussage. Wie es wirklich war. München 1990.

Hahn, Reinhardt O.: Ausgedient. Ein Stasi-Major erzählt. Mit einem Nachwort von Hans-Joachim Hanewinckel, Halle/Leipzig 1990.

Ich liebe euch alle! Befehle und Lageberichte des MfS Januar–November 1989. Herausgegeben von Armin Mitter und Stefan Wolle, Berlin 1990.

Just, Gustav: Zeuge in eigener Sache. Die fünfziger Jahre in der DDR. Mit einem Vorwort von Christoph Hein, Frankfurt am Main 1990.

»Keine Überraschung zulassen.« Berichte und Praktiken der Staatssicherheit in Halle bis Ende November 1989. Herausgegeben von Mitgliedern der Redaktion »Das andere Blatt«, Halle 1990.

Kukutz, Irena/Katja Havemann: Geschützte Quelle. Gespräche mit Monika H. alias Karin Lenz. Mit Faksimiles, Dokumenten und Fotos, Berlin 1990.

Kunze, Reiner: Deckname »Lyrik«. Eine Dokumentation. Frankfurt am Main 1990.

Lang, Jochen von: Erich Mielke. Eine deutsche Karriere. Unter Mitarbeit von Claus Sibyll, Berlin 1991.

Loest, Erich: Der Zorn des Schafes. Aus meinem Tagewerk, Künzelsau 1990.

Loest, Erich: Die Stasi war mein Eckermann oder: Mein Leben mit der Wanze, Göttingen 1991.

Löw, Konrad: Terror. Theorie und Praxis im Marxismus. Mit einem Vorwort von Generalbundesanwalt a. D. Ludwig Martin, Asendorf 1991.

Maaz, Hans-Joachim: Der Gefühlsstau. Ein Psychogramm der DDR, Berlin 1991.

»Mit tschekistischem Gruß.« Berichte der Bezirksverwaltung für Staatssicherheit Potsdam 1989. Herausgegeben von Reinhard Meinel und Thomas Wernicke, Potsdam 1990.

Myritz, Reinhard: Die Partei und ihre Polizei. »Linie 2000« – Der Transformationsprozeß von SED und MfS zur PDS, Köln 1990.

Przybylski, Peter: Tatort Politbüro. Die Akte Honecker, Berlin 1991.

Rehlinger, Ludwig A.: Freikauf. Die Geschäfte der DDR mit politisch Verfolgten 1963–1989, Berlin/Frankfurt am Main 1991.

Riecker, Ariane/Annett Schwarz/Dirk Schneider: Stasi intim. Gespräche mit ehemaligen MfS-Angehörigen, Leipzig 1990.

Runge, Irene/Uwe Stellbrink: »Ich bin kein Spion«. Gespräche mit Markus Wolf, Berlin 1990.

Schabowski, Günter: Der Absturz. Berlin 1991.

Schell, Manfred/Werner Kalinka: Stasi und kein Ende. Die Personen und Fakten, Berlin/Frankfurt am Main 1991.

Stasi intern. Macht und Banalität. Herausgeber: Leipziger Bürgerkomitees zur Auflösung des MfS/AfNS, Leipzig 1991.

Thaysen, Uwe: Der Runde Tisch oder: Wo blieb das Volk? Der Weg der DDR in die Demokratie, Opladen 1990.

Und diese verdammte Ohnmacht. Report der Unabhängigen Untersuchungskommission zu den Ereignissen vom 7./8. Oktober 1989 in Berlin, Berlin 1991.

Unter uns: Die Stasi. Berichte der Bürgerkomitees zur Auflösung der Staatssicherheit im Bezirk Frankfurt (Oder). Hrsg. von Justus Werdin, Berlin 1990.

Vogel, Jürgen: Magdeburg, Kroatenweg. Chronik des Magdeburger Bürgerkomitees, Braunschweig/Magdeburg 1991.

Wawrzyn, Lienhard: Der Blaue. Das Spitzelsystem der DDR. Berlin 1991.

Wilkening, Christina: Staat im Staate. Auskünfte ehemaliger Stasi-Mitarbeiter, Berlin/Weimar 1990.

Wir über uns. Anthologie der Kreisarbeitsgemeinschaft »Schreibende Tscheki-
    sten«, Berlin 1990 (Reprint des Museums Haus am Checkpoint Charlie).
Wolf, Markus: In eigenem Auftrag. Bekenntnisse und Einsichten, München 1991.
Worst, Anne: Das Ende eines Geheimdienstes. Oder: Wie lebendig ist die Stasi?,
    Berlin 1991.
Zur Entlassung werden vorgeschlagen . . . Wirken und Arbeitsergebnisse der
    Kommission des Zentralkomitees zur Überprüfung von Angelegenheiten von
    Parteimitgliedern 1956. Dokumente. Mit einem Vorwort von Josef Gabert, Berlin
    1991.

Abkürzungsverzeichnis

A	Aufklärung
ABV	Abschnittsbevollmächtigter der Volkspolizei
AGM	Arbeitsgruppe Minister
AKG	Auswertungs- und Kontrollgruppe
BCD	Bewaffnung/Chemische Dienste
BKK	Bereich Kommerzielle Koordinierung
BV	Bezirksverwaltung
DA	Dienstanweisung
DE	Diensteinheit
DVP	Deutsche Volkspolizei
EDV	Elektronische Datenverarbeitung
FDGB	Freier Deutscher Gewerkschaftsbund
FIM	Führungs-IM
GHI	Geheimer Hauptinformator
GI	Geheimer Informator
GME	Geheime Mitarbeiter im besonderen Einsatz
GMS	Gesellschaftlicher Mitarbeiter für Sicherheit
GVS	Geheime Verschlußsache
HA	Hauptabteilung
HV A	Hauptverwaltung Aufklärung
IM	Inoffizieller Mitarbeiter
IME	IM im besonderen Einsatz, z. B. Experten-IM, Ermittler-IM
IMF	Inoffizieller Mitarbeiter mit Feindverbindung
IMK	IM zur Sicherung der Konspiration
IMS	IM für Sicherung des Verantwortungsbereiches
IMV	IM-Vorlauf
KD	Kreisdienststelle
KGB	Komitee für Staatssicherheit (russ.)
KPKK	Kreisparteikontrollkommission
K/S	Kader und Schulung
KW	Konspirative Wohnung
M	Abteilung Postüberwachung
MdI	Ministerium des Innern
MfS	Ministerium für Staatssicherheit
N	Abteilung Nachrichten
NSW	Nichtsozialistisches Wirtschaftsgebiet
NVA	Nationale Volksarmee
OibE	Offizier im besonderen Einsatz
OPK	Operative Personenkontrolle
OTS	Operativ-technische Sicherstellung

OV	Operativer Vorgang
PKZ	Personenkennzahl
PZF	Postzollfahndung
RAF	Rote-Armee-Fraktion
SED	Sozialistische Einheitspartei Deutschlands
StPO	Strafprozeßordnung
StGB	Strafgesetzbuch
SV	Strafvollzug
U-Mitarbeiter	Unbekannter Mitarbeiter
VEB	Volkseigener Betrieb
VEM	Versorgungseinrichtung des Ministerrates
VRD	Verwaltung Rückwärtige Dienste
VSH	Vorverdichtung-, Such- und Hinweiskartei
VVS	Vertrauliche Verschlußsache
WKK	Wehrkreiskommando
ZAGG	Zentrale Arbeitsgruppe Geheimschutz
ZAIG	Zentrale Auswertungs- und Informationsgruppe
ZIG	Zentrale Informationsgruppe
ZK	Zentralkomitee
ZKG	Zentrale Kontrollgruppe
ZMD	Zentraler Medizinischer Dienst
ZOS	Zentraler Operativstab
ZOV	Zentraler Operativer Vorgang
ZPDB	Zentrale Personendatenbank
ZPKK	Zentrale Parteikontrollkommission

Personenregister

Albrecht, Susanne 58
Anlauf, Paul 59
Arnold, Michael 56

Bauer, Leo 64
Baumann, Werner 86
Beer, Henning 58
Bengelsdorf, Fritz 16
Biedenkopf, Kurt 50
Birke, Wolfgang 30
Böhm, Georg 74
Böhm, Horst 32, 74
Braun, Edgar 25
Büchner, Joachim 29
Bützow, Klaus 57
Bush, George 140

Chruschtschow, Nikita 86
Coburger, Karli 29

Damm, Willi 25
Dangrieß, Dieter 33
Devaux, Ralf-Peter 30
Diestel, Peter-Michael 74, 75
Dietze, Manfred 28
Döring, Manfred 24, 37
Dümlein, Christine 58
Dzierzynski, Feliks 138

Eichhorn, Günter 74
Eigendorf, Lutz 64
Engelhardt, Heinz 33, 43, 44, 60
Engels, Friedrich 136, 144, 145
Eppelmann, Rainer 184

Fechner, Max 14
Felber, Horst 17, 18
Fiedler, Heinz 28
Fischer, Werner 183
Fister, Rolf 24, 61

Fitzner, Horst 32
Franz, Horst 29, 57

Gauck, Joachim 44, 56, 75
Gehlen, Reinhard 80
Gehlert, Siegfried 33
Geyer, Heinz 30
Großmann, Werner 22, 30
Grotewohl, Otto 40
Gysi, Gregor 39

Hähnel, Siegfried 32
Härtel, Kurt 84
Harich, Wolfgang 87
Harnack, Arvid 143
Hartling, Gustav 23
Havemann, Robert 14
Helbing, Monika 58
Henning, Werner 25
Herbrich, Karl-Heinz 28, 54
Herger, Wolfgang 16
Hiller, Horst 62
Hirsch, Ralf 183
Honecker, Erich 8, 9, 11, 12, 13, 15, 16,
    21, 59, 60, 63, 68, 69, 137, 144,
    145, 188

Irmler, Werner 23, 65

Jahn, Roland 183
Janßen, Horst 29

Kaiser, Jakob 80
Kienberg, Paul 28, 47
Klar, Christian 59
Klein, Klaus-Wolfgang 24
Kleine, Alfred 25
Koch, Peter 21, 34, 74
Kohl, Helmut 50
Korb, Robert 65